Dictionary of Haitian Creole Verbs

Emmanuel W. Védrine

To Order, contact
Educa Vision Inc.
7550 NW 47 Ave.
Coconut Creek, FL 33073

P R E F A C E

The purpose of this dictionary is to allow greater access to those interested in the Haitian Creole and English languages. It is a guide for learners of both languages, for people who want to become bilingual in the two languages and for those who are interested in linguistic research. Haitian Creole is the national language of Haiti and is one of the two official languages of the country. It is the native language of all Haitians.

The verbs are organized in alphabetical order for ease of reference. At the end of the book, there is an English-Creole index with translations . All verbs are also written in International Phonetic Alphabet in brackets to make them easier to pronounce, speak and read.

Since Haitian Creole is a phonetic language, its pronunciation follows simple rules. Although there is no stress on the syllables, the correct syllabification of the verbs will help give the correct pronunciation. Some sentences are not translated into English but are used to give an idea of how a particular verb may be used by a native speaker. In addition, a number of Haitian proverbs are used to put the verbs in context.

It is simple to find a noun or a word related to a specific verb just check after the English translation. For example, let's take the verb ***abiye*** (to dress up; to get dressed), a noun related to it is ***abiman*** (dressing, clothing) etc... The words belonging to the verb family can be ***nouns***, ***attributives*** or ***adverb***. A few Haitian Creole verbs can be nouns at the same time; the following verbs - ***manje*** (may mean food as well as to eat), ***bale***, ***batay*** - are good examples of this category.

The dictionary also has an index of Basic Haitian Creole that will be helpful to speakers of either language. I hope that this book will be a good guide to anyone who is using it for any purpose.

K O M A N S M A N

Bi diksyonè a se pou pèmèt plis aksè nan de lang yo : kreyòl ayisyen ak Anglè. Se yon gid pou moun kap aprann toulede lang yo, moun ki vle pale toulede lang yo ak moun ki enterese envestige nan syans ki etidye koze lang. Kreyòl Ayisyen se lang nasyonal peyi Dayiti epi tou se youn nan de lang ofisyèl peyi a. Li se lang natif-natal tout Ayisyen.

Vèb yo òganize an òd alfabetik, sa fasilite moun tyeke referans. Nan finisman liv la, gen yon endèks anglè-kreyòl. Tout vèb yo ekri nan alfabè fonetik entènasyonal nan mitan kwochè; sa fasilite pwononsiyasyon, konvèsasyon ak lekti.

Nan lang kreyòl ayisyen, fonetik oubyen son lang lan se yon koze ki enpòtan; anplis, lang Ayisyen an se yon lang ki 100% (san pou san) fonetik (sa ou tande, se sa wap ekri). Byenke pa gen aksan sou silab yo, jan mo yo divize kòmsadwa an silab ap ede moun ak yon pwononsiyasyon kòrèk. Anpil nan vèb yo itilize nan fraz. Gen kèk nan fraz sa yo ki pa tradui an anglè men sa bay yon ide kijan yon vèb an patikilye ka itilize pa yon Ayisyen natif-natal. Anplis, gen kèk pwovèb ayisyen ki ale ak vèb yo.

Pou jwenn yon non ki apateni a fanmi yon vèb, se yon bagay byen senp: jis apre tradiksyon vèb la an Anglè wap jwenn li. Pa ekzanp, ann pran vèb ***abiye***, non ki fanmi vèb sa a se ***abiman***... Mo ki fè pati fanmi yon vèb kapab yon ***non***, ***atribi*** oubyen ***advèb***. Gen kèk vèb kreyòl ayisyen ki jwe wòl non alafwa tèlke vèb sa yo : ***manje***, ***bale***, ***batay*** se ekzanp vèb ki tonbe nan kategori sa a.

Diksyonè a gen tou yon endèks sou gramè kreyòl la. Mwen swete ke liv sa a va sèvi kòm yon bon gid pou moun kap itilize li pou nenpòt bi.

Emmanuel W. Védrine

ABBREVIATIONS | ABREVIYASYON

abs	abstract | abstrè
att.	attributive | atribi
aux.	auxiliary | fòm vèbal
f.	female | fi
kre	example of how this verb is used in Haitian Creole / ekzanp kijan vèb sa a itilize an Kreyòl ayisyen
m.	male | gason
mec.	mechanic | tèm mekanik
med.	medical | tèm medikal
mil.	military | tèm militè
n.	noun | non
(ono)	onomatopoeia | onomatope
(+pro)	a personal pronoun follows | fraz la pran yon pwonon pèsonèl
prep.	preposition | prepozisyon
prov.	proverb | pwovèb
s:	synonym or the meaning of the verb | sinonim oubyen sans vèb la
s.o	someone | yon moun
sh.f:	short form | fòm kout
sth.	something | yon bagay
var:	variant | varyasyon vèb la, varyasyon dyalektal
v.int.	intransitive verb | vèb entranzitif
v.tr.	transitive verb | vèb tranzitif
v.tr/int.	transitive and intransitive verb | vèb tranzitif e entranzitif
||	homonym | omonim
=	equal to, is | egal a, se
x	no short form | pa gen fòm kout

THE HAITIAN CREOLE ALPHABET
AFABE KREYOL AYISYEN

example ekzanp		syllabification divizyon silabik	meaning siyifikasyon
a [a]	ale	a-le	to go
à [an]	anpàn	an-pàn	to break down
an [ã]	antre	an-tre	to enter, get in
b [b]	bo		to kiss
ch [ʃ]	chèche	chè-che	to look for
d [d]	doute	dou-te	to doubt
e [e]	ede	e-de	to help
è [e]	pèdi	pè-di	to lose; to get lost
en [e]	enterese	en-te-re-se	to interest
f [f]	fouye	fou-ye	to dig; to search
g [g]	gade	ga-de	to look
h [h]	achte	ach-te	to buy
i [i]	itilize	i-ti-li-ze	to use
j [ß]	jape	ja-pe	to bark
k [k]	kilbite	kil-bi-te	to stumble
l [l]	lave	la-ve	to wash
m [m]	mentni	ment-ni	to keep, to maintain
n [n]	netwaye	ne-twa-ye	to clean
ng [n]	pakin	pa-kin	to park
o [o]	ogmante	og-man-te	to increase
ò [o]	òne	ò-ne	to decorate
on [õ]	tonbe	ton-be	to fall
ou [u]	ouvri	ou-vri	to open
p [p]	pale	pa-le	to speak, to talk
r [r]	rele	re-le	to cry, to scream; to call; to be named
s [s]	sal		to dirty
t [t]	tann		to wait (for); to hang (clothes)
u [y]	is a rare sound in H. Creole se yon son ki ra an kreyòl Ayisyen		
ui [i]			
v [v]	vale	va-le	to swallow
w [w]	wouze	wou-ze	to water
y [j]	yenyen	yen-yen	to mimic
z [z]	divize	di-vi-ze	to divide

PRONOUNS|PWONON

a) personal pronouns indirect object possessive pronouns with variation

a) pwonon pèsonèl objè endirèk pwonon posesif ak varyasyon

mwen	I	**mwen**	me	**pou mwen**	my, mine,for me
ou	you	**ou**	you	**pou ou**	your,yours, for you
li	he (m.) she (f.) , it	**li**	him it	**pou li** his,	for him her (f.) for her (f.)
nou	we	**nou**	us	**pou nou**	our, ours
yo	they	**yo**	them	**pou yo**	their, theirs

Note that ***li*** is either masculine or feminine and may be used to mean either he or she.

Remake ke ***li*** kapab ranplase fi ou gason an kreyòl Ayisyen diferan de ***he*** ak ***she*** an anglè.

Some of the personal pronouns in Haitian Creole also have a short forms; notice the following: ***mwen*** sh.f: = ***m***, ***li*** sh.f: = ***l***. Unlike ***m***, ***l*** cannot be used at the beginning of a sentence.

Kèk pwonon pèsonèl an Kreyòl Ayisyen gen fòm kout tou; remake pwonon sa yo kòm ekzanp: ***mwen***. sh.f: = ***m***, ***li*** sh.f: = ***l***. Diferan de ***m***, ***l*** pa ka itilize nan kòmansman yon fraz.

b) possessive pronouns with variation + *se* b) pwonon posesif ak varyasyon + *se*

Se **pou** mwen	It's mine.	Se **pa** pou mwen	It's not mine.
Se **pou** ou	It's yours.	Se **pa** pou ou	It's not yours.
Se **pou** li	It's his. (m.)	Se **pa** pou li	It's not his.(m) it's not hers.
Se **pou** nou	It's ours.	Se **pa** pou nou	It's not ours.
Se **pou** yo	It's theirs.	Se **pa** pou yo	It's not theirs.

c) possessive pronouns with variation +*se* used in question (with synonym ***pa***)

c) pwonon posesif ak varyasyon +*se* itilize ak kesyon (ak sinonim ***pa***)

---

pa as possession
pa kòm posesyon

Se **pou** ou? - Is it yours? Se **pa** ou?
Se **pou** li - Is it his? (m.)Se **pa** li? : Is it hers? (f.)
Se **pou** nou? - Is it ours? Se **pa** nou? : Is it yours? (addressing a group)
Se **pou** yo? - Is it theirs? Se **pa** yo?

d) reflexive pronouns with variation
d) pwonon refleksif ak varyasyon

mwenmenm	myself
oumenm	yourself
limenm	himself herself (f.)
noumenm	ourselves
yomenm	themselves

e) reflexive pronouns with variation ***kò*** and ***kont***
e) pwonon refleksif ak varyasyon ***kò*** ak ***kont***

pou	**kò** mwen	by myself	pou	pou **kont** mwen
pou	**kò** ou	by yourself	pou	**kont** ou
pou	**kò** li	by himself by herself (f.) by itself	pou	**kont** li
pou	**kò** nou	by ourselves	pou	**kont** nou
pou	**kò** yo	by themselves	pou	**kont** yo

example / ekzanp : Yo fè l pou ***kò*** yo (yo fè l pou ***kont*** yo) : they do it by themselves. Ou ka ***fè*** l pou ***kont*** ou (ou ka ***fè*** l pou ***kò*** ou)? : can you do it by yourself? Mwen pa ka fè l pou ***kont*** mwen (mwen pa ka fè l pou ***kò*** mwen) : I can't do it by myself.

f) reflexive pronouns with variation ***tèt***

f) pwonon refleksif ak varyasyon ***tèt***

pou **tèt** mwen	for myself	pou **mwen**
pou **tèt** ou	for yourself	pou **ou**
pou **tèt** li	for himself (m.) for herself(f.)	pou **li**
pou **tèt** nou	for ourselves	pou **nou**
pou **tèt** yo	for themselves	pou **yo**

example / ekzanp: Mwen fè l pou ***tèt*** mwen (mwen fè l pou ***mwen***) : I do it for myself.

Yo fè l pou ***tèt*** yo (yo fè l pou yo) : They do it for themselves.

INTERROGATIVE PRONOUNS I PWONON ENTEWOGATIF

sak? (followed by a verb)	what?
Sak pase?	What happen?
kisa?	what?
Ki sak genyen?	What happen? what is the matter?
kilès?	who?
kilès ki ...?	who...?
ki moun ki...?	who...?
Ki moun ou ye?	Who are you?
Kilès ki te di sa?	Who said that?
Ki moun ki te retire li?	Who took it out?

RELATIVE AND INDEFINITE PRONOUNS

PWONON RELATIF AK ENDEFINI

ki	who, which, that
ke	which, that
kèlkeswa	whatever
kèlkeswa moun ki	whoever, anyone who
nenpòt moun	anyone, anybody
nenpòt moun ki...	whoever, anyone who...

MARKERS

Verbs in Haitian Creole are not conjugated but use ***markers*** instead. In English, the form of the verbs changes with conjugation, both for regular and irregular verbs (present and past tense; e.g. I walk / Iwalked; I go / I went). This change does not occur in Haitian Creole verbs. The verb takes a marker indicating the tense. The principal markers in Haitian Creole are: **a**, **ava**, **va**, **pral**, **ap**, **te**, **tap**, **ta**. The markers ***a***, ***ava***,***va*** and ***pral*** indicate an action that is going to take place in the future. ***Pral*** is the most common marker used by native speakers not only to indicate future tense but also ***near future*** or an action that will take place soon; it is equivalent to ***going to*** in English. ***Ap*** indicates ***progressive*** action or action which is taking place at this moment. ***Te*** is a marker used to express past tense. ***Tap*** shows ***a past progressive***; it is a combination of ***te*** + ***ap*** (by dropping the vowel ***e***). The markers are followed by a personal pronoun and the verb follows the marker that is used in the sentence.

Some markers are not used all the time by native speakers to indicate a particular tense; this is common with the marker ***te***. It's often dropped by native speakers when referring to the past; however, there are adverbs of time replacing it. The most common ones are : **sot** (just), **fèk** (just), **apèn** (just), **poko** (not yet), **deja** (already). An action or an event that occurred in the past can also be expressed by a year, in which case ***te*** would be absent; for example: ***li fèt an 1912*** : he was born in 1912; ***li mouri an 1987*** : he died in 1987. One can notice that the marker ***te*** is not used in these two sentences since the year shows that the two events have already taken place.

The marker ***ta*** indicates condition. Most of the time, it is accompanied by the expression ***si m te, m ta*** (si mwen te, mwen ta) : ***if I*** (+a past)..., ***I would....*** ***Ta ka*** or ***te ka*** expresses a possibility in the past. ***Te konn*** refers to a habitual action in the past. It is translated in English by ***would, used to***. Examples of using the markers (full form and short form, progressive and past progressive):

progressive (pro + marker)		**past progressive**	
full form	short form	full form	short form
mwen **ap**	**map**	mwen **te ap**	mwen **tap**
ou **ap**	**wap**	ou **te ap**	ou **tap**
li **ap**	**lap**	li **te ap**	li **tap**
nou **ap**	**nap**	nou **te ap**	nou **tap**
yo **ap**	**yap**	yo **te ap**	yo **tap**

ELEMAN VEBAL

Vèb yo pa konjige an kreyòl men yo itilize ***eleman vèval*** oubyen ***makè*** nan jagon lengwistik. Dabitid, lè yon vèb konjige, gen yon chanjman ki fèt nan nannan vèb la. Chanjman sa a pa rive fèt nan vèb kreyòl ayisyen; vèb la rete ti fi (vyèy). Vèb la akonpaye de yon eleman vèbal oubyen makè ki endike tan an. Men prensipal eleman vèbal yo an kreyòl: **a, ava, va, pral, ap, te, tap, ta.** Eleman sa yo: **a, *ava*, *va*** ak ***pral*** endike yon aksyon ki gen pou fèt. ***Pral*** se eleman ki pi itilize pa Ayisyen natif-natal pou non sèlman endike yon bagay ki gen pou fèt nan lavni men tou yon bagay kap fèt talè konsa, rapido-presto. ***Pral*** ekivalan a ***going to*** nan lang anglè. ***Ap*** endike yon aksyon ki ap dewoule kounyeya. ***Tap*** endike yon aksyon ki tap dewoule pandan yon koensidans rive; li se yon konbinezon ant ***te*** + ***ap*** ki rive fèt ak vwayèl ***e*** a ki disparèt. Eleman vèbal yo vin apre pwonon pèsonèl yo epi vèb la suiv eleman ki itilize nan fraz la.

Gen kèk eleman vèbal ki pa itilize toutan pa moun ki pale lang lan pou endike yon tan patikilye; **te** se eleman ki tonbe nan kategori sa a. Anpil fwa , yo pa itilize li lè pou fè referans a yon aksyon, yon evennman ki te pase; sepandan, genyen advèb ki asosye ak tan ki ranplase li. Advèb prensipal sa se: **sot, fèk, apèn, poko, deja**. Yon aksyon ki fèt deja oubyen yon evennman ki te pase kapab esprime pa yon ane san ke ***te*** pa itilize; pa ekzanp: ***li fèt an 1912***; ***li mouri an 1987***. Remake ke ***te*** pa itilize nan de fraz sa yo men ane a enpòtan paske otomatikman li montre ke touledе evennman yo fèt deja.

Ta endike yon kondisyon. Anpil fwa, li akonpaye espresyon sa a: ***si m te***, ***m ta*** (si mwen te, mwen ta). ***Ta ka*** oubyen ***te ka*** esprime yon posiblite ki pase. Li ekivalan a ***could*** an anglè. ***Te konn*** fè referans a yon aksyon abityèl nan tan pase. Li tradui an anglè pa ***would*** oubyen ***used to***. Ekzanp kijan eleman yo itilize (fòm konplè ak fòm kout, aksyon kap dewoule ak aksyon ki tap dewoule):

aksyon kap dewoule		**aksyon ki tap dewoule**	
fòm koplè	fòm kout	fòm konplè	fòm kout
mwen **ap**	map	mwen **te ap**	mwen **tap**
ou **ap**	wap	ou **te ap**	ou **tap**
li **ap**	lap	li **te ap**	li **tap**
nou **ap**	nap	nou **te ap**	nou **tap**
yo **ap**	yap	yo **te ap**	yo **tap**

progressive | aksyon kap dewoule:

Mwen ***ap*** manje (map manje) : I am eating. Kisa ou ap fè (kisa wap fè)? : what are you doing? Li ***ap*** li (**lap** li) : she is reading. Yo ***ap*** pale (y***ap*** pale) : they are talking. Ti moun yo ***ap*** jwe : the children are playing. Nou ***ap*** vini (n***ap*** vini) : we are coming.

past progressive | aksyon ki tap dewoule:

Mwen ***te ap*** manje (mwen ***tap*** manje) : I was eating. Kisa ou ***te ap*** fè (ki sa ou ***tap*** fè)? : what were you doing? Li ***te ap*** li (li ***tap*** li) : she was reading. Yo ***te ap*** pale (yo ***tap*** pale) : they were talking. Ti moun yo ***te ap*** jwe (ti moun yo ***tap*** jwe) : the children were playing. Nou ***te ap*** vini (nou ***tap*** vini) we were coming.

full form fòm konplè	short form fòm kout
mwen **ta**	m **ta**
ou **ta**	x

li	**ta**	l **ta**	(not used in the beginning of a sentence)
nou	**ta**	n **ta**	(not used in the beginning of a sentence) (pa itilize nan kòmansman yon fraz)
yo	**ta**		x

Mwen *ta* ale : I would go. **Ou *ta* fè li** : you would do it. **Li *ta* achte yon machin** : she would buy a car. **Nou pa *ta* di sa** : we would not say that. **Yo *ta* pale ak nou** : they would talk to us. **Si mwen *te* gen tan** (si m *te* gen tan), **mwen *ta* fè travay la** (m ta fè travay la) : if I had time, I would do the work. This sentence can also be put this way: **Mwen *ta* fè travay** (m *ta* fè travay la) **si mwen *te* gen tan** (si m te gen tan). **Si l *te* gen lajan, li *ta* achte yon kay men li pa gen lajan** : If he had money, he would buy a house but he doesn't have money.

full form fòm konplè	short form and dialectal variation fòm kout ak varyasyon dyalektal
mwen **pral**	m **pral** (also «ma **pral**» a var:)
ou **pral**	wa **pral** (not a sh.f: but a var:)
li **pral**	la **pral** (not a sh.f: but a var:)
nou **pral**	na **pral** (and also a var:)
yo **pral**	ya **pral** (not a sh.f: but a var:)

THE DETERMINERS IN HAITIAN CREOLE
ATIK YO AN KREYOL AYISYEN

definite defini		indefinite endefini	
la	the	**yon**	(a, an)
lan	the (var: of *la* used mostly in the capital city) (var: *la* ki itilize plis nan kapital la)		
a	the		
an	the		
nan	the (var: of *lan*		
yo	(plural of / pliryèl : *la*, *lan*, *a*, *an*, *nan*)		

Using the determiners in Haitian Creole

The ***definite determiners*** in Haitian Creole, ***la***, **a**, ***an***, ***nan*** are posposed, which is to say that they come after the noun. On the other hand, the ***indefinite determiner*** precedes the noun.

La is used after a noun ending in a ***non-nasal consonant***; ***a*** is used after a noun ending in a ***rounded vowel*** (such as ***a***, ***e***, ***i***, ***o***); ***an*** is used after a noun ending in a ***nasal vowel*** (such as ***an***, ***on***) or a ***nasal consonant*** (such as ***m***, ***n)*** preceding **i**. ***Nan*** is used after a nasal consonant. It is sometimes interchangeable with ***lan*** according to regional use. Example: ***chèz la*** : the chair; ***tablo a*** : the blackboard; ***ban an*** : the bench; ***chanm nan*** : the room; ***mi an*** : the wall. Plural: ***chèz yo*** : the chairs; ***tablo yo*** : the blackboards; ***ban yo*** : the benches; ***chanm yo*** : the rooms; ***mi yo*** : the walls.

Kijan pou itilize atik yo an kreyòl ayisyen

Atik defini yo vini apre non an. ***Atik endefini*** an menm vini anvan non an. Kijan ***la***, ***a***, ***an***, ***nan*** itilize. ***La*** itilize apre yon non ki tèmine pa yon ***konsòn ki pa nazal*** ; ***a*** itilize apre yon non ki tèmine pa ***vwayèl*** tèlke ***a***, ***e***, ***i***, ***o***; ***an*** itilize apre yon non ki fini pa yon ***vwayèl bouch-nen*** (nazal) tèlke ***an***, ***on***. oubyen apre yon ***konsòn nazal*** tèlke ***m***, ***n*** anvan **i**. ***Nan*** itilize apre yon non ki tèmine pa yon ***konsòn nazal***. ***Nan*** ka ranplase ***lan*** pafwa. Ekzanp: ***chèz la***, ***tablo a***, ***ban an***; ***chanm nan***; mi an. Pliryèl: ***chèz yo***; ***tablo yo***, ***ban yo***, ***chanm yo***; ***mi yo.***

"*WH*" QUESTIONS | KESYON AK «*KI*»

ki moun?	who?
kilès?	who?
kisa?	what?
ki bò?	where?
ki kote?	where?
ki lè?	when? what time?
pou**ki**sa?	why? for what purpose?
pou**ki**?	why?
pou**ki** moun?	whose?
pou**ki**lès?	whose?

Both ***pouki moun*** and ***pou kilès*** are used in questions related to possession.

pouki moun ak ***pou kilès*** itilize nan kesyon ki an rapò ak posesyon.

Pouki moun liv sa a?	Whose book is this?
Kilès kap frape nan pòt la?	Who is knocking at the door?
Pou kilès machin sa a?	Whose car is this?
Pou kilès li ye?	Whose is it?
Kisa ou genyen?	What's the matter?

Ki lè wap vini?	When are you coming?
Ki lè reyinyon an?	When is the meeting?
Poukisa ou fè sa?	Why do you do that?
Poukisa tout enteresant sa yo?	Why are you showing off?

PREPOSITIONS, PREPOSITIONAL PHRASES

PREPOZISYON, FRAZ KI KOMANSE AK PREPOZISYON

a	at	***a*** dizè	at ten o'clock
ak, avè, avèk	with	***ak*** pasyans	with patience
anba	under	***anba*** tab la	under the table
andedan	inside	***andedan*** kay la	inside the house
anlè	on top of	***anlè*** kay la	on top of the house
antravè	opposite of,	***antravè*** wout la	across the road
avan, anvan	before	***anvan*** krache sèk	quickly, right away
apre	after	***apre*** demen	after tomorrow
atè	down; on the ground	***atè*** a	on the floor; on the ground
bò kote	on the side of, by	***bò*** kote fenèt la	by the window
de	from	***de*** Ayiti a Etazini	from Haiti to the U.S
devan	in front of	***devan*** pòt la	in front of the door
dèyè	behind	***dèyè*** kay la	behind the house
kote	by (location),	***kote*** liv yo ye a	where the books are
lòt bò	across, on the other side of	***lòt bò*** pon an	on the other side of the bridge
lwen	far	***lwen*** ak isit la	far from here
lwen ak	far from	***lwen*** lopital la	far from the hospital
nan	in	***nan*** de semèn	in two weeks
nan mitan	in the middle	***nan mitan*** wout la the road	in the middle of
pa	by	***pa*** lapòs	by mail
paske	because	paske l an reta	because he is late ***paske*** li an reta
pou	for		
pre	close	***pre*** ak isit la	close to here
pre ak	close to	***pre*** ak lavil	close to downtown
sou	on	***sou*** biwo a	on the desk
sou kote	on the side of, by	***sou*** kote fenèt la	by the window

amwenke	unless
anpil	many
anpil fwa	most of the time
aswè	at night, in the evening
brid sou kou	very fast, quickly
byen	well
chak lè	every time
dabitid	usually
demen	tomorrow
depi	provided that, whenever
dousman	slowly
jiska	until
jiskaske	until
jodiya	today
kèk fwa	sometimes
kèk kote	somewhere
kèlkefwa	sometimes
kèlkepa	somewhere
kòmsi	as if
lantman	slowly
lematen	in the morning
leswa	at night, in the evening
lè	when
mal	bad
malgre	although
mwens	less
natirèlman	naturally
pafwa	sometimes
pifò	more
pita	later
plis	more
pou ka	so that
rapid	fast
rapido-presto	very fast, quickly
reyèlman	really
sensèman	frankly, really
souvan	often
trè souvan	very often

NEGATIVES NEGATIF

NEGATIVE PHRASES FRAZ NEGATIF

anyen	nothing, anything	***Anyen*** pa enkyete l.	Nothing worries him.
janm	never	Li pa ***janm*** dòmi.	He never sleeps.
okenn	none	***Okenn*** moun pa bouje!	No one moves!
okenn moun	no one, no body	***Okenn*** moun pa rele.	No one called.
pa janm	never	Pa ***janm*** fè sa ankò!	Never do that again!
pesonn	no one, no body	***Pesonn*** pa vini.	No one came.
youn	none	***Youn*** ladan yo pa bon.	None of them is good.

CONJUNCTIONS | KONJONKSYON

byenke	although
e	and
epi	than, and than
men	but
ni...ni	neither...nor
swa	either

EQUALITY AND INEQUALITY | EGALITE AK INEGALITE

ke	than
kou	as
menm	same
menm jan ak	same as
mwens ke	less than
pase	than
plis ke	more than
tankou	like, as

COMPARISON | KONPAREZON

bèl	beautiful
bon	good

gran	old
gwo	big
li **pi** bon	it is better
li **pi** gwo pase	it is bigger than
Li **pi** gwo pase tout.	It is the biggest one.
miyò	better
pa m **pi** bon	mine is better
pi bèl pase	more beautiful than
pi bèl pase tout	the most beautiful
pi bon pase	better than
pi bon pase tout	the best
pi gran pase	older than
pi gran pase tout	the oldest
pi gwo pase	bigger, bigger than
pi gwo pase tout	the biggest
pi mal	worse
pi mal pase tout	the worst
pi piti pase	smaller than
Se li ki **pi** piti.	It is the smallest one.

USE OF THE *"GRAVE ACCENT"*

FASON *«AKSANFOS» ITILIZE*

The only accent needed in Haitian Creole is the ***aksanfòs***. It is also called ***aksangrav***. In the old Haitian Creole spelling (the Pressoir's spelling), ***aksantegi*** (the acute accent) was used on the vowel ***e*** which seems to be a French influence as it used on the vowel ***e*** in French. Since the vowel ***e*** is a ***rounded vowel*** in Haitian Creole, there is no need for the use of an ***acute accent*** whereas in French there is distinction between ***e ferme*** and ***e ouvert*** (pronunciation of the ***e*** in French with the lips closed or opened
[ ] / [e]). The ***aksanfòs*** is important for the correct pronunciation in Haitian Creole not only for the right phonetic a of a particular word but also for its meaning. Without the accent, the word can have another meaning. Examples:

po	/ **pò**	***po*** : pot; ***pò*** : port
mò	/ **mo**	***mò*** : dead body; ***mo*** : word
pe	/ **pè**	***pe*** : to be quiet; ***pè*** : to be afraid, to fear; priest
te	/ **tè**	***te*** : tea; ***tè***: land

pan	**/ pàn**	***pan***: peacock; ***pàn*** : break down
van	**/ vàn**	***van***: wind; ***vàn*** : reservoir (of water).

Sèl aksan ki nesesè pou itilize an kreyòl ayisyen se ***aksanfòs***. Yo rele li tou ***aksangrav***. Nan ansyen òtograf kreyòl la (òtograf Preswa a), ***aksantegi*** te konn itilize sou vwayèl ***e***; se yon enfliyans fransè. Kòm vwayèl ***e*** pwononse ***bouch ouvè*** an kreyòl, pa gen nesesite pou itilize ***aksantegi***, diferan de lang fransè pou fè yon distenksyon ant sa yo rele ***e ferme*** ak ***e ouvert*** (pwononsiyasyon vwayèl *e* an fransè ak bouch fèmen oubyen ak bouch ouvè [ ] / [e]). ***Aksanfòs*** la enpòtan an kreyòl ayisyen, pa sèlman pou wè ki jan yon mo an patikilye sonnen men tou pou lòt siyifikasyon ke li kapab genyen. Ekzanp:

po	**/ pò**	***po*** (po flè, po pou mete dlo); ***pò*** (kote moun debake).
mò	**/ mò**	***mò*** (yon moun ki mouri); ***mo*** (yon non).
pe	**/ pè**	***pe*** (rete san fè bri); ***pè*** (gen lapèrè), prèt legliz (monpè).
te	**/ tè**	***te*** (pou yo bwè); ***tè*** (latè).
pan	**/ pàn**	(zwazo); ***pàn*** (deranjman, an pàn).
van	**/ vàn**	***van*** (kap vante); ***vàn*** (rezèvwa dlo).

USE OF "*SE*" AND "*YE*" IN HAITIAN CREOLE

KIJAN «*SE*» AK «*YE*» ITILIZE AN KREYOL AYISYEN

Se and *Ye* are equivalent to the verb to *be*; however, it is frequently a **copula zero**, which is to say, it is omitted and understood in context. In many cases, it is substituted by an ***attributive***. They are used with ***religion***, ***nationality***, ***profession***, ***questions of information*** (in answering questions related to these category of words). ***Ye*** is used with questions related to the words mentioned, and to some particular questions such as questions related to ***physical state***, ***description*** , ***location*** and ***possession***. Examples of sentences with and without ***se*** and with ***ye*** are given below:

Se ak ***Ye*** ekivalan a vèb ***to be*** an anglè; sepandan, nan anpil ka, fòm vèbal sa yo absan an kreyòl. ***Se*** ranplase pa yon ***atribi***. ***Se*** itilize pa ekzanp ak ***relijyon***, ***nasyonalite***, ***pwofesyon***, ***kesyon enfòmasyon*** (nan reponn kesyon ki asosye ak kategori mo sa yo). ***Ye*** limenm itilize ak kesyon tèlke pa ekzanp ki an rapò ak jan de mo ki sot mansyone yo; li itilize tou nan kesyon patikilye tèlke kesyon ki gen pou wè ak ***eta sante***, ***deskripsyon***, ***lokalite*** ak ***posesyon***. Ekzanp fraz ki gen e ki pa gen ***se*** ladan ak fraz ki gen ***ye*** :

Li *se* Ameriken.	He is American. (*nationality*)
Li *se* medsen.	He is a medical doctor. (profession)

Yo **se** potestan.	They are protestant. (religion)
Li avèg.	He is blind. (*physical state*)
Li malad.	She is sick. (*physical state*)
Li tris.	He is sad. (*mental state*)
Li bèl anpil.	She is very pretty. (*description*)
Kote liv yo *ye*?.	Where are the books? (*location*)
Li nesesè...	It is necessary that...
Li fon.	It is deep. (*non-animate dimention*)
Li san fòm.	It is shapeless. (*non-animate shape*)
ki jan tan an *ye*?	How is the weather? (*question*)
Li *se* yon bon doktè.	He is a good doctor. (*profession*)
Li *se* yon fanm ki koni anpil.	She is a famous woman. (information)
Se pou vann?.	It is for sale? (*question of information*)
Chat sa a *se* pou vann?	Is this cat for sale? (*question of information*)
Se pou ou li *ye*?	Is it yours? (possession)
Wi, *se* pou mwen li *ye*.	Yes, it is mine. (*possession*)
Wap vann li?	Are you selling it?

ATTRIBUTIVES | ATRIBI

Attributives may be defined as words pertaining to or expressing an attribute. They express a quality meant to apply to a following substantive. They are related to adjectives (in English) by playing the role of modifier and are distinguished from the predicate. They are also used in Haitian Creole to distinguish verb forms that are used in a similar way to adjectives acting as "past participles" in English. There can be a "passive sense" within the verb form when it appears to be an attributive. Examples are given below:

Atribi kapab defini kòm mo ki an rapò ak ***sijè,*** ak ***konpleman*** nan yon fraz. Li esprime kalite yon non kapab genyen. Li asosye ak sa yo rele ***adyetif*** an anglè paske li jwe menm wòl avè l. Gen yon diferans ant ***atribi*** ak vèb. Menm jan ak adyetif yo an anglè, ***atribi*** yo itilize an kreyòl kòm eleman tou. Yo itilize tou an kreyòl pou distenge fòm vèb ki itilize nan menm fason ak adyetif ki jwe wòl «patisif pase» an anglè. ***Atribi*** a ka montre tou yon «fòm pasif» nan konstriksyon kèk fraz. Ekzanp:

a) Li **ouvè** liv la. (He opens the book.)

b) Liv la **ouvè**. (The book is opened.)

c) Yon liv **ouvè** (an opened book)

```
                      .----------> [complement / patient]
                      | .---------> [receiver]
                      |
                      |
a)      Li      ouvè  liv      la.
        |        |              |
        |        |              |
        |        |              ---------> [determiner]
        |        ----------> [predicate]
        |
        ----------> [subject / agent]


b)      Liv     la      ouvè.--------> [modifier]
        |       |       |        (tells us how the book is)
        |       |       ---------> [att. or past participle] <--------------------.
        |       |                                           |      |      |
        |       |                                           |      |      |
        |       -----------------> [determiner]
        -------------> [substantive]
        . ------------------------------------------------------------------------
        |       Notice the copula zero of the verb to be
        |       in Haitian Creole but not in English.


c)      Yon     liv     ouvè ----> (how this particular book is)
        |       |        |
        |       |        |
        |       |        ------> [att. playing the role of adjective]
        |       |
        |       |
        |       |       (how many books that are opened)
        |       -----------> [substantive]
        |
        ------------------------> [determiner]
```

OBLIGATION | OBLIGASYON

expressions, verbs and sentences | espresyon, vèb ak fraz

bay presyeon	to pressure
dwe	have to, must, should
fèt pou	have to, must, should
fèt pou te	had to
fò, fòk	must, have to, should
Fòk ou vini kanmenm.	You should come no matter what.
fòse	to force
li nesesè pou...	it is necessary that...
Men sa ou **sipoze** fè	Here is what you should do.
mete presyon sou	to pressure
oblije	to oblige
Ou **dwe** vini demen.	You should come tomorrow.
Ou **fèt pou** te la	You had to be there.
Ou **sipoze** rive alè	You must be on time.
Ou te **dwe** konnen sa	You had to know that
Pa **fòse** yo.	Don't force them.
pouse	to push, to force
sa pou fè	what to do
sipoze	to have to, must, should
Sispann **bay presyon**!	Don't be pushy!
te **dwe**	had to
te **fèt pou**	had to
te **sipoze**	had to

CONSTRUCTION OF TIME AND EXPRESSIONS
KONSTRIKSYON TAN AK EKSPRESYON

.----------> **+ dire** | **+ time expression**

|

| example / ekzanp: **sa fè de semèn** : two weeks ago

| ***de semèn*** is the expression of time.

[----------]

sa fè...	it has been...
sa gen...	it has been...
sa gen pase...	it has been more than...
sa gen plis ke...	it has been more than...
sa fè konbyen tan depi...?	how long ago that...?
sa pral gen...	it has been almost...
sa prèt pou gen...	it has been almost...
depi (used in question and answer)	since
depi kilè?	how long ago?
konbyen tan sa fè depi ke.?	since when...?

sa fè is interchangeable with ***sa gen***.
sa fè ka itilize nan plas ***sa gen***.

depi de jou	since two days
depi de semèn	since two weeks
depi semèn pase	since last week
depi twa mwa	since three months
depi mwa pase	since last month
depi de ane	since two years
depi lendi	since Monday
depi janvye	since January

sa fè yon semèn depi ke...	it has been a week since...
sa fè yon mwa depi ke...	it has been a month since...
sa fè de zèd tan...	it has been two hours since...
sa fè kat jou depi ke...	it has been four hours since...

Sa fè yon semèn depi yo vini.	It has been a week since they arrived.
Depi ki lè ou la a?	How long have you been here?
Depi ki lè ou isit?	How long have you been here (in this place)?
Konbyen tan yo gen isit?	How long have they been here (in this place)?
Konbyen tan ou te fè Ayiti?	How long did you stay in Haiti?
Yo gen **yon mwa** nan peyi a.	They have been in the country for a month.

Sa fè konbyen tan? How long ago?

"AN" ENDING AND *"YEAR"* IN HAITIAN CREOLE

TEMINEZON «*AN*» AK «*ANE*» AN KREYOL AYISYEN

enn**an**	one year	premye **ane**	first year
dez**an**	two years	dezyèm **ane**	second year
twaz**an**	three years	twazyèm **ane**	third year
katr**an**	four years	katriyèm **ane**	fourth year
senk**an**	five years	senkyèm **ane**	fifth year
siz**an**	six years	sizyèm **ane**	sixth year
set**an**	seven years	setyèm **ane**	seventh year
uit**an**	eight years	uityèm **ane**	eighth year
nev**an**	nine years	nevyèm **ane**	ninth year
diz**an**	ten years	dizyèm **ane**	tenth year
onz**an**	eleven years	onzyèm **ane**	eleventh year
douz**an**	twelve years	douzyèm **ane**	twelveth year
trèz**an**	thirteen years	trèzyèm **ane**	thirteenth year
katòz**an**	fourteen years	katòzyèm **ane**	fourteenth year
kenz**an**	fifteen years	kenzyèm **ane**	fifteenth year
sèz**an**	sixteen years	sèzyèm **ane**	sixteenth year
diset**an**	seventeen years	disetyèm **ane**	seventeenth year
dizuit**an**	eighteen years	dizuityèm **ane**	eighteenth year
diznev**an**	nineteen years	diznevyèm **ane**	nineteenth year
vent**an**	twenty years	ventyèm **ane**	twentieth year

TELLING TIME AND EXPRESSIONS

BAY LE AK ESPRESYON

inè	1: 00	one o'clock	**a ki lè?**	at what time?
dezè	2: 00	two o'clock	**aswè**	at night, in the evening
twazè	3: 00	three o'clock	**bonè**	early
katrè	4: 00	four o'clock	**dimaten**	in the morning (a.m)
senkè	5: 00	five o'clock	**diswa**	in the evening (p.m)
sizè	6: 00	six o'clock	**ki lè?**	when, what time?
setè	7: 00	seven o'clock	**Ki lè li fè?**	What time is it?
uitè	8: 00	eight o'clock	**Ki lè li ye?**	What time is it?
nevè	9: 00	nine o'clock	**lajounen**	(during) day time
dizè	10: 00	ten o'clock	**Lap fè ta.**	It's getting late.
onzè	11: 00	eleven o'clock	**leswa**	at night, in the evening
midi		twelve o'clock (noon)	**Li bonè.**	It's early.
minui		midnight	**Li fè...**	It is...
Li ta.		It is late.		
solèy kouche		at dawn		

GREETING | FE KONESANS

Bonjou!	Good morning!
Kijan ou ye?	How are you doing?
Sak pase?	What is happening?
Mwen byen.	I am fine.
Map boule.	Not bad.
Mwen la map boule.	Not bad, I'm o.k.
E ou menm?	And you?
Mwen rele...	My name is...
Kijan ou rele?	What is your name?
Non mwen se...	My name is...
Mwen soti...	I am from...
Ki kote ou soti?	Where are you from?
Mwen kontan fè konesans ou.	Glad meeting you.
Na wè.	See you.

THE WEATHER | TAN AN

Kijan ***tan*** an ye?	How is the weather?
Li fè bon.	It's nice weather.

bouya	fog, shower	Gen bouya.	It's foggy.
chalè	heat	Li fè chalè.	It's hot.
inondasyon	flood, flooding		
lagrèl	hail	Lagrèl ap tonbe.	It's hailing.
lakansyèl	rainbow		
lapli	rain	Lap fè ***lapli***.	It's raining.
move tan	bad weather	Se yon move tan.	That's a bad weather.
nèj	snow		
nwaj (nyaj)	cloud	Gen nway	It's cloudy.
siklòn	hurricane	Ap gen yon siklòn.	There will be a hurricane.
solèy	sun	***Solèy*** la ap leve.	The sun is rising.
syèl	sky	Syèl la klè.	The sky is clear.
tanperati	temperature		
tanpèt	storm	Gen yon tanpèt	There is a storm.
van	wind	Lap fè ***van***. I	t' s windy.

NUMBERS | NIMEWO

1 **en**	one	21 **venteyen**	twenty one
2 **de**	two	22 **vennde**	twenty two
3 **twa**	three	23 **venntwa**	twenty three
4 **kat**	four	24 **vennkat**	twenty four
5 **senk**	five	25 **vennsenk**	twenty five
6 **sis**	six	26 **vennsis**	twenty six
7 **sèt**	seven	27 **vennsèt**	twenty seven
8 **uit**	eight	28 **ventuit**	twenty eight
9 **nèf**	nine	29 **ventnèf**	twenty nine
10 **dis**	ten	30 **trant**	thirty
11 **onz**	eleven	31 **tranteyen**	thirty one
12 **douz**	twelve	32 **trannde**	thirty two
13 **trèz**	thirteen	33 **tranntwa**	thirty three
14 **katòz**	fourteen	34 **trannkat**	thirty four
15 **kenz**	fifteen	35 **trannsenk**	thirty five
16 **sèz**	sixteen	36 **trannsis**	thirty six
17 **disèt**	seventeen	37 **trannsèt**	thirty seven
18 **dizuit**	eighteen	38 **trantuit**	thirty eight
19 **diznèf**	nineteen	39 **trantnèf**	thirty nine
20 **ven**	twenty	40 **karant**	forty

41 **karanteyen**	forty one	61 **swasanteyen**
42 **karannde**	forty two	62 **swasannde**
43 **karanntwa**	forty three	63 **swasanntwa**
44 **karannkat**	forty four	64 **swasannkat**
45 **karannsenk**	forty five	65 **swasannsenk**

46 **karannsis**	forty six	66 **swasannsis**
47 **karannsèt**	forty seven	67 **swasannsèt**
48 **karantuit**	forty eight	68 **swasantuit**
49 **karantnèf**	forty nine	69 **swasantnèf**
50 **senkant**	fifty	70 **swasanndis**
51 **senkanteyen**	fifty one	71 **swasannonz**
52 **senkannde**	fifty two	72 **swasanndouz**
53 **senkanntwa**	fifty three	73 **swasanntrèz**
54 **senkannkat**	fifty four	74 **swasannkatòz**
55 **senkannsenk**	fifty five	75 **swasannkenz**
56 **senkannsis**	fifty six	76 **swasannsèz**
57 **senkannsèt**	fifty seven	77 **swasanndisèt**
58 **senkantuit**	fifty eight	78 **swasanndizuit**
59 **senkantnèf**	fifty nine	79 **swasanndiznèf**
60 **swasant**	sixty	80 **katreven**
81 **katrevenen**	eighty one	91 **katrevenonz**
82 **katrevende**	eighty two	92 **katrevendouz**
83 **katreventwa**	eighty three	93 **katreventrèz**
84 **katrevenkat**	eighty four	94 **katrevenkatòz**
85 **katrevensenk**	eighty five	95 **katrevenkenz**
86 **katrevensis**	eighty six	96 **katrevensèz**
87 **katrevensèt**	eighty seven	97 **katrevendisèt**
88 **katrevenuit**	eighty eight	98 **katrevendizuit**
89 **katrevennèf**	eighty nine	99 **katrevendiznèf**
90 **katrevendis**	ninety	100 **san** one hundred

200 **desan**	two hundred
300 **twasan**	three hundred
400 **katsan**	four hundred
500 **senksan**	five hundred
600 **sisan**	six hundred
700 **sètsan**	seven hundred
800 **uisan**	eight hundred
900 **nèfsan**	nine hundred
1.000 **mil**	one thousand twasan
10.000 **dimil**	ten thousand
100.000 **sanmil**	one hundred thousand
1.000.000 **yon milyon**	one million

THE MONTHS OF THE YEAR — **MWA NAN ANE A**

THE SEASONS — **SEZON YO**

THE DAYS OF THE WEEK — **JOU NAN SEMEN NAN**

Gen douz ***mwa*** nan yon ane.	There are twelve months in a year.
Gen kat ***sezon***.	There are four seasons.
Gen sèt jou nan yon ***semèn.***	There are seven days in a week.

mwa	month	**janvye**	January	***prentan***	Spring
ane	year	**fevriye**	February	**ete**	Summer
sezon	season	**mas**	March	**otòn**	Fall
semèn	week	**avril**	April	**ivè**	Winter
jou	day	**me**	May		
		jen	June		
		jiye (jiyè)	July		
		out (dawout)	August		
		septanm	September		
		oktòb	October		
		novanm	November		
		desanm	December		

Nou nan mwa ***janvye***.	We are in January.
Gen vennkatrè nan yon ***jou***.	There are twenty four hours in a day.
Gen swasant minit nan ***inè***.	There are sixty minutes in an hour.
Gen swasant segonn nan yon minit.	There are sixty seconds in one minute.
Fevriye se mwa ki pi kout nan ane a.	February is the shortest month of the year.

COUNTRIES, PEOPLE AND LANGUAGES

PEYI, MOUN AK LANG

CENTRAL AMERICA AND THE CARIBBEAN

AMERIKSANTRAL AK KARAYIB LA

Ayiti	Haiti	Ayisy**en** (Ayisy**èn**)	Haitian
Elsalvadò	El Salvador	Salvador**yen** (**èn**)	Salvadorian
Kiba	Cuba	Kiben (Kib**èn**)	Cuban
Gwatemala	Guatemala	Gwatemaltèk	Guatemalan
Jamayik	Jamaica	Jamayik**en** (Jamayik**èn**)	Jamaican
kostarika	Costa Rica	Kostarik**en** (Kostarik**èn**)	Costa Rican
Nikaragwa	Nicaragua	Nikaragw**eyen** (**èn**)	Nicaraguan
Ondiras	Honduras	Ondir**yen** (Ondir**yèn**)	Honduran
Panama	Panama	Panam**eyen** (Panam**eyèn**)	Panamanian

NORTH AMERICA — AMERIKDINO

Etazini	United States	Amerik**en** (Amerik**èn**)	American
Kanada	Canada	Kanad**yen** (Kanad**yèn**)	Canadian
Meksik	Mexico	Meksik**en** (Meksik**èn**)	Mexican

SOUTH AMERICA — AMERIKDISID

Ajantin	Argentina	Ajant**en**	Argentinean
Bolivi	Bolivia	Boliv**yen** (Boliv**yèn**)	Bolivian
Brezil	Brazil	Brezil**yen** (Brezil**yèn**)	Brazilian
Chili	Chile	Chil**yen** (Chil**yèn**)	Chilean
Ekwatè	Ecuador	Ekwator**yen** (Equator**yèn**)	Ecudoran
Irigwe	Uruguay	Irigw**eyen** (Irigw**eyèn**)	Uruguayan
Kolonbi	Colombia	Kolonb**yen** (Kolonb**yèn**)	Colombian
Paragwe	Paraguay	Paragw**eyen** (Paragw**eyèn**)	Paraguayan
Pewou	Peru	Periv**yen** (Periv**yèn**)	Peruvian
Venezyela	Venezuela	Venezyel**yen** (Venezyel**yèn**)	Venezuelan

		EUROPE	EWOP
Almay	Germany	Alman	German
Angletè	England	Anglè (Anglèz)	English
Beljik	Belgium	Bèj	Belgian
Espay	Spain	Espayòl (Panyòl)	Spanish
Ilann	Ireland	Ilandè (Ilandèz)	Irish
Itali	Italy	Italyen (Italyèn)	Italian
Lafrans	France	Fransè (Fransèz)	French
Laolann	Holland	Olandè (Olandèz)	Dutch
Lasuis	Switzerland	Suis	Swiss
Lasyèd	Sweden	Swedwa (Swedwaz)	Swedish
Otrich	Austria	Otrichyen (Otrichyèn)	Austrian
Polòy	Poland	Polonè (Polonèz)	Polish
Pòtigal	Portugal	Pòtigè (Pòtigèz)	Portuguese

		AFRICA	AFRIK
Aljeri	Algeria	Aljeryen (èn)	Algerian
Libi, Lalibi	Libya	Libyen (Lèn)	Libyan
Ejip, Lejip	Egypt	Ejipsyen (èn)	Egyptian
Ginen	Guinea	Gineyen (èn)	Guinean
Etyopi	Ethiopia	Etyopyen (èn)	Ethiopian
Mawòk	Morocco	Mawoken (èn)	Moroccan
Nijerya	Nigeria	Nijeryen (èn)	Nigerian
Senegal	Senegal	Senegalè (èz)	Senegalese
Zayi	Zaire	Zayiwa (Zayiwaz)	Zairian

		ASIA	AZI
Japon	Japan	Japonè (Japonèz)	Japanese
Kore	Korea	Koreyen (Koreyèn)	Korean
Lachin	China	Chinwa (Chinwaz)	Chinese

		THE MIDDLE EAST	MWAYENNORYAN
Irak	Iraq	Irakyen (Irakyèn)	Iraqi
Iran	Iran	Iranyen (Iranyèn)	Iranian
Israyèl	Israel	Jwif, Izrayelit	Jew, Israeli
Lasiri	Syria	Siriyen (Siriyèn)	Syrian

The **en** and **èn** ending

The ***en*** ending is masculine whereas the ***èn*** ending is feminine. Although ***gender*** has no great importance in Haitian Creole, it appears in some cases such as nationality. It is correct to say ***fanm ayisyen*** or ***fanm ayisyèn*** but not ***gason ayisyèn***. In answering the question : ***Ki nasyonalite ou***? (what is your nationality?); it is correct for both man and woman to say: Mwen se ***Ayisyen*** (I am Haitian), mwen gen nasyonalite ***ayisyen*** or mwen gen nasyonalite ***ayisyèn*** (I have Haitian citizenship). This can apply to any ***en*** and ***èn*** ending above including the ***è*** and ***èz*** ending such as ***Anglè*** and ***Anglèz***, etc...

Tèminezon **en** ak **èn**

Tèminezon ***en*** itilize pou gason, tandiske ***èn*** nan itilize pou fi. Byenke ***jan maskilen*** ak ***feminen*** pa genyen yon enpòtans total-kapital an kreyòl ayisyen, li parèt nan kèk ka tèlke pa ekzanp nasyonalite. Li kòrèk an kreyòl pou di ***fanm ayisyen*** oubyen ***fanm ayisyèn***, men yo pa di ***gason ayisyèn*** . Nan reponn kesyon sa a : ***Ki nasyonalite ou***? , li kòrèk pou fi ak gason di: Mwen se ***Ayisyen***, mwen gen nasyonalite ***ayisyen*** oubyen mwen gen nasyonalite ***ayisyèn***. Règ sa a ka aplike a tout tèminezon ***è*** ak ***èz*** tèlke ***Anglè*** ak ***Anglèz***, eksetera...

kote	places	**letoudimonn**	around the world
koloni	colony	Nan ki **kontinan**?	in what continent?
teritwa	territory		
kontinan	continent		
Ostrali	Australia		

LANGUAGE

German	**alman**
English	**anglè**
Arabic	**arab**
Chinese	**chinwa**
Hebrew	**ebre**
French	**fransè**
Italian	**italyen**
Japanese	**japonè**
Haitian Creole	**kreyòl ayisyen**
Dutch	**olandè**
Spanish	**panyòl** (espayòl)
Persian	**pès**
Oolonè	**Polish**
Serbo Croatian	**sèbo**

VEB YO

abandone [abãdone] a-ban-do-ne v.tr. to abandon, to desert. var: abandonnen. s: kite. ***abandone*** yon fanmi : to abandon a family. ***abandone*** yon zanmi : to forsake a friend

abite [abite] a-bi-te v.tr. to inhabit, to dwell, to live in a place. s: rete. abitan n. : inhabitant; abitan (kiltivatè) : farmer. abitan (peyizan) : country people. ***abite*** nan yon katye : to live in a neighborhood. ***abite*** nan yon kay : to live in a house.

abitwe [abitwe] a-bi-twe v.tr. to accustom, to make familiar, to get used to (sth.). var: abitye. || dezabitwe, dezabitye (ak). ***abitwe*** ak chalè : to accustom to (the) heat. abitid n. : habit. abitid se vis : use is second nature. kite yon abitid : to get out of a habit. Pa pran sa fè yon abitid! : don't make a habit of it!

abiye [abije] a-bi-ye v.tr. to dress (oneself), to get dressed, to put one's clothes, to clothe. || dezabiye. ***abiye*** yon mannken : to dress a mannequin. ***abiye*** yon ti moun : to dress a child. abiman n. : dressing, clothing

abize [abize] a-bi-ze v.tr. to abuse, to take advantage of (s.o, sth.). s: pran avantay de yon moun, de yon bagay; fè yon moun abi. ***abize*** yon inosan : to abuse an innocent person. ***abize*** yon ti moun : to abuse a child. abi n. : abuse; injustice

abòde [ab de] a-bò-de v.tr. to approach. ***abòde*** yon moun : to approach someone. Se pa yon moun ou ka ***abòde*** fasil. (kre). ***abòde*** yon pwoblèm : to approach a problem.

aboli [aboli] a-bo-li v.tr. to abolish. ***aboli*** esklavay : to abolish slavery. ***aboli*** yon lwa : to abrogate a law. abolisyon n. : abolishment

abòne [ab ne] a-bò-ne v.tr. to take out a subscription. s: pran yon abònman. abònman n. : subscription

abouti [abuti] a-bou-ti v.int. to end at, to arrive (at), to reach a destination. s: ateri (yon kote pa aksidan). Yo te pèdi se sak fè yo ***abouti*** kote yo ye a. (kre)

abreje [abre e] a-bre-je v.tr. to relieve, to sustain. s: soutni, sipòte. Kèlkeswa sikonstans lan yo toujou ***abreje*** misye. (kre). ekri an ***abreje*** : to abbreviate

absòbe [abs be] ab-sò-be v.tr. to absorb (liquid), to soak up. ***absòbe*** grès : to blot grease. Eponj lan ***absòbe*** dlo a. (kre)

acheve [aʃeve] a-che-ve v.tr. to end, to finish (off); to complete. s: fini. ***acheve*** yon pwojè : to complete a work

achte [aʃte] ach-te v.tr. to buy, to purchase. acha n. : purchase, purchasing. pouvwadacha : purchasing power. Ou vle ***achte*** li? : do you want to buy it? ***achte*** chat nan sak, ***achte*** chat nan makout : to buy a pig in a poke. ***achte*** figi yon moun : to flatter someone. ***achte*** yon aparèy televizyon : to buy a television set. ***achte*** yon kay : to buy a house

adapte [adapte] a-dap-te v.tr. to adapt, to plug in. s: ploge. || deploge. 2.to adjust oneself to new conditions. adaptasyon n. : adaptation

adisyone [adisjone] a-di-syo-ne v.tr. to add (up). s: fè yon adisyon, ajoute. || wete, retire soustrè. adisyon n. : addition

admèt [admɛt] ad-mèt v.tr. to admit, to allow, to permit. Yo ***admèt*** pou gen yon chanjman : they allow a change. ***admèt*** yon tò : to admit a guilt

administre [administre] ad-mi-nis-tre v.tr. to administer, to manage. administrasyon n. : administration. administratè n. : administrator, manager, director

admire [admire] ad-mi-re v.tr. to admire. ***admire*** yon moun : to admire someone. s: apresye, renmen. | | rayi, degoute, deteste. admirasyon n. : admiration

adonnen [adõn] a-don-nen v.tr. to give oneself to. Li ***adonnen*** a sa lap fè a. (kre)

adopte [adopte] a-dop-te v.tr. to adopt. var: adokte. ***adopte*** yon ti moun : to adopt a child. pitit adoptif (adoktif) : adopted child. adopsyon n. : adoption

adore [adore] a-do-re v.tr. to adore, to worship. 2. to be passionately fond of s.o, sth. ***adore*** idòl (zidòl). ***adore*** imaj taye : to worship idols. adorasyon n. : worshiping

adousi [adusi] a-dou-si v.tr. to sweeten, to make sweeter. s: sikre. dous : sweet

adrese [adrese] a-dre-se v.tr. to address (letter / lèt). 2. to address (speak to / pale ak). 3. to appeal, to petition. adrès n. : address. kanèdadrès n. : address book

afebli [afebli] a-fe-bli v.tr. to weaken, to become weak (er), to grow weak. s: vin fèb, pèdi fòs. fèb : weak. feblès n. : weakness

afekte [afekte] a-fek-te v.tr. to affect, to have an effect on; to touch. ***afekte*** yon moun : to affect, to touch someone. ***afekte*** yon rezilta : to have an affect on an outcome, to have an effect on a result. Grèv la ***afekte*** anpil faktori : the strike hits many factories. efè n. : influence

afiche [afiʃe] a-fi-che v.tr. to post (bill, notices). 2. to be seen in public (wè yon moun an piblik). afich n. : poster, notice. ***afiche*** yon anons : to post a notice

afime [afime] a-fi-me v.tr. to affirm, to declare, to state. s: deklare, di. afimasyon n. : statement

aflije [afli e] a-fli-je v.tr. to afflict (with); to distress, to grieve; to be grieved, to be distressed (about something). ***aflije*** pa yon mòtalite : to lament on a death

agase [agase] a-ga-se v.tr. to annoy, to irritate; to get on ones' nerves. ***agase*** yon chen : to tease a dog. Pa ***agase*** chen an pou li pa mòde ou. (kre)

agrandi [agrãdi] a-gran-di v.tr. to widen, to make (sth.) larger. 2. to enlarge (photograph / foto). s: laji. ***agrandi*** yon chanm kay, ***agrandi*** yon pyès kay : to widen a room. ***agrandi*** yon imaj : to magnify an image

agrave [agrave] a-gra-ve v.tr. to aggravate, to worsen; to become worse. ***agrave*** yon maladi : to aggravate an illness. ***agrave*** yon sitiyasyon : to complicate a matter. grav : serious. gravman adv. : seriously. Li gravman malad : he is seriously sick.

agrese [agrese] a-gre-se v.tr. to harass

agreye [agreje] a-gre-ye v.tr. to shape (wood / bwa). Ebenis la fin ***agreye*** bwa a. (kre)

ajenouye [a enuje] a-je-nou-ye v.tr. to kneel (down). s: mete ajenou. Yo ***ajenouye*** yo pou yo priye : they kneel down to pray. jenou n. : kneel

aji [a i] a-ji v.tr. to act. aksyon n. : action, acting. ***aji*** ak sajès to act wisely. ***aji*** kòm yon enbesil : to act like a fool. ***aji*** san reflechi : to act without thinking. ***aji*** tankou bèt : to act like animals. Chak filozòf ***aji*** selon filozofi yo. (kre)

ajiste [a iste] a-jis-te v.tr. to adjust. s: fè yon ajistay, fin ranje yon bagay. ajistay n. : adjustment. ***ajiste*** yon pyès : to adjust a part

ajoute [a ute] a-jou-te v.tr. to add. s: adisyone, mete sou. | | retire, wete. ***ajoute*** sèl nan manje : to add salt to food. ***ajoute*** yon mo : to add a word; to insert a word

akize [akize] a-ki-ze v.tr/n. to accuse (s.o). s: pote yon akizasyon kont yon moun. ***akize*** yon moun pou yon bagay : to accuse someone of (doing) something. ***akize*** yon prezidan : to impeach a president. 2. **akize** n. : defendant. akizasyon n. : accusation

akòde [ak de] a-kò-de v.tr. to allow, to give (s.o) permission to do sth. 2. to tune (instrument / enstriman). | | dezakòde. akò n. : agreement; treaty. ***akòde*** yon moun azil politik : to grant someone political asylum

akokiye [akokije] a-ko-ki-ye v.tr. to curl up, to huddle up. var: rakokiye. Fredi a fè li ***akokiye***. (kre)

akomode [akomode] a-ko-mo-de v.tr. to accommodate. Nou kapab ***akomode*** dis moun : we can accommodate ten people. ***akomode*** yon vizitè : to accommodate a guest

akonpaye [ak paje] a-kon-pa-ye v.tr. to accompany; to go with (s.o / ale ak yon moun), to come with (s.o / vin ak yon moun). konpay n. : companion. akonpayman (mizik) n. : accompaniment

akonpli [ak pli] v.tr/int. to accomplish, to achieve. ***akonpli*** yon bi : to reach a goal. ***akonpli*** yon misyon : to accomplish a mission. Yo chak gen yon misyon pou ***akonpli*** : each of them undertakes a mission. ***akonpli*** yon pwomès : to fulfill a promise. ***akonpli*** yon tach : to accomplish a task. akonplisman n. : accomplishment. 2. to live together (viv ansanm)

akoste [akoste] a-kos-te v.tr. to dock (boat / bato). Bato a pral ***akoste***. (kre)

akouche [akuʃe] a-kou-che v.tr. to deliver (baby / ti bebe), to give birth to.

akouchman n. : child birth. 2. to talk nonsense (di tenten, di betiz)

akoupi [akupi] a-kou-pi v.int. to crouch, to squat (down). s: koupi

akouple [akuple] a-kou-ple v.tr. to couple, to mate (animals / bèt). s: mennen yon bèt pran parèy, fè yon bèt pran parèy. Yo ***akouple*** vaybèf la ak boufalo a. (kre)

aksantye [aksãtje] ak-san-tye v.tr. to emphasize (on sth.). s: mete aksan sou, mete anfaz sou. 2. to accentuate, to stress vowel, syllable. ***aksantye*** sou yon mo : to stress on a word. accent n. : accent; stress

akselere [akselere] ak-se-le-re v.tr. to accelerate, to speed up, to go faster. s: ale pi vit.

akseleratè n. : accelerator. ***akselere*** yon vitès : to accelerate a speed. ***Akselere*** machin nan pou nou ka rive pi vit. (kre)

aksidante [aksidãte] ak-si-dan-te v.tr. to have an accident, to damage in an accident. s: fè yon aksidan; donmaje nan yon aksidan. aksidan n. : accident. aksidan machin : car accident

aktive [aktive] ak-ti-ve v.tr. to stimulate; to speed up. aktif : active

akwe [akwe] a-kwe v.int. to enter into suspicious relations

alawonyay [alar jaj] a-la-won-yay v.int. to lurk, to prowl. Depi maten an li ***alawonyay*** nan katye a. (kre)

ale [ale] a-le v.int. to go . sh f: **al.** fè ***ale***-vini : to go back and forth. ***al*** fè vakans : to go on vacation. ***ale*** bwachat, (***ale***) : to kick the bucket, to die. s: mouri. ***ale***-chèche : to fetch (sh. f : al chèche). ***ale*** chèche li : go get it. ***al*** chèche sak pèdi yo : go and find the lost ones. ***al*** dousman! : take it easy! ***al*** dousman : go slowly (pa ***al*** vit). ***al*** fè wout ou! : take off! leave! Ou mèt *al* fè wout ou (ou mèt *ale*) : you may go. *ale* kay yon zanmi : to go over a friend's house. *ale* legliz : to go to church. *ale* lekòl : to go to school. Nan ki lekòl ou *ale*? : what school do you go to? *ale* nan inivèsite : to go to University, to go to College. *ale* nan kan : to camp, to go camping. *ale* nan lesiv (*al* fè lesiv) : to go to the laundry. *ale* nan rekreyasyon : to go out for recess, to have recess. *ale* nan sinema : to go to the movies. *ale* nan repetisyon : to go rehearsal. *ale* tou dwa : to go straight; go straight. *ale* fè yon pwomnad : to go for a walk. Ann *al* fè yon pwomnad!: let's go for a walk!. Yo *al* travay apye : they walk to work. Danmjanm toutouni pa *ale* nan priyè wòch galèt. (prov.)

alfabetize [alfabetize] al-fa-be-ti-ze v.tr. to do a literacy campaign; to teach (s.o) how to read and write. s: montre li ak ekri. alfabè n. : alphabet. alfabetik : alphabetical. alfabetizasyon n. : literacy. kanpaydalfabetizasyon : literacy campaign. an òd alfabetik, pa òd alfabetik : in alphabetical order. Gouvènnman lavalas la tap eseye wè nan ki mezi yo ta kapab ***alfabetize*** rès pèp la nan katran. (kre)

alimante [alimãte] a-li-man-te v.tr. to feed. aliman : n. : food, nutriment. aliman (mec.) : alignment. machin nan pa gen aliman. (kre)

aliyen [alij] a-li-yen v.tr. to align, to line up. liy n. : line. ***Aliyen*** yo la a : line them up here. Yo ***aliyen*** yo sou mi an : they line then up against the wall.

alonje [alõ e] a-lon-je v.tr. to lengthen. || ratresi. ***alonje*** yon kòd : to lengthen a rope. 2. to lie down, to stretch out (kouche tou long)

ame [ame] a-me v.tr/n. to arm. || dezame. 2. **ame** (lame) n. : army, the army. zam n. : weapon. zamfannfwa : dangerous weapon, heavy weapon. ***ame*** jouk nan dan : to be well armed. ***ame*** yon sòlda : to arm a soldier. lame (yon lame, yon bann) n. : a group of. yon lame zenglendo : a group of armed thieves.

amelyore [ameljore] a-me-lyo-re v.tr to improve. || agrave. amelyorasyon n. : improvement. ***amelyore*** yon kondisyon : to improve a situation

amòse [am se] a-mò-se v.tr. to begin, to start. s: kòmanse. ***amòse*** yon travay : to start a job

amòti [am ti] a-mò-ti v.tr. to absorb (shock / chòk); to deafen

analize [analize] a-na-li-ze v.tr. to analyze. analiz n. : analysis. ***analize*** yon pwoblèm : to consider a problem. ***analize*** yon dokiman : to analize a document. ***analize*** yon sitiyasyon : to analyze a situation

anbake [ãbake] an-ba-ke v.tr. to embark. 2. to ship (good / machandiz). || debake. anbakman n. : shipping

anbale [ãbale] an-ba-le v.tr. to park (good / machandiz); to wrap (sth.) up

anbarase [ãbarase] an-ba-ra-se v.tr. to embarrass, to encumber, to hamper (s.o), to perplex. 2. to hamper, to burden oneself. || debarase. anbara n. : embarrassment. anbarasan : embarrassing. Koton pa lou men li ***anbarase***. (prov.)

anbeli [ãbeli] an-be-li v.tr. to embellish, to beautify sth.; to grow more beautiful. 2. to clear up (weather / tan). Tan an kòmanse ***anbeli*** kounyeya : the weather starts clearing up now.

anbete [ãbete] an-be-te v.tr. to annoy, to tease. var: enbete. anbetan : annoying. anbètman n. : annoyance

anbibe [ãbibe] an-bi-be v.int. to soak. s: mouye tranp

anboche [ãboʃe] an-bo-che v.tr. to hire. s: anplwaye (yon moun), pran (yon moun nan yon travay). || revoke, kase. Nou poko konnen konbyen moun direktè a ap ***anboche*** : we don't know yet how many people the manager is going to hire. anbochay n. : hirering

anbonmen [ãb me] an-bon-men v.tr. to embalm. 2. to perfume

anbrase [ãbrase] an-bra-se v.tr. to embrace, to hug (each other / bay yon akolad). s: kwoke, mawonnen (ak yon moun). 2. to kiss (bo). ***anbrase*** yon moun : to hug someone; to kiss someone.

anbreye [ãbreje] an-bre-ye v.tr. to shift gear (antre vitès, pase vitès). || debreye. Li ***anbreye*** machin lan sou premye lè lap pake. (kre)

anbouye [ãbuje] an-bou-ye v.int. to scatter (weather / tan). Tan an kòmanse ***anbouye***. (kre)

anchaje [ãʃa e] an-cha-je v.tr/n. to commission; to undertake. an chaj : in charge of, to be in charge of

anchene [ãʃene] an-che-ne v.tr. to chain up. var: anchennen. chèn, chenn n. : chain. ***anchene*** yon chen : to chain a dog. ***anchene*** yon prizonye : to fetter a prisoner, to put a prisoner in chains

ancheri [ãʃeri] an-che-ri v.tr. to like, to pamper (s.o). cheri, ti cheri n. : darling

andòmi [ãd mi] an-dò-mi v.tr. to anesthetize, to put to sleep. Doktè ***andòmi*** malad la anvan yo opere li. (kre)

andose [ãdose] an-do-se v.tr. to endorse (check / chèk). s: siyen (dèyè) yon chèk. ***Andose*** chèk la anvan ou chanje li : endorse the check before cashing it. 2. to accept (asepte, aksepte)

andoye [ãdoje] an-do-ye v.tr. to put a little bit (of sth.), to put a pinch of. ***Andoye*** yon ti sik nan kafe a : put a little bit of sugar in the coffee.

andyoze [ãdjoze] an-dyo-ze v.tr. to coax, to cajole. Lap ***andyoze*** ti fi a epi li pap marye ak li. (kre)

anfale [ãfale] an-fa-le v.int. to collapse. s: vide, tonbe. Vye kay la ***anfale*** ayè : the old house collapsed yesterday.

anfante [ãfãte] an-fan-te v.tr. to give birth to. s: akouche, fè pitit, fè ti moun. Li esteril; li pa ka ***anfante***. (kre)

anfeje [ãfe e] an-fe-je v.tr. to corner (s.o). s: kwense (yon moun tout bon, sentre yon moun)

anfèmen [ãfem] an-fè-men v.tr. to lease. var: anfème. anfèmay n. fèm n. : lease, leasing. Malpoulik ***anfèmen*** tè a nan men Sovè. (kre). Li ***anfèmen*** tè a pou katran : he leased the land for four years. ***anfèmen*** yon apatman : to lease an apartment

anfle [ãfle] an-fle v.int. to swell. || dezanfle. anflamasyon n. : swelling. kọte li frape a ***anfle***. (kre).

anfonse [ãf se] an-fon-se v.tr/int. to drive in; to break in. : fonse. ***anfonse*** yon pòt : to break in a door. 2. to sink (koule, an palan de bato)

anfoudraye [ãfudraje] an-fou-dra-ye v.tr. to ruin (s.o). Li ka ***anfoudraye*** ou si wap antre sou li. (kre)

anfounen [ãfun] an-fou-nen v.tr. to bake. || defounen. ***anfounen*** bisuit : to bake bread. fou (pou ***anfounen*** bisuit, pou fè manje) n. : oven . fou (loko) : crazy

anfouraje [ãfuraje] an-fou-ra-ye v.tr. to misplace (sth.). Mwen ***anfouraje*** kle yo; mwen bliye kote m lage yo. (kre). Kle yo ***anfouraje*** . (kre)

angaje [ãga e] an-ga-je v.tr. to commit oneself (pran desizyon, yon angajman pou fè yon bagay). 2. to be in trouble (att); to have difficulties. angajman n. : commitment ; pledging. angajman n. : pack with the devil (gany)

anglobe [ãglobe] an-glo-be v.tr. to include. s: enkli. Plan an ***anglobe*** tout sa li sot mansyone yo. (kre)

angoudi [ãgudi] an-gou-di v.tr. to numb, to be numb. Kote li frape dwèt la ***angoudi*** nèt. (kre).

angrese [ãgrese] an-gre-se v.tr. to fatten (animals / bèt), to fatten up. | | degrese. angrè n. : fertilizer. ***angrese*** yon kochon : to fatten a pig. Ti bèf ou ***angrese*** se li ki ba ou kout kòn. (prov.) grès n. : grease; fat

angwosi [ãgrosi] an-gwo-si v.tr. to make pregnant. s: gwòs, ansent (yon fanm). gwòs, gwosès n. : pregnancy

anile [anile] a-ni-le v.tr. to cancel (out), to void. ***anile*** yon kontra : to void a contract. ***anile*** yon match : to cancel a game. ***anile*** yon randevou : to cancel an appointment. Vòl la ***anile*** : the flight is cancelled.

anime [anime] a-ni-me v.tr. to animate, to give life to (sth.). animasyon n. : animation, liveness. Pwogram nan te byen ***anime*** yèswa (kre). Se li ki tap ***anime*** pwogram nan. (kre). animatè n. : animator

ankadre [ãkadre] an-ka-dre v.tr. to frame. ankadreman n. : frame. ***ankadre*** yon foto : to frame a picture. ***ankadre*** yon tablo (penti) : to frame a painting

ankese [ãkese] an-ke-se v.tr. to catch. s: atrap, atrape

ankonbre [ãk bre] an-kon-bre v.tr. to crowd, to overcrowd, to congest. ankonbreman n. : thong, crowd (foul moun)

ankouraje [ãkura e] an-kou-ra-je v.tr. to encourage. s: bay ankourajman. | | dekouraje. **kouraj** (kouray) n. : courage. ankourajman n. : encouragement. ***ankouraje*** patisipasyon : to encourage participation. ***ankouraje*** yon moun : to encourage someone. Bat men ***ankouraje*** chen. (prov.)

anlve [ãlve] anl-ve v.tr. to remove. s: wete, retire. 2. to carry away. s: bwote, ale ak, pote-ale, pran. anlèvman n. : carrying away, carrying off. ***anlve*** yon kouvèti : to remove a cover. ***anlve*** yon tach : to brush off a spot

anmadwe [ãmadwe] an-ma-dwe v.tr. to wheedle, to persuade. var: amadwe. s: tigaye (yon moun). ***anmadwe*** yon moun fè yon bagay : to persuade someone to do something

anmède [ãm de] an-mè-de v.tr. to annoy, to bother, to irritate. var: anmègde, enmède. s: anbete, annwiye. anmèdan, anmègdan : annoying. anmèdman n. : annoyance. Pa ***anmède*** l si li pa sou sa. (kre) Kite m an repo; pa ***anmède*** mwen! : leave me alone; don't bother me!

anmidonnen [ãmid ne] an-mi-don-nen v.tr. to starch (clothes / rad). s: mete lanmidon nan rad. amidon, lanmidon n. : starch. ***Amidonnen*** rad sa yo pou yo ka kenbe eskanp. (kre)

anmize [ãmize] an-mi-ze v.tr. to entertain. var: amize. ***anmize*** yon odyans (piblik) : to entertain an audience. anmizman, amizman n. : amusement. amizan : amusing

annafle [ãnafle] an-na-fle v.tr. to snort (horse / chwal). Depi chwal la ap ***annafle*** konsa ou mèt konnen li swaf dlo. (kre)

annwiye [ãnwije] an-nwi-ye v.tr. to bother (s.o); to be bored (att.). var: annuiye. annwi, annui n. : annoyance. Li ***annwiye*** : she is bored. Pa ***annwiye*** li : don't bother her.

anonse [an se] a-non-se v.tr. to announce, to give notice of. anons n. : announcement; notice. ***anonse*** Levanjil : to preach the Gospel. ***anonse*** yon nouvèl : to announce the news. Yo ***anonse*** move tan. (kre)

anpàn [ãpãn] an-pàn v.tr. to break down (car / machin etc.). 2. to be out of order (pa fonksyone, pa travay, pa mache). | | depannen, leve yon pàn. ***anpàn*** gaz : to run out gaz. ***anpàn*** kawotchou : to have a flat tire. ***anpàn*** lajan : to run out of money, to lack money, to be broke. Ak kriz ekonomik la, anpil moun ***anpàn*** lajan. (kre)

anpare [ãpare] an-pa-re v.tr. to seize, to lay hands on (sth.). s: poze lapat sou (yon bagay)

anpaye [ãpaje] an-pa-ye v.tr. to cover with straw (kouvri ak pay). | | depaye. 2. to pack (goods / machandiz). 3. to cane (chair / chèz). pay n. : straw. chèz ***anpaye*** : strawbottomed chair. chapo pay (an pay) : straw hat. pay diri : rice straw

anpeche [ãpeʃe] an-pe-che v.tr. to prevent, to hinder, to impede. s: koze yon anpèchman. anpechman n. : obstacle, impediment. Katolik maten pa ***anpeche*** ou potestan a midi ni advantis aswè. (prov)

anpile [ãpile] an-pi-le v.tr. to pile (up), to gather. s: sanble, konble. s: fè yon pil. | | gaye. 2. to stack. ***anpile*** bwat yo la a : stack the boxes here. ***anpile*** liv : to stack books. ***anpile*** fatra : to pile up trash. pil n. : pile

anpire [ãpire] an-pi-re v.tr/int. to worsen, to get worse. s: anvlimen, vin pi mal. 2. to make (sth.) worse, to aggravate. | | amelyore

anplwaye [ãplwaje] an-plwa-ye v.tr/n. to employ, to use, to make use of. s: itilize. to employ (s.o), to hire someone (yon moun). s: anboche (yon moun), pran (yon moun nan yon travay). | | revoke, kase. 2. **anplwaye** n. : employee. anplwa (itilite) n. : use. anplwa : job (travay). Yo ***anplwaye*** yo : they hire them.

anpote [ãpote] an-po-te v.tr. to carry away, to take away; to blow off. s: anlve, bwote, pran, ale ak. Van an ***anpote*** chapo a : the wind blew off the hat.

anprizone [ãprizone] an-pri-zo-ne v.tr. to imprison, to jail, to put s.o in jail. s: mete (yon moun) nan prizon, fèmen (yon moun). | | lage, libere, delibere. prizon n. : jail. prizonye n. : prisoner. Tout moun sezi lè yo ***anprizone*** madanm nan. (kre)

anpwazonnen [ãpwazõn] an-pwa-zon-nen v.tr. to poison. var: ***anpwazone***. s: pwezonnen, pwazonnen. ***anpwazonnen*** manje : to poison food. pwazon n. : poison

anrejistre [ãrejistre] an-re-jis-tre v.tr. to register. 2. to record (voice / vwa), to make a recording. s: tepe, fè yon anrejistreman. anrejistreman n. : recording. ***anrejis- tre*** pou vote : to register for vote

anrichi [ãriʃi] an-ri-chi v.tr. to enrich, to become richer. s: vin pi rich. | | vin pi pòv. rich . : rich, to be rich. rich, richa n. : rich person. yon nonm rich : a rich man; yon fanm rich : a rich woman. Lanmò pa konn rich ak pòv. (kre)

anrimen [ãrim] an-ri-men v.int. to catch a cold, to have a flu. : gripe. rim, larim n. : snot, mucus

ansanse [ãsãse] an-san-se v.tr. to incense, to burn incense to (idol), to incense altar. lansan n. : incense

ansasinen [ãsasin] an-sa-si-nen v.tr. to assassinate, to murder. var: asasine. s: sasinen, tiye, touye, tye. 2. to mutilate. asasina, ansasina n. : murder. ansasen n. : murderer. ***ansasinen*** yon lidè : to assassinate a leader

ansèkle [ãsekle] an-sè-kle v.tr. to encircle, to circle; to surround. s: antoure. sèk n. : circle. sèk (sèch) : dry. ***ansèkle*** yon mo : to circle a word

ansent [ãset] an-sent v.tr. to make pregnant. s: gwòs, angwosi. gwosès n. : pregnancy. Li ***ansent*** : she is pregnant. L i ***ansent*** pitit moun yo epi li di li pap marye (kre). 2. ***ansent*** : pregnant; to be pregnant.

anseye [ãseje] an-se-ye v.tr. to teach. ansèyman n. : teaching. Li ***anseye*** Istwa Jeneral : he teaches World History. Kisa ou ***anseye***? : what do you teach? Pwofesè n. : teacher; professor

antann [ãtãn] an-tann v.tr. to agree (dakò); to get along. antant n. : agreement, settlement. Yo ***antann*** yo trè byen : they get along well. Yo te ***antann*** yo pou yo te komèt krim nan : they conspired to commit the crime. Kisa ou ***antann*** pa sa? : what do you mean by that?

antere [ãtere] an-te-re v.tr. to bury. | | detere. antèman n. : burial, funeral. ***antere*** yon kadav : to bury a dead body. ***antere*** nan labou : to bury in the mud. Kapon ***antere*** manman li. (prov.)

antòtye [ãt tje] an-tò-tye v.tr. to entangle; to become entangled (att.). | | detòtye. Kabrit la ***antòtye*** kò li nan pyebwa a. (kre)

antoure [ãture] an-tou-re v.tr. to encircle, to surround. s: ansèkle. antouraj n. : surrounding. antouraj (kloti) n. : fence. ***antoure*** yon teren : to fence in a field. ***antoure*** yon prezidan : to surround a president

antrave [ãtrave] an-tra-ve v.tr. to implicate, to involve; to get into troubles. s: mele. antrav n. : trouble. antrav (jip long byen sere) n. : a long and tight skirt

antre [ãtre] an-tre v.tr/int/n. to get in, to enter. | | soti. 2. to put in, to stick in. s: foure, mete. | | wete, retire. 3. to put inside (mete andedan). s: rantre. 4. to return (from a trip / sot nan yon vwayay). s: rantre, retounen, vini. 5. to fling oneself (***antre*** nan yon bagay alagrandefouwo). s: tonbe nan (yon bagay), plonje sou, plonje nan. 6. to become too familiar (with s.o / ***antre*** sou yon moun). 7. **antre** n. : entrance; admission. ***antre*** a se kenz goud : the admission is fifteen gourdes. ***antre*** lib : free admission. ***antre*** nan politik : to go in Politics. ***antre*** nan yon biwo : to get in an office. ***antre*** nan yon ekip : to join a team. ***antre*** nan yon kay : to enter a house. ***antre*** nan yon pòt : to enter through a door. ***antre*** nan yon sendika : to enter the union, to unionize. ***antre*** sou pwopriyete yon moun : to trespass on someone's property. Ou pa pwason; ou pat sipoze ***antre*** nan nas. (prov.). Men kabrit ***antre*** nan jaden ou : your flyer is opened.

antrene [ãtrene] an-tre-ne v.tr/int. to practice (fè antrennman). 2. to coach, to train (athletes). antrenè n. : coach. antrennman n. : practice; training. ***antrene*** yon sòlda : to train a soldier. 3. to lead s.o to do sth. (pran tèt yon moun fè yon bagay).

antreprann [ãtreprãn] an-tre-prann v.tr. to undertake, to take sth. in hand. ***antreprann*** yon travay : to undertake a work. ***antreprann*** yon vwayay : to go on a trip

antreteni [ãtreteni] an-tre-te-ni v.tr. to maintain, to keep (in good order). antretyen n. : maintenance

anvayi [ãvaji] an-va-yi v.tr. to invade, to overrun (a country / yon peyi). 2. to overflow (water / dlo). envazyon n. : invasion. ***anvayi*** ak dlo : to be overflooded. ***anvayi*** yon vil : to invade a city

anvi [ãvi] an-vi v.tr/n to feel like, to want; to desire. ***anvi*** fè yon bagay : to feel like doing something. ***Anvi*** vyann pap fè m manje kalmanson. (prov.). ***anvi*** wè pa monte kay lwen chimen. (pwov.). 2. **anvi** (mak sou kò) n. : birth mark. Li gen yon ***anvi*** bò vant li. (kre)

anvizaje [ãviza e] an-vi-za-je v.tr. to envisage, to consider. ***anvizaje*** yon bagay : to envy something. ***anvizaje*** gen yon bagay : to look forward to have something

anvlimen [ãvlim] an-vli-men v.tr/int. to worsen, to get worse. 2. to make (sth.) worse. s: mangonmen, konplike, anpire. || amelyore. Bagay yo kòmanse ***anvlimen*** : things are getting worse.

anwole [ãrole] an-wo-le v.tr. to enlist (mil.). 2. to enrol, to recruit (rekrite). anwolman n. : enlistment; recruitment. ***anwole*** nan lame : to enlist (s.o) in the army. Yo ***anwole*** nan lame : they are enlisted in the army.

apante [ãpãte] a-pan-te v.tr. to measure (land / tè), to survey. apantè n. : surveyor. apantay n. : surveying. jalon n. : surveyor's pole. Li pa gen anyen pou li fè; lap ***apante*** lari Pòtoprens : he has nothing to do; he is pacing up and down the streets of Port-au-prince.

apateni [apateni] a-pa-te-ni v.tr. to belong to; to join, to be member of (a group). ***apateni*** a yon òganizasyon : to belong to an organization. A ki gwoup ou ***apateni***? : what group do you belong to?

apèsi [apesi] a-pè-si v.tr/n. to see; to catch a glimpse of (s.o, sth.); to notice. s: wè, sispèk, remake, note. Li annik ***apèsi*** nou epi li jete l : upon seeing us, he runs away. 2. ***apèsi*** n. : glimpse

apeze [apeze] a-pe-ze v.tr. to appease; to quench (thirst / swaf). Dlo a ***apeze*** swaf li. (kre)

apiye [apije] a-pi-ye v.tr/int. to lean (against sth. / sou yon bagay). || dezapiye. Pa ***apiye*** sou mi an; li pa solid (kre). 2. to back up, to support. s: epole, sipòte. apui n. : support. ***apiye*** sou yon poto : to lean against a pole. ***apiye*** yon kandida : to back up a candidate. Majorite pèp ayisyen an te ***apiye*** Titid nan eleksyon 16 desanm 90 la. (kre)

aplani [aplani] a-pla-ni v.tr. to resolve (problems), to iron out (difficulties)

aplike [aplike] a-pli-ke v.tr. to apply (sth. to sth.). aplikasyon n. : application. aplikab : applicable. ***aplike*** yon lwa nan yon ka patikilye : to apply a law to a particular case. ***aplike*** pou yon travay : to apply for a job

aplodi [aplodi] a-plo-di v.tr. to applaud, to clap one's hand. s: bat men. aplodisman n. : clapping. ***aplodi*** nan yon match : to cheer at a game. ***aplodi*** yon diskou : to applaud a speech

aprann [aprãn] a-prann v.tr. to learn. 2. to find out (vin konnen). 3. to teach (anseye, montre). ***aprann*** li, ekri : to learn how to read and write. ***aprann*** yon bagay :

to learn something. ***aprann*** yon bagay pa kè : to learn something by heart, to memorize something. ***aprann*** yon lang : to learn a language. ***aprann*** yon metye : to learn a skill, a trade. Yo ***aprann*** vit : they learn fast. apranti (apanti) n. : apprentice

apresye [apresje] a-pre-sye v.tr. to appreciate; to admire (s.o). apresiyasyon n. : appreciation. apresyab : appreciable; considerable. Li te ***apresye*** jès la. (kre)

apwouve [apruve] a-pwou-ve v.tr. to approve. 2. to agree to (sth.), to consent. prèv n. : proof. ***apwouve*** yon nominasyon : to confirm an appointment. ***apwouve*** yon bagay ofisyèlman : to agree formally to sth. ***apwouve*** yon kontra : to ratify a contract. ***apwouve*** yon demann : to approve a request

arete [arete] a-re-te v.tr. to arrest. s: fouke, mete (yon moun) anba kòd. || lage. arestasyon n. : arrest. ***arete*** yon moun : to arrest someone. Yo ***arete*** li : they arrest him.

arimen [arim] a-ri-men v.tr. to pack, to stow (cargo / chay). Bèfchenn yo ap ***arimen*** sak kafe yo nan kamyon an. (kre)

asayi [asaji] a-sa-yi v.tr. to assault, to be assaulted (viktim de yon atanta). Bandi yo ***asayi*** li men chans pou li Bondye sove l : the bandits assaulted him but he was lucky to escape.

asepte [asepte] a-sep-te v.tr. to accept. var: aksepte. || rechte, pa dakò (pou). aseptasyon n. : acceptance. ***asepte*** yon bagay : to accept something. ***asepte*** fè yon bagay : to accept to do something. ***asepte*** yon desizyon : to compromise on a decision. ***asepte*** yon pwopozisyon : to accept a suggestion. Li ***asepte*** ke li an tò : he agrees that he is wrong.

asfalte [asfalte] as-fal-te v.tr. to asphalt (road / wout), to blacktop. s: jete asfal (sou yon wout), goudwonnen yon wout. asfal n. : asphalt. Yap **asfalte** ri sa a demen. (kre)

asire [asire] a-si-re v.tr. to insure. 2. to assure, to guarantee, to assure someone of something (bay yon moun asirans de yon bagay, bay garanti). asirans n. : insurance. ***asire*** pa sèten (prov.). ***asire*** yon kay : to ensure a house. ***asire*** yon machin : to ensure a car. asirans kont dife : fire-insurance.

asiste [asiste] a-sis-te v.tr. to assist, to help. s: ede, bay kout men, bay konkou. 2. to attend (meeting / reyinyon), to be present at sth. (reponn prezan yon kote). ***asiste*** yon reyinyon : to attend a meeting. ***asiste*** yon moun nan yon travay : to help someone with the work. asistan (èd) n. : assistance, help. asistans (foul moun) n. : audience

asiyen [asij] a-si-yen v.tr. to summon, to subpoena. Yo pa konnen poukisa li ***asiyen*** patwon an. (kre)

asizonnen [asizõn] a-si-zon-nen v.tr. to season (with / ak), to dress (salad). Li ***asizonnen*** vyann nan anvan li mete l sou dife. (kre)

asosye [asosje] a-so-sye v.tr/n. to associate (with / ak), to join, to unite. s: mele ak (yon moun), frekante (yon moun), siye ak (yon moun). || dezasosye (ak). 2. to enter into partnership with someone (***asosye*** ak yon moun nan biznis). 3. **asosye** n. : partner. ***asosye*** (tè, moun ki travay tè dimwatye) : share cropper. Li ***asosye*** Mèsidye tè a (kre). Li se ***asosye*** mwen : he is my partner. ***asosye*** ak delenkan, zenglendo : to associate with thieves. asosiyasyon n. : association

asòti [as ti] a-sò-ti v.tr. to harmonize, to match (clothes / rad; color / koulè). s: ale ak. Chemiz sa a pa ***asòti*** ak pantalon an. (kre)

asoupi [asupi] a-sou-pi v.int. to doze off. s: kabicha, fè yon ti kabicha. Nou konn ***asoupi*** men nou toujou ap veye : we sometimes doze but we are always watching.

asteni [asteni] as-te-ni v.tr. to abstain, to keep away (from)

astikote [astikote] as-ti-ko-te v.tr. to plague. s: moleste

aswafe [aswafe] v.int. to thirst; to be thirsty. s: swaf (swèf). Li ***aswafe*** apre kous la : she is thirsty after the race.

atake [atake] a-ta-ke v.tr. to attack. 2. to launch a front attack (mil.). atak n. : attack. ***atake*** yon ènmi : to attack an enemy. ***atake*** yon moun : to attack someone. ***atake*** yon pwoblèm : to tackle a problem, to deal with a problem. atak endirèk : covert atak

atann [at n] a-tann v.tr. to expect, to wait for (sth.). sanzatann adv. : unexpectedly. ***atann*** sa kap rive : to expect what is going to happen. Yo tap ***atann*** sa : they were expecting it.

atenn [aten] a-tenn v.tr. to reach, to get to. ***atenn*** yon bi : to achieve one's goal

ateri [ateri] a-te-ri v.tr/int. to land. s: desann (an palan de avyon). || vole, flay, pran vòl. aterisay n. : landing. aterisaj fòse : false landing. ***ateri*** sou dlo : to alight, to land on the sea. ***ateri*** yon avyon : to land an airplane. Pase senti ou; avyon an pral ***ateri*** : fasten your seat belt; the plane is going to land. 2. to reach a destination; to end at, to arrive at (rive nan yon andwa). Se pèdi yo pèdi ki fè yo ***ateri*** la a : they were lost; that is why they ended up here.

atrap [atrap] a-trap v.tr. to catch. s: atrape, ankese. ***atrap*** yon boul : to catch a ball. Map voye l ; pare ou pou ***atrap*** li : I am sending it; get ready to catch it.

atrape [atrape] a-tra-pe v.tr. to catch. s: atrap, ankese. ***atrape*** yon grip : to catch a cold. ***atrape*** yon maladi : to catch a disease

avanse [avãse] a-van-se v.tr/int. to come forward (vin devan); to go foreward. || rekile, fè bak, tyoule. 2. to advance. avan (anvan) prep. : before. fè avan : to go foreward. avansman n. : progress. Ou kwense mwen; avanse! : you are squeezing me; move over!

avantaje [avãta e] a-van-ta-je v.tr. to favor. avantay n. : advantage. avantay kòk se nan zepon l. (prov.). avantay bab e moustachn : a great advantage.

avèti [aveti] a-vè-ti v.tr. to notify, to warn. avètisman n. : notice, warning. s: bay yon avètisman, fè konnen, avize. Yo te ***avèti*** l deja; li gen tan mete l anfòm (kre).

avili [avili] a-vi-li v.tr. to debase, to degrade. Li ka ***avili*** ou si ou ap asosye ou ak li. (kre).

avize [avize] a-vi-ze v.tr. to advise, to inform, to notify

avòte [av te] a-vò-te v.tr/int. to have an abortion. s: fè yon avòtman, fè yon kitay, jete pitit. avòtman n. : abortion. 2. to miscarry (fè movèz kouch). 3. to cast (young / an palan de bèt). Jiman chwal la plenn; pa pote chay sou li pou l pa ***avòte*** (kre).

awoze [aroze] a-wo-ze v.tr. to sprinkle, to water, to irrigate. s: wouze. Ou te ***awoze*** flè yo maten an? : did you water the flowers this morning? 2. to sause (food / manje). ***awoze*** tè : to irrigate land. awozwa n. : sprinkle can

azade [azade] a-za-de v.tr. to dare, to venture (doing sth.). s: penmèt (pèmèt). Pa janm ***azade*** ou fè sa ankò! : don't dare do that again!

bade [bade] ba-de v.tr. to smear, to daub. s: badijonnen (ak), babouye

babouye [babuje] ba-bou-ye v.tr. to daub, to smear. s: badijonnen, bade

babye [babje] ba-bye v.int to complain, to grumble, to grouse (about). s: plenyen. Depi maten an lap ***babye***; okenn moun pa okipe li. (kre)

badijonnen [badijõn] ba-di-jon-nen v.tr. to smear, to daub. s: bade (ak), babouye. ***badijonnen*** ak labou : to be covered with mud

badnen [badn] bad-nen v.int. to play (with s.o, sth.), to trifle (with s.o, sth.). s: jwe (ak). ***badnen*** ak yon chat : to play with a cat. ***badnen*** ak yon jwèt : to play with a toy

bafle [bafle] ba-fle v.tr. to gobble (food / manje). var: bafre. Li ***bafle*** tout manje a; li pa kite pou pesonn. (kre)

bafwe [bafwe] ba-fwe v.tr. to deceive. s: twonpe (yon moun), pran (yon moun) nan kraponnay

bakle [bakle] ba-kle v.tr. to botch (up) work. fè yon travay ***bakle*** : to do a botched job. Pran san ou pou fè travay la; pa ***bakle*** li. (kre)

balade [balade] ba-la-de v.int. to stroll. s: flannen, pwonmennen. Li fè tout jounen an ap ***balade*** ak yon gwoup zanmi. (kre)

balanse [balãse] ba-lan-se v.tr. to swing (nan balansin). 2. to sway, to rock (an palan de veyikil, de moun kap sekwe kò yo nan yon dodin, chèz). Kamyon an ap ***balanse*** nan labou a (kre). 3. to get moving (vehicule / an palan de machin ki pre pou derape). balans n. : scale. balansin n. : swing. ***balanse*** toulede bò : to rock from side to side. ***balanse*** yon pwa (chay) : to balance a weight

bale [bale] ba-le v.tr/n. to sweep up (dirt / pousyè). 2. **bale** n. : broom. Yo toujou di si yo ***bale*** pye yon moun li pap marye. (kre). ***bale*** atè a : sweep the floor. ***Bale*** devan pòt ou anvan ou gade devan pòt zòt. (prov.)

baleye [baleje] ba-le-ye v.tr. to excel, to surpass. s: briye lekòl, ***briye*** nan yon matyè. Li tèlman ap ***baleye*** yo sote l klas. (kre)

balize [balize] ba-li-ze v.int to clear (moon / lalin), to shine for planting. 2. to loot. s: piye, devaste, vòlè). Yo sot ***balize*** jaden an (kre).

balote [balote] ba-lo-te v.tr. to get rid of. s: dechouke yon moun (nan travay li), kase, revoke

banbile [bãbile] ban-bi-le v.tr. to go on a spree, to carouse, to enjoy oneself, to have a good time. s: banboche, divèti, debaba, pran plezi. Yo pral ***banbile*** nan kanaval. (kre)

banboche [bãboʃe] ban-bo-che v.tr. to go on a spree, to carouse, to enjoy oneself. : banbile, debaba, divèti, pran plezi. banbòch n. : bash (party / fèt). Moun sa yo renmen ***banboche*** anpil. (kre)

bande [bãde] ban-de v.tr/int. to bandage; to bind up (wound / blesi), to put a bandage on (sth.). Li ***bande*** ponyèt li. (kre). ***bande*** je yon moun : to blindfold someone. Yo ***bande*** je prizonye yo. (kre). || debande. 2. to have an erection. bann n. : bandage (pou mare, sentre). bann (yon bann, yon gwoup) n. : a group of. yon bann moun : a group of people. Kisa bann moun sa yo ap fè la a? : what are all these people doing here? bann (yon bann, anpil, yon pakèt) adv. (de kantite) : many, alot of, a bunch of. bann (mizik) n. : band (music). bann (seksyèl) n. : erection

bare [bare] ba-re v.tr. to block off. s: bouche, fèmen, barikade, bloke. || debloke, debare, debouche. 2. to fence in (klotire). ***bare*** yon pòt : to bar a door. 3. to conceal (eseye sere, ***bare*** yon bagay pou moun pa wè li). 4. to catch red-handed, to come upon s.o unexpectedly (kenbe yon moun ap fè yon bagay), to surprise s.o while doing sth. 5. to corner (s.o). Anmwe, ***bare*** vòlè! (kre). Yo ***bare*** yo ap vòlè : they catch them stealing. 6. to be without money, to be broke; to have financial problem. Mwen ***bare***; èske ou ka prete m yon ti kòb? : I am broke; can I borrow some money from you? 7. not able to cross (from one side to another). Li ***bare*** lòt bo dlo: he is not able to cross the water. ***bare*** dlo : to impound (water). s: kapte dlo. baraj (pou dlo) n. : dam

basinen [basin] ba-si-nen v.tr. to masage, to rub lightly. s: mase. 2. to smear with, to dirty (sal kò ak). Gade kijan li ***basinen*** poud la nan figi li. (kre)

baskile [baskile] bas-ki-le v.tr. to cock (a gun / yon fizi, revòlvè). Gad la ***baskile*** wouzi a epi tout moun gaye. (kre)

bat [bat] v.tr/int. to beat (s.o). s: kale. 2. to strike (frape sou yon bagay). 3. to struggle. s: lite, debat. 4. to win (game / match; competition / konpetisyon). s: kale, genyen. Ekip woulokonpresè a ***bat*** tout lòt yo nan Konkakaf feminen an (kre). 5. to reach (rive sou, touche sou). Cheve li tèlman long, li prèske ***bat*** sou talon li : her hair almost reaches her heel. ***bat*** fè : to lift weight. s: leve fè. ***Bat*** fè a le li cho : strike while the iron is hot; make hay while the sun shines. Pa ***bat*** tanbou a : do not beat the drum. ***bat*** pitimi (depaye pitimi) : to thresh millet. ***bat*** de ze : beat two eggs. ***bat*** tapi a pou retire pousyè ladan : beat the carpet to get rid of the dust. Kè li ap ***bat*** byen vit : his heart is beating very fast. Vwal la ap ***bat*** nan van an : the sail is flapping in the wind. ***bat*** popyè (po je) : to blank (eye). ***bat*** chalbari dèyè yon moun : to kick someone out

batay [bataj] ba-tay v.int/n. to fight. s: goumen, lite; tire pye. 2. **batay** n. : fight. Yap ***batay*** : they are fighting (each other). Poukisa nap ***batay*** la? : why are you fighting? Yo renmen ***batay*** : they like fighting. ***batay*** ak yon ènmi : to fight (with) an enemy. ***batay*** nan yon lagè (gè) : to fight a war, a battle. ***batay*** la poko fini : the fight is not over yet.

bate [bate] ba-te v.int. to wear stocking. s: mete ba. Li toujou ***bate*** : she is always wearing stocking. ba (pou pye) n. : stocking. ba (sak pa wo) : short

bati [bati] ba-ti v.tr. to build, to construct. s: konstwi. ***bati*** yon kay : to build a house. ***bati*** yon palè : to build a palace; to build a beautiful house (yon bèl kay). batisman n. : construction

batize [batize] ba-ti-ze v.tr. to baptize. Janbatis te ***batize*** Jezi : Jean the Baptist Baptized Jesus. ***batize*** yon moun : to baptize someone. ***batize*** yon ti moun : to baptize a child. batèm n. : baptism. 2. to wear sth. for the first time (vètman). 3. to serve as best man of honor at a wedding. ***batize*** yon maryaj. (kre). Jeremi ***batize*** nòs toulede sè yo.

bavade [bavade] ba-va-de v.tr. to chatter. Yap ***bavade*** nan klas la : they are chattering in the class.

bave [bave] ba-ve v.int/n. to slobber. 2.**bave** n. : slobber. bavèt n. : bib. Ti bebe a ap ***bave***. (kre)

bay [baj] v.tr. to give. | | pran. Pa ***bay*** tèt ou pwoblèm! : don't worry! ***bay*** (yon) kouvrefe : to impose a curfew. ***bay*** (elèv) devwa : to assign homework (to students). ***bay*** (yon) masay : to massage, to give a massage. ***bay*** yon sekrè : to reveal a secret. ***bay*** (yon) tit : to give a title (to), to title. ***bay*** yon moun lajan anba : to bribe someone. s: grese pat (yon moun). ***bay*** (yon moun) tep : to tip (s.o), to give a tip. ***bay*** blag, ***bay*** fraz : to tell jokes. ***bay*** (yon moun) bouden : to stand someone up. ***bay*** chen mete kanson. (prov.).

bay cheve koulè : to die hair. ***bay*** pèmisyon : to grant permission, to give permission. ***bay*** piti pa chich. (prov.). ***bay*** (yon moun) poto : to stand someone up. ***bay*** problèm : to give problem. ***bay*** rad (fè kado rad kòm don) : to donate clothing. ***bay*** volim : to increase the volume. ***bay*** radyo a yon ti volim : turn the radio up a little bit. ***bay*** ranseyman : to give information. ***bay*** san : to donate blood. ***bay*** sipò : to give one's support. ***bay*** talon ou! : take off! get out of here! ***bay*** traka : to give problem, to cause problem. ***bay*** (yon moun) yon kout men : to help someone with something, to help with the work. ***bay*** yon bagay valè : to valuate something. ***bay*** yon bèt manje : to feed an animal. ***bay*** yon elèv nòt : to grade a student. ***bay*** yon ennmi defi : to challenge an enemy. ***bay*** yon envite ladesant (adesann) : to lodge a guest. ***bay*** yon ilistrasyon : to illustrate a point. ***bay*** yon iltimatoum, iltimatòm (yon dènye delè) : to issue an iltimatum. ***bay*** yon jòf : to show off. ***bay*** yon kote blanch (evakye yon kote) : to evacuate an area, to evacuate a place. ***bay*** yon moun ki mal estasyone kontravansyon : to fine someone for illegal parking. ***bay*** yon moun konsèy pou fè yon bagay : to advise someone to do something. ***bay*** yon moun kouray (kouraj) : to encourage someone. ***bay*** (yon moun) pèlebren : to burn someone to death. ***bay*** yon moun pèmisyon fè yon bagay : to authorize someone to do something. ***bay*** yon moun yon bwa long kenbe : to challenge someone. ***bay*** yon moun yon kote pou li refijwe : to shelter someone. ***bay*** yon moun yon kout bèk : to peck at someone. ***bay*** yon moun yon kout fil : to telephone someone, to call someone, to give someone a ring. ***bay*** yon moun yon kout pwen : to punch someone. ***bay*** yon moun yon misyon pou akonpli : to assign a mission to someone. ***bay*** yon moun yon plas pou li chita : to give a seat to someone. ***bay*** yon move rapò : to falsify a report. ***bay*** (yon moun) yon non jwèt : to give someone a nickname. ***bay*** nouvèl (nan radyo, nan televizyon) to broadcast the news. ***bay*** yon opinyon : to give one's opinion. ***bay*** yon prezidan sekirite : to guard a president. ***bay*** (yon moun) yon rakle baton : to give a beating, to beat someone. ***bay*** yon rekonpans : to reward, to give a reward. ***bay*** yon sijesyon : to give a suggestion. ***bay*** yon siyal : to give a signal. bay yon voum kòb : to give a large amount of money. ***bay*** zoklo : to cheat (love affairs). ***bay*** rezon (di poukisa) : to state the reason. Ou pa te ***bay*** rezon an : you did not state the reason. Yo voye yon repons ba li : they sent him a reply. ***bay*** limyè sou yon bagay : to enlighten something, to enlighten someone on something. s: eklèsi. ***bay*** limyè : to enlight. ***bay*** yon ekla ri : to burst out of laughing. ***bay*** pwason fil : to give a fish some line

baye [baje] ba-ye v.tr/int. to open wide (ouvè nèt). 2. to yawn. Apa mwen wè ou ap ***baye***; ou gen lè grangou (kre).

baze [baze] ba-ze v.tr. to base, to found (opinion / opinyon). ***baze*** sou : to base on. baz n. : base.

bege [bege] be-ge v.int. to stutter. Li pa ka pale se ***bege*** lap ***bege***. (kre)

begle [begle] be-gle v.int. to bellow, to moo. Towo ki ***begle*** pa gra. (prov.)

beke [beke] be-ke v.tr. to peck (bird / zwazo). Chen pa manje bannann men li pa renmen poul ***beke*** l (prov). 2. to snap at, to snub (bay yon moun yon bèk). bèk n. : beak

benefisye [benefisje] be-ne-fi-sye v.tr. to benefit, to gain (from / de). benefis n. : benefit; profit. ***benefisye*** de yon bagay : to benefit from something. ***benefisye*** de yon esperyans : to benefit from an experience

beni [beni] be-ni v.tr. to bless. || modi. benediksyon n. : blessing. Beniswa Letènèl! : praise the Lord! ***beni*** yon asanble : to bless a congregation. ***beni*** yon moun : to bless someone. Ke Bondye ***beni*** ou! : may God bless you!

benn [ben] v.tr. to bend. s: koube, koubi, ploye. Van an ***benn*** wozo yo. (kre)

benyen [beje] ben-yen v.tr/n. to bathe, to take a shower. beny n. : shower. ***benyen*** nan lajan : to have money to burn. ***benyen*** chen : to be in a bad financial situation. Afè li pa bon; lap ***benyen*** chen : he is in a bad financial situation. Si ou vle gen rezon devan kras, fòk ou ***benyen*** (prov.). Li ***benyen*** de fwa pa jou : she takes a shower twice a day. 2. **benyen** n. : a type of marinade

bere [bere] be-re v.tr. to butter (ak bè). 2. to pamper (s.o). bè n. : butter. bè! (ono). ***bere*** pen : to butter bread. Pen ***bere*** : buttered bread. Gen lè si yo pase bè nan bouch li la pale. (kre).

bese [bese] be-se v.tr/int. to lower (desann, desann yon bagay). ***Bese*** rido a souple : lower the curtain please. || leve. 2. to lower (price / pri), to drop. Pri machandiz yo ***bese*** (kre). || monte. 3. to go down; to diminish (desann, diminye). 4. to bend down (koube). ***Bese*** tèt ou pou pa frape (kre). ***bese*** tèt (+pro) : to bow

bese-leve [beseleve] be-se-le-ve v.int. to bustle about; to lead a busy life. Depi maten an lap ***bese-leve***; li pa janm fatige. kre).

betize [betize] be-ti-ze v.tr/int. to work in vain (travay an ven). Se ***betize*** wap betize; ou pa janm regle anyen serye (kre). 2. to joke (ranse). ***betize*** ak yon moun : to joke with someone. Pa janm penmèt ou ***betize*** avè m! (kre). betiz n. : dirty word, obscenity (mo sal, vye mo). betiz : nonsense (bagay ki pa gen sans). machann betiz : someone who likes using dirty words

betonnen [betõn] be-ton-nen v.tr. to concrete, to build with concrete. s: koule beton. beton n. : concrete. beton n. : sidewalk (totwa). sou beton an : on the sidewalk (sou totwa); in the streets (nan lari). Yo fin fè kofraj la; yap koule beton an demen (kre).

bezwen [bez] be-zwen v.tr/n. to need. 2. **bezwen** n. : need. Yo ***bezwen*** plis tan pou etidye : they need more time to study. Yo ***bezwen*** yon ogmantasyon : they need a raise. Deyò pa ***bezwen*** konnen zafè dan ak lang. (prov.). fè ***bezwen*** : to go the bathroom

bife [bife] bi-fe v.tr. to cross out. s: efase; kwaze. Li fin ekri non an epi li ***bife*** l. kre).

bigoudi [bigudi] bi-gou-di v.tr. to fix one's hair (ranje cheve). Lap ***bigoudi*** cheve li : she is fixing her hair.

bimen [bim] bi-men to beat, to trash. ***bimen*** yon moun ak kou : to beat someone. bim! biw! (ono)

biske [biske] bis-ke v.tr. to doll up (fè kò bèl). Lap ***biske*** l nan glas la lontan. (kre)

bite [bite] bi-te v.int. to stumble. s: kilbite. bit n. : bump. Se ***bite*** nou ***bite*** men nou pa tonbe. (kre) ***bite*** sou yon moun : to run into someone

blage [blage] bla-ge v.int. to joke. s: ranse, jwe, plezante . blag n. : joke. blagè n. : joker. ***blage*** ak yon zanmi : to joke with a friend

blame [blame] bla-me v.tr. to blame. var: blanmen. s: repwoche. ***blame*** yon moun : to blame someone; to put the blame on someone (rann yon moun responsab de yon bagay)

blanchi [blɑ̃ʃi] blan-chi v.tr/int. to bleach, to whiten. || nwasi, nwèsi. 2. to trash, to beat (***blanchi*** ak baton, ***blanchi*** anba baton, bay yon kal). 3. to have grey hair (an palan de moun ki chaje ak cheve blanch). 4. to whip (bat, kale, bay yon kal, fwete,). ***blanchi*** dan : to clean one's teeth, to have a cleaning. blan (koulè) : white (color) blan n. : White (race, people). blan n any foreigner in Haiti. blanchisri n. : laundry. ***blanchi*** yon dra : to bleach a sheet. ***blanchi*** rad : to bleach clothes

blasfème [blasfeme] blas-fè-me v.tr. to blaspheme. blasfèm n. : blasphemy

blayi [blaji] bla-yi v.tr/n. to spread out (clothes / rad). 2. to knock (s.o) down. Yo ***blayi*** li ak yon kout pwen : they knock him down with a punch. 3. **blayi** atè (kouche tou long) : to lie down. ***blayi*** de pye long : to collapse (of people), to fall down. ***blayi*** sou kabann : to lie down on a bed. 4. **blayi** n. : pile of stone used for bleaching clothes (pil wòch ki itilize pou blanchi, pou tann rad)

blende [bl de] v.tr. to machingun; to riddle with bullets. s: mitraye. cha blende : the armour

blese [blese] ble-se v.tr. to wound, to injure (koupe, estwopye). 2. to hurt s.o's feelings (touche santiman yon moun). blesi n. : wound. ***blese*** ak yon zouti file : to get cut with a sharp tool. ***blese*** nan ponyèt : to injure one's arm. ***blese*** yon moun : to hurt someone

bliye [blije] bli-ye v.tr. to forget. || sonje, chonje, raple. ***bliye*** sa! : forget it! Mwen ***bliye*** non ou : I forget your name; your name slipped in my memory. manje manje ***bliye*** : to forget things easily. Pa ***bliye***! : don't forget! Pa ***bliye*** mwen! : dont' forget me! Mwen ***bliye*** pou mwen te fè li : I forgot to do it. ***bliye*** kò (+pro) : to forget oneself, to forget one's manner. ***bliye*** yon dat : to forget a date. ***bliye*** yon evennman : to forget an event. ***bliye*** yon moun : to forget someone. ***bliye*** yon randevou : to forget an appointment. ***bliye*** yon rèv : to forget a dream. Mwen ***bliye*** sa mwen sot di a : I forget what I have said. Bay kou ***bliye***, pote mak sonje. (prov.)

blofe [blofe] blo-fe v.tr. to bluff, to trick (s.o), to fool (s.o). s: woule. blòf n. : bluff. blofè n. : bluffer. ***blofe*** yon moun : to fool someone. Pa panse ou ka vin ***blofe*** m. (kre)

bloke [bloke] blo-ke v.tr. to block (off); s: bare, barikade, bouche. || debloke, debare, debouche. blòk n. : (concrete) block. blòck n : neighborhood (katye); area (zòn). block : n. : chunk. blokis n. : traffic jam . blokis (an palan de yon blokis yo mete) : blockade. ***bloke*** yon pasaj : to block a way. ***bloke*** yon wout : to block a road. ***bloke*** yon pò : to blockade a port

bo [bo] v.tr/n. to kiss. 2. **bo,** ba n. : kiss. s: anbrase. Yap ***bo*** : they are kissing (each other). Fè yon ti ***bo*** pou mwen : give me a kiss. ***Bo*** m! : kiss me! ***bo*** yon moun : to kiss someone. Poutèt bèl makòmè, ou ***bo*** fiyèl bouch pyan. (prov.).

bobinen [bobin] bo-bi-nen v.tr. to coil (wire / fil kab); to wind on a spool / nan yon bobin). var: bobine. || debobinen. 2. to rewind. bobin n. : spool. bobin (tenten, bagay san sans) : nonsense. Tout sa wap di yo tout se bobin. (kre). ***bobinen*** yon kasèt : to rewind a tape

bobo [bobo] bo-bo v.tr. to sting; s: pike, mòde. Yon gèp (dyèp) ***bobo*** li. (kre).

bòde [bode] bò-de v.tr/int. to put a border on (clothes / rad). 2. to dock (boat / bato)

bokse [bokse] bok-se v.tr. to box; to fight. bòks n. : boxing. boksè n. : boxer, fighter. gan pou ***bokse*** : boxing gloves. Anpil moun renmen wè Mwamedali lè lap ***bokse***. (kre).

bonbade [b bade] bon-ba-de v.tr. to bombard. 2. to insult (s.o). s: ensilte, lave (ak jouman). bonbadman n. : bombardment. ***bonbade*** yon vil : to bombard a city

bonbe [b be] bon-be v.tr. to distend (stomach / vant). 2. to make sth. round (fè yon bagay vin won)

bondi [b di] bon-di v.int. to pounce

bòne [b ne] bò-ne v.tr. to mark with boundary (make ak bòn), to mark the boundary of a field (make limit yon teren), to mark out; to limit. bòn (pou tè) n. : landmark. bòn (moun kap travay kay moun) : made. depase bòn, depase limit (+pro) : to go too far. Ou depase bòn ou : you go too far. lespri ***bòne*** : narrow-minded

bosale [bosale] bo-sa-le v.tr. to break in (horse / chwal). s: donte. bosal : brute (brital)

bouche [buʃe] bou-che v.tr/n. to cork (ak bouchon), to stop up. Men yon bouchon pou ***bouche*** boutèy la. (kre). || debouche. 2. to block up. s: bare, barikade, bloke, fèmen. Yo ***bouche*** wout la pou m pa pase. (kre). || debouche, debare, debloke. 3. to block (the view / bare pou moun pa wè. Li ***bouche*** kaye a pou yo pa gade sou li. (kre). 4. to hide oneself (seek and hide game). Lago fini; al ***bouche***. (kre). bouch n. : mouth. 5. **bouche** (moun ki vann vyann) n. : butcher. ***bouche*** (yon dan) n. : a mouthful, a bite

boude [bude] bou-de v.int. to pout. s: fache. Sak pase ou ***boude*** konsa? (kre)

boudonnen [bud n] bou-don-nen] v.int. to buzz (insects / ensèk). Tande myèl yo kap ***boudonnen*** nan flè yo. (kre)

boufe [bufe] bou-fe v.tr. to eat; to devour (food). s: manje. Li ***boufe*** tout manje a; li pa kite pou pesonn. (kre)

bougonnen [bug n] bou-gon-nen v.int/n. to grumble, to grouse (about). Ki sa ou genyen wap ***bougonnen*** konsa? (kre). 2. **bougonnen** n. : millet candy. Li achte yon ***bougonnen*** : she bought a millet candy.

bouje [bu e] bou-je v.int. to budge, to move. s: deplase. Pa ***bouje***! : don't move! Freeze!. rete san ***bouje*** : to stand still

boujonnen [bu ōn] bou-jou-nen v.int. to bud, to shoot. boujon n. : bud. Pwa a kòmanse ap ***boujonnen***. (kre)

boukannen [bukān] bou-kan-nen v.tr. to barbecue, to roast. boukan, boukan dife n. : bonfire. vyann ***boukannen*** : barbecue; roasted meat. ***boukannen*** dlo : not doing anything serious, anything important. Sansiv pa ***boukannen*** kwann : People who live in glass house should not throw stones.

boukante [bukāte] bou-kan-te v.tr. to swap; to exchange. s: twoke, fè yon boukantay. || deboukante. boukantay n. : swap. ***boukante*** plas ak yon moun : to change seat with someone. ***boukante*** yon bagay : to swap something

bouke [buke] bou-ke v.tr. to stop doing sth. s: sispann (fè yon bagay). 2. to be tired (att. / fatige). ***Bouke*** fè bri! : stop making noise! Ou ***bouke***? : are you tired? ***bouke*** ak : to be tired with

boukle [bukle] bou-kle v.tr. to buckle, to fasten (belt / senti, sentiwon). || deboukle. Sentiwon an twò kout; li pa kapab ***boukle*** l. (kre). bouk n. : buckle. bouk (kabrit) : billy goat

boula [bula] bou-la v.tr/n. to hum (tune) loudly. Yap ***boula*** nan kòve a. (kre). 2. **boula** n. : a type of drum (espès de tanbou)

boule [bule] bou-le v.tr/int. to burn. Gen yon bagay kap ***boule*** : something is burning. 2. to burn down (house / kay), to be on fire (pran dife). 3. to hold on (get along / kenbe). Nou la; nap kenbe : we are holding on. ***boule*** kalori : to burn calories. ***boule*** lwil (luil) : to burn oil. ***boule*** yon kay : to set a house on fire. Dat lap ***boule*** bwa, fòk li ta fè chabon yon jou. (kre). ponpye (kamyon ponpye). n. : fire engine. ponpye (moun kap touye dife) : firefighter. Rele ponpye men kay la ap ***boule***! : call the fire engine; the house is on fire! Je wouj pa ***boule*** kay. (prov.)

boulinen [bulin] bou-li-nen v.int. to rush down. s: gengole, woule desann. boulin n. : speed; tout boulin : at full speed

boulonnen [bul n] bou-lon-nen v.tr. to bolt, to fasten. | | deboulonnen. boulon n. : bolt

boulvèse [bulvese] boul-vè-se v.tr. to disturb, to upset, to shock; to be shocked. boulvès, boulvèsman n. : upsetting; confusion. Sa te reyèlman ***boulvèse*** yo : that has really shocked them.

bourade [burade] bou-ra-de v.tr. to shove (back), to push (s.o); s: pouse, bay yon bourad. bourad n. : push. Yo tap eseye antre san peye; gad la ***bourade*** yo. (kre)

boure [bure] bou-re v.tr. to stuff. | | deboure. ***boure*** nèt : full to bursting. ***boure*** kousen : to stuff cushion. Li ***boure*** bouch li ak manje. (kre)

bourike [burike] bou-ri-ke v.int. to work hard, to work like a dog. s: travay di, travay kou bèt. bourik n. : donkey; bourik (brital) : brute

bouske [buske] bous-ke v.tr. to look for; s: chache, chèche. | | twouve, jwenn. Ki sa wap ***bouske***? : what are you looking for? ***bouske*** yon bagay ki pèdi : to look for something lost

bouskile [buskile] bous-ki-le v.tr. to shove back, to shove s.o away. s: pouse, bourade, bay yon bourad. Polis la ***bouskile*** yo : the police shoves them back.

boutonnen [but n] bou-ton-nen v.tr/int. to button (cloth / rad). | | deboutonnen. 2. to bud (boujonnen). bouton : button (cloth / rad, etc.). boutonnyè n. : button hole. ***boutonnen*** chemiz ou : button up your shirt.

bouyi [buji] bou-yi v.tr. to boil. 2. to rumble (stomach / vant). Dlo a ap ***bouyi*** : the water is boiling.

bouziye [buzije] bou-zi-ye v.tr. to daub (with mud / masonnen ak labou). Yo kòmanse ***bouziye*** kay la. (kre).

bòykote [b jkote] bòy-ko-te v.tr. to boycott. bòykotay n. : boycott, boycotting. ***bòykote*** yon match : to boycott a game. ***boykote*** yon eleksyon : to boycott an election

brade [brade] bra-de v.tr. to clamp together. Li ***brade*** de moso bwa yo : he clamps the two pieces of wood.

brake [brake] bra-ke v.tr. to sweeten lightly (adousi tou piti). 2. to point a weapon at s.o (***brake*** yon zam sou yon moun)

branche [brãʃe] bran-che v.tr. to listen (to a radio broadcast). : kapte. Ou ***branche*** sou W.U.N.I : you are listening to W.U.N.I. branch n. : branch

brannen [brãn] bran-nen v.tr. to budge; to move (sth. a little bit). s: bouje. Ede m ***brannen*** tab la : help me moving the table a little bit. Machwè ***brannen***, grangou twoule (prov.)

brase [brase] bra-se v.tr. to stir (yon likid, yon bagay). brasè (koutye) n. : broker. ***brase*** ren : to undulate the hip. s: gouye, bay gouyad. ***Brase*** kafe a ak yon chalimo : stir the coffee with a straw.

breche [breʃe] bre-che v.tr. to dull, to tarnish (surface). Pa frape lam manchèt la sou wòch la pou li pa ***breche***. (kre)

bride [bride] bri-de v.tr. to bridle (horse / chwal). || debride. brid n. : bridle. 2. to restrain (s.o), to constrain s.o to do sth. (mete presyon sou yon moun pou fè yon bagay). brid sou kou : very fast, quickly

brigande [brigãde] bri-gan-de v.int. to fool around, to loaf around. s: fè briganday. brigan : unruly. briganday n. : carousing, disorder. Tout lajounen ti gason an ap ***brigande*** nan lari.(kre).

britalize [britalize] bri-ta-li-ze v.tr. to treat (s.o) brutally, to ill-treat; to torture. s: maltrete, matirize, tòtire. britalite n. : brutality. brital : brute. Misye ***britalize*** malerèz la. (kre)

briye [brije] bri-ye v.int. to shine, to glitter. s: klere. 2. to excel (in a subject / nan yon matyè). ***briye*** nan matematik : to excel in math. ***briye*** nan syans : to excel in science. Li se yon elèv kap ***briye*** : that's a bright student. Solèy la ap ***briye*** : the sun is shining. Solèy la ***briye*** pou tout moun : everyone has an opportunity.

brize [brize] bri-ze v.tr. to break, to smash. s: kraze. bri n. : noise

bwaze [bwaze] bwa-ze v.int. to escape, to run away; s: pran lafuit, pati, sove, chape poul

bwè [bwe] v.tr. to drink. bwason, bweson n. : beverage, drink. ***bwè*** pwa : to give up (after guessing sth.). ***bwè*** nan boutèy : to drink from a bottle. Ann al ***bwè*** yon bagay : let's go for a drink. mennen chwal al ***bwè*** dlo, fè chwal ***bwè*** dlo : to water the horses. ***bwè*** alkòl (bwason alkolik) : to drink alcohol. Li te ***bwè*** dlo pandan lap naje : he got a mouthful while swimming. ***bwè*** kou tafyatè : to drink like a fish. Kisa wap ***bwè***? : what are you going to drink? Eponj lan ***bwè*** dlo a : the sponge soaked up the water. ***bwè*** kafe : to drink coffee. ***bwè*** dlo : to drink water. ***Bwè*** dlo, respekte vè (prov.). ***Bwè*** tafya gen mèt li. (prov.)

bwete [bwete] bwe-te v.int. to limp, to walk with a limp. ***bwete*** sou yon pye : to be lame in one foot. Li pa kapab mache, se ***bwete*** lap ***bwete*** : he can't walk well; he is limping. Anvan ou ri moun ***bwete***, gade wè si ou mache dwat. (prov.)

bwode [brode] bwo-de v.tr. to embroider. bwodri n. : embroidery. Lanmou se yon bagay natirèl ke imajinasyon ***bwode*** : Love is a natural stuff embroided by imagination.

bwose [brose] bwo-se v.tr. to brush. ***bwose*** tèt (+pro) : to brush one's hair. ***Bwose*** tèt ou : brush your hair. ***bwose*** soulye : to brush shoes. ***bwose*** yon chwal : to brush down a horse. ***bwose*** dan (+pro) : to brush one's teeth. Al ***bwose*** dan ou! : go and brush your teeth! ***bwose*** rad : to brush one's clothes. bwòs n. : brush. bwòsdan n. : toothbrush. bwòscheve n. : hairbrush.

bwote [brote] bwo-te v.tr/int. to move, to transport. s: pote, transpòte, charye, chaye. Nou bezwen yon kamyon pou ***bwote*** mèb yo : we need a truck to move the furniture. 2. to move out, to change residence (al rete yon lòt kote). Yo ***bwote*** yeswa : they moved out last night. bwotay n. : moving. 3. to carry away. s: ale ak, pran, pote ale. Van an

bwote chapo a : the wind carries the hat away.
bwote-vini [brotevini] bwo-te-vi-ni v.int. to move in. Yo *bwote-vini* semèn pase : they moved in last week.
bwouye [bruje] bwou-ye v.tr. to confuse, to mix up, to muddle ideas. Li *bwouye*; li pa konnen ki repons pou li chwazi. (kre)

CH

chache [ʃaʃe] cha-che v.tr. to look for. var: chèche. s: twouve. || jwenn, twouve. Anvan ou pran wout, *chache* konn chimen (prov.). Chen pa janm al *chache* zo devan pòt tayè (prov.). Kisa wap *chache*? : what are you looking for?
chaje [ʃa e] cha-je v.tr. to load. || dechaje. chay n. : load. *chaje* yon batri : to load a battery. *chaje* ak lajan : to have money to burn. *chaje* yon kòf machin : to load a car's trunk. *chaje* kou legba : to be overloaded. *chaje* twòp (twò chaje) : to be overloaded. *chaje* yon revòlvè, yon fizi : to load a gun. Bourik *chaje* pa kanpe (prov.).
chame [ʃame] cha-me v.tr. to charm; to bewitch. cham, kout cham n. : spell, charm.
chanje [ʃã e] chan-je v.tr. to change. chanjman n. : change. 2. to exchange (*chanje* yon bagay pou yon lòt). *chanje* lajan : to exchange money; to get change. *chanje* dola an goud : to change dollars into gourdes. *chanje* bèt : to move (cattle) to another grazing area. *chanje* lide : to change one's mind. *chanje* yon plan : to modify a plan. *chanje* pawòl : to change one's words. *chanje* pèsonalite : to change one's personality. *chanje* rad : to change one's clothes. *chanje* rad ak yon moun : to exchange clothes with someone. *chanje* vitès : to change gears. *chanje* yon chèck : to cash a check. *chanje* yon machin (pou yon lòt) : to trade in a car. *chanje* yon modèl : to change a model. Fanm *chanje* menm jan ak tan (prov.).
chankre [ʃãkre] chan-kre v.tr/int. to take a short cut (road / wout). s: fè yon chemen pi kout. 2. to turn off (rood / wout), to curve (an palan de wout an zigzag). s: vire. 3. to trim the hair around the forehead (an palan de koup, *chankre* tèt). 4. to make a curved cut (of cloth / an palan de rad ki bezwen fèmen)
chante [chãte] chan-te v.tr/n. to sing. 2. **chante**, chan n. : song. 3. to talk nonsense (di tenten, pawòl ki pa gen sans). Ou pap di anyen serye; se *chante* wap *chante* : you are only talking nonsense. *chante* lwanj Bondye : to sing God's praise. *chante* nan yon koral : to sing in a choir. Ou *chante* nan yon koral? : do you sing in a choir? *chante* yon chan : to sing a song. Li *chante* chante popilè : he sings popular songs. Yo *chante* pou plezi : they sing for fun.
chape [ʃape] cha-pe v.tr. to slip from one's hand (nan men yon moun). 2. to survive (after an illness / viv apre yon maladi). 3. to escape. s: pati, sove. *chape* nan men yon ènmi : to elude the enemy. vòlè a *chape* nan men polis la : the thief eludes the police officer. *chape* poul : to take off, to leave. Mwen pral *chape* poul mwen : I am going to take off.
chaplete [ʃaplete] cha-ple-te v.tr. to beat (s.o with a club / bat yon moun ak yon chaplèt). chaplèt n. : club, stick. *chaplete* yon vòlè : to beat a thief with a club

chare [ʃare] cha-re v.tr. to imitate (the way s.o speaks); to mock (s.o). Ti gason sa a renmen ***chare*** gran moun anpil. (kre)

charite [ʃarite] cha-ri-te v.tr/n. to give donation to s.o, to give money to s.o. 2. **charite** n. : donation (don). ak de ***charite*** : act of charity. fè yon bagay pa ***charite*** (lacharite) : to do sth. out for charity. mande ***charite*** : to beg for money, donation. Pòv la ap mande ***charite***. (kre)

charye [ʃarje] cha-rye v.tr. to transport, to move (sth. from one place to another). var: chaye. s: transpòte, bwote, pote. Yo jwenn yon kamyon pou ***charye*** sab la. (kre)

chase [ʃase] cha-se v.tr. to chase (kouri dèyè). Chen an ap ***chase*** chat la : the dog is chasing the cat. 2. to hunt (animals / bèt). s: fè lachas. 3. to drive out (pouse met deyò, fè ale). Yo ***chase*** li nan kay la : they drive him out (of the house). chasè n. : hunter. lachas n. : hunting. fè lachas : to go hunting

chata [ʃata] cha-ta v.tr. to flee, to escape. s: mete deyò, sove, pati. Li gen tan ***chata*** kò li trap de : he quickly escaped.

chatre [ʃatre] cha-tre v.tr/n. to castrate. 2. **chatre** n. : castrated animal. ***chatre*** yon chen : to castrate a dog. yon ***chatre*** chen : a castrated dog. Yo pa janm ***chatre*** chen de fwa. (prov.)

chavire [ʃavire] cha-vi-re v.tr. to overturn. s: kapote. 2. to overthrow. jete, ranvèse, dechouke. ***chavire*** yon gouvènnman : to overthrow a government. ***chavire*** bouch anba : to turn upside down. Machin nan ***chavire*** kat wou anlè : the car overturned. ***chavire*** yon bokit fatra : to overturn a waste basket

chaye [ʃaje] cha-ye v.tr. to transport, to move (sth. from one place to another). var: charye. s: transpòte, bwote, pote. ***chaye*** dlo : to transport water. ***chaye*** dlo nan paswa : to never succeed in doing something

chèche [ʃeʃe] che-che v.tr. to look for (s.o, sth.); to seek; to search for. var: chache. s: bouske. || jwenn, twouve. ale-***chèche*** : to fetch (sh.f : al chèche). ***chèche*** wout, chemen : to try to find one's way. Kisa wap ***chèche***? : what are you looking for? Ou jwenn sa ou tap ***chèche*** a? : have you found what you were looking for? Mwen ***chèche*** li tout kote men mwen pa kapab jwenn li : I look for it everywhere but I cannot find it. ***chèche*** travay : to look for jobs, to look for a job. ***chèche*** yon pi pon travay : to look for a better job. ***chèche*** fè yon moun plezi : to aim to please someone. ***chèche*** laverite : to ascertain the truth. ***chèche*** yon bagay ki pèdi : to look for something that is lost. ***chèche*** yon moun : to look for someone. ***chèche*** yon renome : to look for fame. ***chèche*** yon repons : to look for an answer, to figure out an answer. ***chèche*** yon kay pou lwe : to look for a house to rent

cheri [ʃeri] che-ri v.tr/n. to cherish. s: karese. 2. **cheri** n. : darling. ***cheri*** kòkòt : sweet heart. ***cheri*** yon fi : to cherish a woman.

chevonnen [ʃev ne] che-von-nen v.tr. to put rafters. : mete chevon nan yon kay anvan li kouvri. chevon n. : rafter. Yap fè yon kòve pou ***chevonnen*** kay vandredi. (kre)

chifonnen [ʃif ne] chi-fon-nen v.tr. to wrinkle (dress / rad). 2. to treat roughly. s: maltrete. chifon n. : eraser (for board)

chike [ʃike] chi-ke v.tr. to chew (tobacco / tabak). 2. to pilfer, to pinch (sth.)

chikin [ʃikin] chi-kin v.tr. to joggle, to jiggle. s: brannen, bay yon bagay kèk sakad, souke yon bagay tou piti. ***chikin*** yon machin : to jiggle a car.

chipote [ʃipote] chi-po-te v.tr. to bother (s.o). chipote kò (+pro) : to fidget. Pa ***chipote*** kò ou! : don't fidget!

chire [ʃire] chi-re v.tr. to tear up, to tear sth. to pieces. s: dechire. ***chire*** pit (ak yon moun) : to argue (with someone). ***chire*** yon fèy papye : to tear up a sheet of paper

chita [ʃita] chi-ta v.int. to sit down. || kanpe, leve-kanpe. chita sou yon chèz : to sit on a chair; sit on a chair. ***chita*** bò tab : to sit down by the table. Fè yon ***chita*** : ask them to sit down. 2. **chita** (ekonomikman) att : well-off. 3. to sit idle (rete san fè anyen). s: kalewès. 4. to dawdle over work (pèdi tan nan fè yon travay). ***Chita*** pou pale ak ti moun nan; ou pa bezwen ap bat li : sit down and talk to the child; you don't need to beat him up.

chite [ʃite] chi-te v.int. to backslide. || pèsevere. Li gen lè ***chite;*** li pa vin legiz ankò. (kre)

chode [ʃode] cho-de v.tr. to scald. mango ***chode*** : scorched mango. Chat ki ***chode*** nan dlo cho pè dlo frèt : once bitten, twice shine.

chofe [ʃofe] cho-fe v.tr. to heat. 2. to warm up (before a game / anvan yon match). 3. to provoke (***chofe*** yon moun pou fè yon bagay). s: pouse. cho : hot. chofay : n. : heat, heating. Yap ***chofe*** anvan match la : they are warming up before the game.

choute [ʃute] chou-te v.tr. to kick. chout n. : kick. ***choute*** yon boul : to kick a ball. Li ***choute*** boul la deyò : he kicks the ball outside. ***choute*** yon moun deyò : to kick someone out

chwazi [ʃwazi] chwa-zi v.tr. to choose, to pick, to select. chwa n. : choice. ***chwazi*** youn : choose one. Kilès ou te ***chwazi***? : which one did you choose? Li ***chwazi*** pou li pa ***chwazi;*** se chwa pa l : he chooses not to choose; that's his choice. Ou pa gen chwa : you have no choice.

chye [ʃje] v.int. to shit, to defecate. s: kaka, poupou, watè, okabine

chyente [ʃjet] chyen-te v.int. to fawn. s: fè chen nan pye yon moun pou yon bagay.

D

dage [dage] da-ge v.tr. to mug. Vòlè a ***dage*** li epi li pati ak bous la : the thief mugs her and runs away with the purse.

dakò [dak] da-kò v.tr/int. to agree (with s.o / ak yon moun), to be in agreement with. ***dakò*** pou fè yon bagay : to agree to do something. Mwen dakò ak ou (mwen ba ou rezon) : I agree with you (you are right). ***dakò***! : agreed! ***dakò*** sou yon akò, yon trete : to conclude a treaty. ***dakò*** sou yon chwa : to agree on a choice. Yo ***dakò*** sou pri a : they settle a price.

damou [damu] da-mou v.int. to love (each other), to be in love. s: renmen. Yo gen lè ***damou*** : They seem to be in love. ***damou*** pou yon moun : to be in love with someone, to have a crush on someone

dame [dane] da-ne v.tr. to sell one's soul (to the devil). Li ***dane*** tèt li pou li kapab vin rich. (kre)

danmen [dãm] dan-men v.tr. to tamp. s: foule, plati (tè pou egalize li). 2. to win (competition / genyen tèlke nan yon konpetisyon). Li prèt pou ***danmen*** kous la : she almost wins the race.

danse [dãse] dan-se v.tr. to dance. dans n. : dance. dansè n. : dancer. Ou renmen ***danse***? : do you like dancing? are you fond of dancing?

date [date] da-te v.tr. to date (letter / lèt, etc.). dat n. : date. Ki dat jodiya? : what is today's date?

debaba [debaba] de-ba-ba v.int. to go on a spree. s: banboche, pyafe. Yo pral ***debaba*** nan kanaval. (kre)

debabouye [debabuje] de-ba-bou-ye v.tr. to wash one's face (lave figi)

debagaje [debaga e] de-ba-ga-je v.tr/int. to empty (house / kay). 2. to move out, to change residence. s: demenaje, bwote, al rete lòt kote). Depi moun andeyò gen lanmò yo toujou ***debagaje*** kay. (kre). Apa wap ***debagaje***; ki kote ou pral rete? (kre)

debake [debake] de-ba-ke v.tr/int. to unload (dechaje). 2. to disembark, to arrive. s: rive. debakman n. : unloading. Yap ***debake*** machandiz yo nan batiman an. (kre)

debalize [debalize] v.tr. to loot. s: piye, vòlè. Vòlè ***debalize*** patat la yeswa. (kre)

debande [debãde] de-ban-de v.tr. to remove a bandage. | | bande.

debarase [debarase] de-ba-ra-se v.tr. to disencumber; to clear; to get rid of sth. (***debarase*** de yon bagay). 2. to relieve (pran yon souf). | | anbarase. debarasman n. : clearance; relief. ***Debarase*** tab la : clear the table.

debare [debare] de-ba-re v.tr. to clear (by removing obstacles / retire sak koze anpèchman). 2. to unblock (bebloke). | | bare. ***debare*** yon wout : to unblock a road

debat [debat] de-bat v.int. to struggle, to do one's best. s: lite. deba n. : debate. ***debat*** yon kesyon : to debate an issue. Nou la nap ***debat*** : we are holding on; we are struggling.

debite [debite] de-bi-te v.tr. to start, to begin (with). 2. to start one's career (an palan de karyè). s: kòmanse. debi n. : start, beginning. odebi : in the beginning. kòman reyinyon an te ***debite***? : how did the meeting start?

debloke [debloke] de-blo-ke v.tr. to unblock; to release. s: debare; lage. | | bloke, bare; kenbe. deblokay n. : unblocking; releasing

debobinen [debobin] de-bo-bi-nen v.tr. to unwind. var: debobine. | | bobinen, bobine. bobin n. : spool. bobin : nonsense (tenten). Tout sa wap di yo tout se bobin . (kre). Pa jwe ak bobin fil la pou pa ***debobinen*** li. (kre)

deboche [deboʃe] de-bo-che v.int. to debauch, to lead astray

debòde [deb de] de- bo-de v.int. to overflow (water / dlo). 2. **debòde** : audacious (odasye). debòde : furious (nève). debòdman (dlo) n. : overflowing

debonde [deb de] de-bon- de v.tr/int. to purge (an palan de mestin). 2. to overflow (water / dlo).

debouche [debuʃe] de-bou-che v.tr/n. to open, to uncork (botttle / boutèy). | | bouche; fèmen. 2. **debouche** (travay) n. : job, opening. bouch n. : mouth

deboukante [debukãt] de-bou-kan-te v.tr. to return sth. (that was swapped or exchanged). | | boukante

deboukle [debukle] de-bou-kle v.tr. to unbuckle (belt / senti, sentiwon). | | boukle. bouk (pou senti, sentiwon) n. : belt. bouk (kabrit) : billy goat. bouk (vilaj) : village

deboulinen [debuline] de-bou-li-nen v.tr. to tumble down. s: gengole, woule desann. gade kabrit yo kap ***deboulinen*** nan mòn nan. (kre)

deboulonnen [debul n] de-bou-lon-nen v.tr. to unbolt. | | boulonnen. boulon n. : bolt. Mekanisyen an ap ***deboulonnen*** boulon yo. (kre)

deboure [debure] de-bou-re v.tr. to clean, to remove (stuffing / sak boure). 2. to empty (vide). | | boure. Li ***deboure*** tout bagay pou li chèche kòb la : he emptied everything in order to look for the money.

debouse [debuse] de-bou-se v.tr. to take out money (from one's wallet, purse (pran lajan nan yon bous). 2. to spend money (depanse). bous n. : wallet (pou gason). bous : purse (pou fi). bous, bousdetid : scholarship

deboutonnen [debut n] de-bou-ton-nen v.tr. to unbutton. | | boutonnen. ri vant ***deboutonnen***, ri kòlèt debraye : to have a belly laugh. Chemiz ou ***deboutonnen*** : your shirt is unbuttoned. bouton n. : button (of cloth / rad, etc.)

debouye[debuje] de-bou-ye v.tr. to manage, to cope. s: degaje. Yap ***debouye*** yo trè byen. (kre)

debranche [debrɑ̃ʃe] de-bran-che v.tr. to prune, to lop off the branches from a tree. branch n. : branch. Yap ***debranche*** bwa yo pou fè chabon. (kre)

debraye [debraje] de-bra-ye v.tr. to open (wide). Poukisa ou ***debraye*** pòt la konsa? (kre). s: ouvè, ouvè tout lajè. | | fèmen

debreye [debreje] de-bre-ye v.tr. to release the cluth. | | anbreye. Pa jwe ak levye a pou pa ***debreye*** machin nan. (kre)

debride [debride] de-bri-de v.tr. to unbridle (horse / chwal). | | bride. brid n. : bridle. Poko ***debride*** chwal la. (kre)

debwaze [debwaze] de-bwa-ze v.tr. to deforest. | | rebwaze. debwazman n. : deforestation

dechaje [deʃa e] de-cha-je v.tr/int. to unload. | | chaje. 2. to ejaculate (ejakile, voye). ***dechaje*** yon kamyon : to unload a truck. chay n. : load

dechalbore [deʃalbore] de-chal-bore v.tr. to beat (s.o), to trash. Yo ***dechalbore*** anba baton. (kre)

dechèpiye [deʃepije] de-chè-pi-ye v.tr. to tear up. s: dechire, chire. 2. to clean out (take / ale ak, pran)

dechifonnen [deʃif ne] de-chi-fon-nen v.tr. to rumple. Tout rad li ***dechifonnen***. (kre)

dechifre [deʃifre] de-chi-fre v.tr. to decipher (read), to interpret. Li bezwen yon moun pou ***dechifre*** lèt la pou li. (kre)

dechire [deʃire] v.tr. to tear up (paper / papye, etc.). s: chire. 2. to devour (sth.), a pray / yon viktim)

dechose [deʃose] de-cho-se v.tr. to take off one's shoes. 2. to emaciate (rale). Li fin ***dechose*** apre maladi a; fò yo ba li kèk bon bouyon pou remonte li. (kre)

dechouke [deʃuke] de-chou-ke v.tr. to uproot (derasine). s: rache. 2. to get s.o fired from a job. revoke, kase (yon moun nan yon travay). | | rechouke, repran. ***dechouke*** yon dictatè : to get rid of a dictator, to overthrow a dictator. fè yon dechoukay (kre). ***dechouke*** yon makout (kre). fè yon dechoukay nan Administrasyon Leta : to get people fired from

Public Administration. 3. to plow (dechouke yon tè, prepare yon tè anvan pou plante).
getting rid of, **dechoukay** removal of s.o from office, from work; cleaning up

dedi [dedi] de-di v.tr. to contradict. s: demanti. Li renmen ***dedi*** moun lè yap pale : he likes to contradict people when they are talking.

dedonmaje [ded ma e] de-don-ma-je v.tr. to compensate, to indemnify. Li ***dedonmaje*** anplwaye a : the employer receives a compensation from him.

dedui [ded i] de-dui v.tr. to deduct, to take off (from sth.). s: fè yon dediksyon (nan yon bagay). dediksyon n. : deduction. ***dedui*** sou yon chèk : to deduct from a check

dedwane [dedwane] d e-dwa-ne v.tr. to clear (good / machandiz). dwann, ladwann n. : customs. pase ladwann : to go to the customs

dedye [dedje] de-dye v.tr. to dedicate. s: fè yon dedikas. ***dedye*** yon chan pou yon moun : to dedicate a song to someone. ***dedye*** yon moniman a yon ewo : to dedicate a monument to a hero

defalke [defalke] de-fal-ke v.tr. to beat (s.o) up, to demolish. s: bat. Yo ***defalke*** li ak baton : they beat him to death.

defann [defãn] de-fann v.tr. to forbid, to prohibit. | | pèmèt, bay pèmisyon. 2. to defend (s.o / pran pou yon moun). s: pale pou yon moun, pale an favè yon moun). 3. to challenge (bay yon moun yon defi, bay yon moun yon bwa long kenbe). 4. to cope, to shield oneself against sth. s: ***defann*** tèt, debouye. ***defann*** pou fè grèv : to ban strikes. ***defann*** yon moun nan tribinal : to defend someone in court. Yo ***defann*** moun fimen : smoking is prohibited. ***defann*** yon moun fè yon bagay : to forbid someone to do something

defèt [defet] de-fèt v.tr. to undo; to untie (lage, demare). var: defè. | | fè. ***defèt*** yon valiz : to undo a suitcase

defile [defile] de-fi-le v.tr/int/n. to unthread (an palan de fil). 2. to dull (knife / kouto). | | defile, dekoupe. 3. to parade, to march past. s: fè parad. ***defile*** nan yon parad : to march in a parade. 4. **defile** n. : parade

defini [defini] de-fi-ni v.tr. to define. s: bay yon definisyon. definisyon n. : definition.***defini*** yon mo : to define a word. Kijan ou ***defini*** mo sa a? : how do you define this word?

defòme [def me] de-fò-me v.tr. to deform, to change the shape of something. s: chanje fòm yon bagay, pèdi fòm. defòmasyon n. : deformation. an fòm : in good shape

defonse [def se] de-fon-se v.tr. to batter, to smash in. 2. to remove the bottom of sth. Bokit la ***defonse*** nèt. (kre)

defouke [defuke] de-fou-ke v.tr. to tear the crotch. ***defouke*** yon pantalon : to tear the crotch of pants, trousers

defripe [defripe] de-fri-pe v.tr. to chew out. s: lave (ak jouman, anba jouman). Machann pwason an ***defripe*** madanm nan. (kre)

degagannen [degagãn] de-ga-gan-nen v.tr. to cut the throat of (koupe gòj). s: senyen (bèt), degòje. 2. to overcharge (fè peye anpil). Se ***degagannen*** yo ***degagannen*** li tèlman yo fè l peye chè : they overcharged him.

degaje [dega e] de-ga-je v.tr. to hurry (prese), fè rapid, fè vit. ***Degaje*** ou! : hurry up! 2. to manage, to get along. Nou te ***degaje*** nou pou fè li : we managed to do it. ***Degaje*** pa peche. (kre)

degaye [degaje] de-ga-ye v.tr. to mess up. s: gaye, deranje. Pa ***degaye*** cheve mwen : don't mess up my hair. 2. **degaye** : messy. Gade jan bagay yo ***degaye***! : what a mess! Van an ***degaye*** cheve li : the wind messed up her hair. Tout ***cheve*** l degaye nèt. (kre)

degengole [deg gole] de-gen-go-le v.int. to rush down. s: gengole, woule desann. Atansyon! gen yon wòch kap ***degengole***! : watch out! There is a stone rushing down.

degize [degize] de-gi-ze v.tr. to disguise. ***degize*** an lamayòt : to dress up as a clown. degizman n. : disguise, fancy costume. Yo ***degize*** pou ale nan kanaval. (kre)

degobye [degobje] de-go-bye v.int. to eruct, to belch, to burp. var: degobe, rann gaz. ***degobye*** nan figi moun : to burp at someone

degochi [degoʃi] de-go-chi v.tr. to smooth

degòje [dego e] de-gò-je v.tr. to cut the throat of. s: degagannen, senyen (bèt). Kabrit la rele pandan yap ***degòje*** l. (kre)

degonfle [deg fle] de-gon-fle v.tr. to deflate, to let the air out (of a tube, a balloon). s: retire van nan. | | gonfle, bay van. Poukisa ou ***degonfle*** balon an? (kre)

degouse [deguse] de-gou-se v.tr. to hush, to shell (peas / pwa). Pa ***degouse*** pwa a! (kre)

degoute [degute] de-gou-te v.tr/int. to disgust (s.o). s: deteste, pa vle wè, pa gen yon san pou, rayi. | | renmen, apresye. 2. to drain (retire dlo nan yon bagay, kite yon bagay degoute). 3. to fall drop by drop (tonbe gout pa gout), to drip. degout, gout n. : drop. degoutan : disgusting. degoutans n. : disgust. Swè ap ***degoute*** sot nan fon li : perspiration is dripping on her forehead.

degrade [degrade] de-gra-de v.tr. to demote (mil), to degrade (s.o) from rank (retire grad yon moun); to strip a military person of his rank. | | grade; galonnen. 2. to take away the supernatural power of a dead person. s: desounen. degradan : degrading. grad n. : rank. Yo ***degrade*** ofisye sa a : they strip this officer of his rank.

degrape [degrape] de-gra-pe v.tr. to pick, to harvest. s: keyi, rache yon grap. Yo ***degrape*** tout kokoye yo. (kre)

degrennen [degr n] de-gren-nen v.tr. to shell (tèlke mayi). s: grennen, rache grenn pa grenn. 2. to break a bill, to get change (chanje yon biye lajan). s: kase. 3. to thin out (tree / deplimen bwa)

degrese [degrese] de-gre-se v.tr/int. to remove fat. 2. to lose weight. s: degwosi, megri, pèdi pwa. | | angrese. grès n. : grease

degriji [degriji] de-gri-ji v.tr. to spruce up, to take the crease out of (dress / rad). | | griji. degriji : worn out

degwosi [degrosi] de-gro-si v.tr/int. to roughhew, to smooth out (an palan de wout, bwa). 2. to lose weight (pèdi pwa). s: degrese, megri. | | gwosi. Lap fè rejim pou li ka ***degwosi***. (kre)

degyole [degyole] de-gyo-le v.tr. to slap (in the face). s: kalote, souflete, koupe yon moun yon kalòt, yon souflèt

dejele [de ele] de-je-le v.tr. to thaw. s: deglase. | | jele, glase, fè glas

dejene [de ene] de-je-ne v.int/n. to have breakfast. 2. **dejene** (manje maten, kolasyon) n. : breakfast. Kisa wap pran kòm ***dejene***? : what are going to have for breakfast?

dejouke [dejuke] de-jou-ke to leave the roost (kite jouk la, an palan de poul ak lòt bèt). || jouke. jouk n. : roost. jouk n : yoke (pou mete dèyè kou bèt). jouk adv. : just (jis, annik)

dejwe [dejwe] de-jwe v.tr/n. to break the will of, to thwart. ***dejwe*** yon moun : to thwart someone's ambition. 2. **dejwe** n. : irresponsible person; 3. **dejwe** n. : spendthrift (moun gaspiyè)

dejwente [dejw te] de-jwen-te v.tr. to dislocate. ***dejwente*** bra yon moun : to dislocate someone's arm. Ponyèt li ***dejwente*** nan aksidan an. (kre)

dekachte [dekaʃte] de-kach-te v.tr. to unseal, to open (letter / lèt, envelop / anvlòp). s: ouvè, ouvri. || kachte. Ou mèt ***dekachte*** lèt la : you may open the letter.

dekale [dekale] de-ka-le v.tr. to chip off, to peel off. Kote li boule a ***dekale***. (kre)

dekanpe [dekãpe] de-kan-pe v.int. to move, to budge. || kanpe. 2. to unblock a passage (of people / debare yon pasaj). ***Dekanpe*** ou la a! : get out of here!

dekape [dekape] de-ka-pe v.tr. to carve (animal / bèt)

dekatya [dekatja] de-ka-tya v.tr. to cut up. s: dekatye, koupe (pa moso). Kouto sa a pap kapab ***dekatya*** vyann nan; li pa file ase : this knife is not sharp enough to cut up the meat.

dekatye [dekatje] de-ka-tye v.tr. to cut up. s: dekatya. Nou bezwen yon kouto pou ***dekatye*** vyann nan : we need a knife to cut up the meat. 2. to prune, to thin out (tree / deplimen pyebwa)

deklanche [deklãʃe] de-klan-che v.tr. to release (lache, lage). 2. to launch an attack (mil.). ***deklanche*** yon atak kont yon ennmi : to launch an attack against an enemy

deklare [deklare] de-kla-re v.tr. to declare, to state. s: afime, di. ***deklare*** lagè : to declare war. deklarasyon n. : declaration. fè yon deklarasyon : to make a statement

deklinen [deklin] de-kli-nen v.int. to decline, to go to ruin; to be in jeopardy (tèm komèsyal), to be about to collapse. Biznis sa a prèt pou ***deklinen*** : this business is about to collapse.

dekloke [dekloke] de-klo-ke v.tr. to dislocate. s: dejwente. Li ***dekloke*** ponyèt ti gason an nan jwe. (kre). Li annik sot tonbe epi ponyèt li ***dekloke***. (kre)

dekloure [deklure] de-klou-re v.tr. to unnail, to remove nails. || kloure. klou n. : nail. Lap ***dekloure*** klou yo ak yon mato : he is removing the nails with a hammer.

dekochte [dekoʃte] de-koch-te v.tr. to unhook (door / pòt, etc.). || kochte. Pa ***dekochte*** pòt la : do not unhook the door.

dekòde [dek de] de-kò-de v.tr. to undo a rope. || kòde. Pa ***dekòde*** kòd la : do not undo the rope. kòd n. : rope

dekole [dekole] de-ko-le v.tr. to unstick. || kole. Pa ***dekole*** afich la. (kre). 2. to get out of a jam (soti nan yon blokis). Yap ede li ***dekole*** machin lan nan labou : they are helping him pulling out the car from the mud.

dekolore [dekolore] de-ko-lo-re v.tr. to take the color out of sth., to discolor. || kolore. koulè n. : color

dekonekte [dekonekte] de-ko-nek-te v.tr. to disconnect (a plug from an outlet) / yon plòg nan kouran). s: deploge. || konekte, ploge. 2. to cut off, to isolate (izole)

dekonèt [dekonet] de-ko-nèt v.tr. to disknown. var: dekonnèt. s: bliye (jan yon moun sanble). | | konèt, rekonèt, rekonnèt. ***dekonèt*** yon moun : to disknown someone

dekonpoze [dek npoze] de-kon-po-ze v.tr/int. to make nauseous. 2. to faint. s: endispoze. 3. to decay (pouri, santi). *Li **dekonponze***; pase dlo nan figi li (kre). Remèd la ***dekonpoze*** li. (kre)

dekonseye [dek seje] de-kon-se-ye v.tr. to advise s.o against sth. s: konseye yon moun pou pa fè yon bagay. | | konseye. konsèy n. : advice. konseyè n. : adviser

dekonstonbre [dek st bre] de-kons-ton-bre v.tr. to demolish. s: kraze, dechalbore

dekontwole [dek trole] de-kon-two-le v.tr. to fluster; to be flustered (att.)

dekore [dekore] de-ko-re v.tr. to decorate, to ornament. s: fè yon dekorasyon. dekorasyon n. : decoration; ornament. Yo ***dekore*** sal la pou fèt la : they decorate the room for the party.

dekoud [dekud] de-koud v.tr. to unstich. | | koud. dekoud rad : to unstich clothes

dekoupe [dekupe] de-kou-pe v.tr/int. to interrupt. s: koupe pawòl nan bouch moun. 2. to cut up, koupe an moso, koupe pa ti moso). s: dekatiye, dekatya. 3. to eat copiously (manje san rete). 4. to dilute (delye). Yo ***dekoupe*** losyon an. (kre)

dekouraje [dekura e] de-kou-ra-je v.tr. to discourage. | | ankouraje. dekourajman n. : discouragement. ***dekouraje*** yon moun fè yon bagay : to discourage someone to do something. Kenbe la; pa ***dekouraje***! (kre)

dekouvri [dekuvri] de-kou-vri v.tr/int. to uncover (retire kouvèti yon bagay). | | kouvri. 2. to discover (jwenn, tonbe sou yon bagay, soti sou yon bagay). dekouvèt n. : discovery. 3. to clear up (weather / tan. ***dekouvri*** yon kabann : to uncover a bed. ***dekouvri*** yon kay : to take the roof off a house. ***dekouvri*** sen Pyè pou kouvri sen Pòl : to rob Peter to pay Paul

dekrase [dekrase] de-kra-se v.tr. to scrub, to scour. kras n. : filth, dirt. kras n. : bit of, tiny bi (ti kal). kras : stingy (kourèd, chich)

dekreta [dekreta] de-kre-ta v.tr. to cut off the comb of a rooster (koupe krèt yon kòk poul)

dekrete [dekrete] de-kre-te v.tr. to disparage. s: denigre. Dam nan anbarase devan moun yo lè misye fin ***dekrete*** li. (kre)

dekri [dekri] v.tr. to describe. s: fè deskripsyon yon moun, yon bagay. ***dekri*** yon moun : to describe someone. deskripsyon n. : description. fè yon deskripsyon : to do a description

dekwennen [dekw n] de-kwen-nen v.tr. to skin, to graze. s: grave, blese

dekwochi [dekwoʃi] de-kwo-chi v.tr. to straighten (drese, mete dwat). | | kwochi

dekwoke [dekroke] de-kwo-ke v.tr/n. to unhook, to take down. | | kwoke. ***dekwoke*** (voryen) n. : a good-for-nothing. Verite ***dekwoke*** baton. (prov.)

dekwote [dekrote] de-kwo-te v.tr. to scour, to scrub. s: dekrase, foubi, netwaye

delache [delaʃe] de-la-che v.tr. to loosen. s: lache, desere. s: desere yon bagay ki twò sere. | | sere. 2. to unwind (relax). lach (desere) : loose. lach (kapon, fenyan) n. : coward

delage [delage] de-la-ge v.tr. to untie. s: lage, demare. | | mare. Pa ***delage*** kòd la : do not untie the rope.

delala [delala] de-la-la v.tr. to wear out (grow weak / epize, mouri ak fatig). delala : run down, shabby

delase [delase] v.tr. to unlace, to untie. || lase. ***Delase*** soulye ou : unlace your shoes. lasèt n. : lace

deleze [deleze] de-le-ze v.tr. to rough-hew. s: degwosi (an palan de bwa, planch)

delibere [delibere] de-li-be-re v.tr. to free, to liberate (s.o); to feel free (soti nan yon pwoblèm), vin gen yon souf). s: libere. || anprizone. liberasyon n. : liberation, freedom. Li santi li ***delibere*** kounyeya : she feels free now.

delivre [delivre] de-li-vre v.tr. to give birth (an palan de akouchman). 2. to deliver (jwenn yon delivrans). 3. to rescue (pote yon moun sekou, vin ede yon moun). s: sove. delivrans n. : deliverance. delivrans (an palan de akouchman) n. : after birth. ***delivre*** ak yon pwoblèm, anba yon pwoblèm : to get rid of a problem, to find a solution to a problem

delye [delje] de-lye v.tr. to dilute. s: dekoupe (an palan de likid ki melanje ak lòt). Pa ***delye*** lèt la (pa mete dlo nan lèt la). (kre)

demachwele [demaʃwele] de-ma-chwe-le v.tr. to smash one's face in. machwè n. : jaw. Yo ***demachele*** li ak yon kout pwen : they smash his face in with a punch.

demake [demake] de-ma-ke v.tr/int. to leave, to take off. s: ale, kite (yon kote), grate, jete. ***Demake***! : take off!. Yo annik wè nou epi yo ***demake*** : they took off upon seeing us. 2. to ignore (s.o / vag sou yon moun). 3. to try to run away for someone; to escape the vigilance of one's opponent. Vòlè a ***demake*** polis la : the thief runs away for the police officer.

demakiye [demakije] de-ma-ki-ye v.tr. to remove (one's) makeup

demakònen [demak ne] de-ma-kònen v.tr. to dismantle, to untangle. s: separe yon makòn; separe de bèt ki antòtye youn ak lòt. || makònen. Al demakònen kabrit yo! (kre). ***demakònen*** yon makòn mayi. (kre)

demanbre [demɑ̃bre] de-man-bre v.tr/n. to batter (s.o). s: kraze (yon moun) anba baton, anba kou; bat (yon moun) byen bat

demanche [demɑ̃ʃe] de-man-che v.tr. to remove the handle of. s: retire, anlve manch yon zouti. | manche. manch n. : handle. ***demanche*** yon kouto : to remove the handle of a knife. Kouto a ***demanche*** : the knife's handle comes out. Li ***demanche*** kouto a : he removes the knife's handle.

demanti [demɑ̃ti] de-man-ti v.tr. to contradict. s: dedi (yon moun). manti n. : lie. Ti moun pa ***demanti*** gran moun. (kre)

demantibile [demɑ̃tibile] de-man-ti-bi-le v.tr. to demolish. s: kraze, demoli. ***demantibile*** yon kay : to demolish a house. Yo resi ***demantibile*** vye kay sa a : they have finally demolished this old house. 2. to beat, to trash. s: kraze anba kou, anba baton. Yo ***demantibile*** li ak baton : they beat him to death

demare [demare] de-ma-re v.tr. to untie. s: delage, lage. || mare. ***Demare*** kravat la; li pa byen mare. (kre)

demaske [demaske] de-mas-ke v.tr. to unmask, to take off one's mask (anlve yon mas). || maske, pote yon mas. mas n. : mask. Kanaval fini; ou mèt ***demaske*** ou. (kre). ***Demaske*** kò ou la a! : take off! get out of here!. 3. to clear up (weather / an palan de tan). Tan an kòmanse ap ***demaske*** : the weather starts clearing up.

demaye [demaje] de-ma-ye v.tr. to undo (links of a chain / defèt may yon chèn). may n. : link (of chain). Chenn nan ***demaye***; lap bay yon òfèv ranje li. (kre)

demele [demele] de-me-le v.tr/n. to get along, to manage. s: degaje, debouye. 2. to untangle. s: demakònen, demele, dezantòtye. 3. to shuffle (card / bat kat). Jezila pran yon peny pou li ***demele*** cheve Sonya. (kre). 4. **demele** (travay tanporè, yon kenbe men) n. Li fèk jwenn yon ti ***demele*** nan Kwabosal. (kre)

demenaje [demenaße] de-me-na-je v.int. to move out, to change residence. s: bwote. | | bwote-vini. Yap ***demenaje*** aswè a : they are moving in tonight.

demisyone [demisjone] de-mi-syo-ne v.int. to resign (from). s: bay demisyon, remèt demisyon. demisyon n. : resignation. Li ***demisyone*** (Li bay demisyon li): he resigned.

demoli [demoli] de-mo-li v.tr. to demolish. s: demantibile, kraze. Yo kòmanse ***demoli*** vye kay la. (kre)

demonte [dem te] de-mon-te v.tr. to dismantle, to take apart, to take down. | | monte. ***demonte*** yon revòlvè : to dismount a gun.

demontre [dem tre] de-mon-tre v.tr. to demonstrate, to show. s: montre, bay yon demonstrasyon. demonstrasyon n. : demonstration. Mwen pral ***demontre*** l sa m konnen! : I am going to teach him a lesson!

denigre [denigre] de-ni-gre v.tr. to denigrate, to disparage. Misye ***denigre*** fanm lan devan tout moun. (kre). s: dekrete

denonse [den se]de-non-se v.tr. to denounce (s.o), to inform against (s.o). ***denonse*** yon moun bay lapolis : to denounce someone to the police

depafini [depafini] de-pa-fi-ni v.tr. to ruin. s: fini ak, fin ravaje, deklinen

depale [depale] de-pa-le v.int. to contradict oneself. 2. to make a slip of the tongue. 3. to rumble (in one's speech). Jal la al ***depale*** tèlman li bay manti. (kre)

depann [depã] de-pann v.int. to depend (on). var: depan. ***depann*** de yon moun : to depend on someone. Sa ***depan*** : it depends. Sa depan de sikonstans lan : it depends on the circonstance.

depannen [depãn] de-pan-nen v.tr. to repair, to do repairs on (broken-down engine / repare motè li an pàn). s: leve yon pàn. | | an pàn, mete anpàn. pàn n. : break down

depanse [depãse] de-pan-se v.tr. to spend (money / lajan). depans n. : expense. Li ***depanse*** tout kòb li : he has spent all of his money. Konbyen kòb ou ***depanse*** antou? : how much money have you spent all together?

depase [depase] de-pa-se v.tr. to exceed, to go beyond. Ou ***depase*** limit la : you exceed the limit. ***depase*** limit vitès : to exceed the speed limit. Pri a ***depase*** di dola : the price exceeds ten dollars. ***depase*** yon vitès maksimòm : to exceed the speed limit. Ou ***depase*** bòn ou : you go too far.

depasyante [depasjãte] de-pa-syan-te v.tr. to cause to lose patience. ***depasyante*** (san pasyans) : without patience. Malgre tout efò yo fè, yo pa janm reyisi; yo finalman ***depasyante***. (kre)

depate [depate] de-pa-te v.tr. to divide up (a hand of banana / yon rejim bannann). Li ***depate*** rejim bannann nan ak yon kouto. (kre)

depati [depati] de-pa-ti v.tr. to break with, to stop associating with (s.o). s: dezasosye (ak).

Li pa nan ran moun sa yo ankò; li *depati* ak yo. (kre)

depatya [depatja] de-pa-tya v.tr. to cut up (koupe an moso). s: dekatya, dekatiye. 2. to destroy (detwi). Yo pral *depatya* vye kay la. (kre)

depaye [depaje] de-pa-ye v.tr. to take apart (sth. made up of a wooven straw). || anpaye. *depaye* yon chèz (kre). *depaye* pitimi : to thresh millet. pay n. : straw. Yap *depaye* pitimi nan yon pilon. (kre)

depeche [depeʃe] de-pe-che v.tr. to hurry. s: prese, fè vit, leve pye

depenn [dep n] de-penn v.tr. to depict, to picture (s.o / fè deskripsyon yon moun)

depenyen [dep j] de-pen-yen v.tr. to muss, to ruffle (hair / cheve). || penyen. *depenyen* cheve yon moun : to ruffle someone's hair. peny n. : comb

deperi [deperi] de-pe-ri v.int. to go down hill (decline)

depetre [depetre] de-pe-tre v.tr. to get out of a jam (soti nan yon difikilte). || anpetre

depeyize [depejize] de-pe-yi-ze v.tr. to leave one's country (kite yon peyi natif-natal). 2. to move (from one's usual surroundings / chanje anviwonnman). peyi n. : country

deplancheye [deplãʃeje] de-plan-che-ye v.tr. to remove the floor boards. planch n. : board. Yap *deplancheye* kay la demen. (kre)

deplase [deplase] de-pla-se v.tr/n. to move, to budge. s: bouje. 2. to leave, to get out of a place (kite, soti yon kote). 3. to take off. s: ale. ***Deplase***! : take off! 4. to change the place of sth. (chanje plas, pozisyon yon bagay). 5. to get moving. Map fè yon *deplase*; talè map tounen : I am leaving; I will be right back. Ou ka ede mwen *deplase* tab la? : can you help me moving the table? Polis la mande pou yo *deplase* : the police officer asks them to leave. *deplase* yon chèz : to remove a chair; remove a chair. 6. **deplase**, deplasman n. : moving; leaving; taking off

deplè [deple] de-plè v.tr. to displease. s: deplezi. || plè, fè plezi. Li pa fè anyen ki pou deplè paran li. (kre)

deplimen [deplim] v.tr. to pluck. s: plimen. plim (zwazo) n. : feather. plim (pou ekri) n. : pen. plim (sou kò) : body hair

deplise [deplise] de-pli-se v.tr. to take the pleats out of. || plise. pli n. : wrinkle

depliye [deplije] de-pli-ye v.tr. to unfold, to unroll. s: deplwaye, deploye. || pliye, plwaye, ploye

deploge [deploge] de-ploge v.tr. to unplug. s: dekonekte. || ploge, konekte. plòg n. : plug. Pa *deploge* plòg la : do not unplug the plug.

deplòtonnen [depl t ne] de-plò-ton-nen v.tr. to unwind, to wind off. Pa jwe ak fil la pou pa *deplòtonnen* li. (kre)

deplwaye [deplwaye] de-plwa-ye v.tr. to unfold, to unroll. s: depliye. var: deploye. s: depliye. || plwaye, ploye, pliye

depòte [dep te] de-pò-te v.tr. to deport. depòtasyon n. : deportation. Pye yo pat nan soulye; yo *depòte* yo. (kre). Imigrasyon *depòte* li : he was deported by the Immigration Service.

depoze [depoze] de-po-ze v.tr. to put (s.th.) down / mete yon bagay atè), to lay down; to set (put down / mete). 2. to drop off (lage). *depoze* yon moun lakay li : to drop someone home, to accompany someone home. Mwen pral ***depoze*** ou : I am going to drop you off. depo n. : deposit. depo (kote yo sere bagay) n. : storage, warehouse. ***depoze*** lajan labank : to make a deposit, to deposit one's money at the bank. ***depoze*** zam (+pro) : to lay down one's arms. ***depoze*** yon bagay atè : to lay something down. ***Depoze*** li la! : put it away! ***Depoze*** plent pou yon moun : to accuse someone

depwente [depw te] de-pwen-te v.tr. to dull, to blunt the point of (kase pwent yon bagay)

deranje [derã e] v.tr. to disarrange (sth.). || ranje. 2. to disturb (entewonp yon moun); to trouble (twouble). Nouvèl la ***deranje*** yo : they are troubled by the news. 3. to put (sth.) out of order / mete yon bagay an pàn). || ranje. deranjman n. : disturbance, trouble. deranjman (an palan de vant) n. : intestinal disorder. Manje a ***deranje*** lestonmak li : the food upset his stomach. ***deranje*** lespri yon moun : to disturb someone's mind. Pa ***deranje*** mwen : do not disturb me.

derape [derape] de-ra-pe v.tr/int. to start with (kòmanse ak). 2. to take off, to leave. s: ale, mete deyò. ***derape*** yon machin : to get a car moving. Prese vit ou ***derape*** machin nan ! : hurry up and get the car moving! derapman n. : taking off; moving.

derasinen [derasinen] de-ra-si-nen v.tr. to uproot. var: derasine. s: rache, dechouke. rasin n. : root. Kochon an ***derasinen*** patat la. (kre)

deraye [deraje] de-ra-ye v.tr/int. to ramble, to talk nonsense. s: di tenten, pale anpil. 2. to be derailed. Tren an ***deraye*** : the train is derailed. Yo fè tren an ***deraye*** (yo ***deraye*** tren an). (kre). ***deraye*** yon tren : to derail a train. ray n. : rail

derefize [derefize] de-re-fi-ze v.tr. to refuse. s: refize, pa vle. || vle, dakò. Li ***derefize*** bwè remèd la : he refuses to take the medicine.

deregle [deregle] v.tr. to put out of order; to be out of order. 2. **deregle** : out of order (deranje, an pàn). 3. **deregle** (endisipline) : unruly

derespekte [derespekte] de-res-pek-te v.tr. to be disrespectful (to s.o). s: manke yon moun respè, manke yon moun dega. Li sot ***derespekte*** Idosya; li lave l ak jouman. (kre). derespektan (san respè) disrespectful. respè n. : respect

desale [desale] de-sa-le v.tr. to take the salt out of. || sale. sèl (pou manje) n. salt. sèl (pou sele chwal) n. : saddle. Mete mori a tranpe pou li ka ***desale***. (kre)

desangle [desãgle] de-san-gle v.tr. to remove a cinch (from a horse / demare, lage yon sang anba vant yon chwal). || sangle. sang n. : cing

desann [desãn] de-sann v.tr/int. to go down (sot anlè ***desann***); to descend, to get down (tree / bwa etc.). || monte. ***Desann***! : come down! get down!. 2. to lower (bese). 3. to overflow (debòde, an palan de dlo). 4. to lodge, to stay (at / ***desann*** yon kote, ***desann*** kay yon moun). ***desann*** kay yon zanmi : to stay over a friend's house. ***desann*** nan yon otèl : to stay at a hotel. Ki kote wap ***desann***? : where are you going to stay? 5. to remove (from fire / yon bagay sou dife). 6. to lose weight (pèdi pwa). 7. to get off a vehicle / yon veyikil). ***desann*** (nan) yon avyon : to get off a plane. ***desann*** retorik, filo, bakaloreya (these verbal phrases refer to the final exams that students have to take at the end of their last year in Secondary School in Haiti before going to University). ***desann*** (sou) yon mi : to get down from a wall. ***desann*** yon eskalye : to come down the stairs. ***desann*** yon nè : to deafen the nerve. ***desann*** ak sa a pou mwen souple : take this down for me please. ***desann*** dlo yon watè ijyenik : to flush a toilet. ***desann*** yon drapo : to lower a flag. ***desann*** yon pant : to go down a slope. Chak larivyè. ***desann*** ak sab pa yo. (prov.)

desantralize [desãtralize] de-san-tra-li-ze v.tr. to. decentralized. desantralizasyon n. decentralization. yon peyi ***desantralize*** : a decentralized country

desede [desede] de-se-de v.int. to die. s: mouri, al bwachat, fè vòl (fè vwal) pou peyi san chapo, ale nan peyi san chapo. | | viv. desè (an palan de mòtalite) n. : death. ak de desè : death certificate. desè (manje) n. : dessert

desele [desele] de-se-le v.tr. to unsaddle. ***desele*** yon chwal : to unsaddle a horse. sèl (pou chwal) n. : saddle. sèl (pou manje) n. : salt

desere [desere] de-se-re v.tr. to loosen. s: lache, delache. ***desere*** yon brezo : to loosen a necktie. ***desere*** yon sentiwon : to loosen a belt. ***desere*** yon vis : to loosen a screw

desèvi [desevi] de-sè-vi v.tr. to clear (table / tab). | | sèvi, resevwa. Al ***desèvi*** vizitè yo! (kre).

desi [desi] de-si v.int. to be disappointed

deside [deside] de-si-de v.tr. to decide; to make up one's mind (pran yon desizyon). desizyon n. : decision. ***deside*** ale : to decide to go. ***deside*** rete : to decide to stay

desine [desine] de-si-ne v.tr. to draw, to sketch. s: fè desen. Kisa wap ***desine*** la a? : what are you drawing?. desinatè n. : drawer. Lap ***desine*** ak lakrè (lakre) : he is drawing in chalk. Kilès ki ***desine*** sa a? : who draw this? ***desine*** yon kay : to draw a house

desitire [desitire] de-si-ti-re v.tr. to get rid of. s: koupe yon sitirans

desoude [desude] de-sou-de v.tr. to unsolder (sth.). | | soude. soudi n. : soldering

desounen [desun] de-sou-nen v.tr. to put into a stupor (tèlke ***desounen*** yon kadav). 2. to stun (etoudi, etatad apre yon kou)

destabilize [destabilize] des-ta-bi-li-ze v.tr. to destabilize. destabilizasyon n. : destabilization. ***destabilize*** yon gouvènman (gouvèlman) : to destabilize a government

detache [detaʃe] de-ta-che v.tr. to detach. 2. to unfasten (belt / senti, sentiwon)

detake [detake] de-ta-ke v.tr. to unlatch. Pa ***detake*** pòt la! (kre)

detaye [detaje] de-ta-ye v.tr. to retail (vann an detay). | | vann an gwo. an detay : retail. 2. to cut up (koupe an moso). 3. to shower with insults (lave ak jouman). 4. to scrutinize (ekzamine byen). 5. to talk animately (pale fò ak jès). 5. to explain (esplike, eksplike)

detchoure [detʃure] v.tr. to rub vigorously (fwote byen fò)

detekte [detekte] de-tek-te v.tr. to detect

detenn [dete] de-tenn v.int. to run, to spread (lose color / pèdi koulè). Rad la ***detenn*** pandan yap lave li : the cloth runs in the wash. 2. to rub off on (influence / gen yon enfliyans sou)

detere [detere] de-te-re v.tr. to unearth, to dig up. Chen an ap ***detere*** yon zo : the dog is digging up a bone.

deteryore [deterjore] de-te-ryo-re v.tr. to deteriorate, to become worse. Sante l ap ***detoryore*** : his health is worsening

deteste [deteste] de-tes-te v.tr. to detest, to hate. s: rayi, degoute, pa vle wè, pa gen yon san pou. | | admire, renmen, apresye. ***deteste*** yon moun : to hate, to despise someone

detike [detike] v.tr. to shower with insults (lave ak jouman). 2. to get rid of (ticks, parasite from animals / retire tik ki sou bèt). ***detike*** yon chwal. (kre)

detire [detire] de-ti-re v.tr/int. to iron (pase fè sou rad). 2. to stretch oneself (detire kò)

detòtye [det tje] de-tò-tye v.tr. to untie (animal), to disentangle. s: dezantòtye, demakònen, demele. | | antòtye, makònen, mele. Lap eseye ***detòtye*** kabrit la nan pyebwa a. (kre)

detounen [detun] de-tou-nen v.tr. to lead (s.o) astray (tonbe nan move chemen). 2. to hijack (plane / avyon). ***detounen*** yon avyon : to hijack an airplane

detripe [detripe] de-tri-pe v.tr. to defame, to disparage (denigre; lave ak jouman, lave anba jouman). 2. to gut (retire trip)

detwi [detwi] de-twi v.tr. to destroy. Dlo a ***detwi*** jaden an : the crops have been destroyed by the flood. destriksyon n. : destruction

detwone [detrone] de-tro-ne v.tr. to dethrone. twòn n. : throne

detyedi [detjedi] de-tye-di v.tr. to make lukewarm (water / dlo). s: retire frèt yon dlo

devalye [devalje] de-va-lye v.tr. to devaluate. s: desann valè yon bagay

devantre [devãtre] de-van-tre v.tr. to disembowel. s: pike nan vant

devaste [devaste] de-vas-te v.tr. to devastate. s: vòlè, ravaje, piye. devastè n. : thief, robber

devilge [devilge] de-vil-ge v.tr. to divulge, to let out (secret / mete yon sekrè deyò). var: divilge

devine [devine] de-vi-ne v.tr. to guess. 2. to guess (riddle / devinèt). s: fè yon devinèt. ***devine*** sa yon moun ap panse: to read someone's thoughts. Mwen jis ***devine*** : I just guess. devinèt n. : guess

devire [devire] de-vi-re v.tr/int. to turn, to make a turn. s: vire, tounen. 2. to turn around. s: vire. ***devire*** agoch : turn left. ***devire*** adwat : turn right. Pa ***devire***; jis ale tou dwat : do not make any turn; just go straight. Mwen mèt ***devire*** la a? : can I turn here?. Ma di ou ki lè pou ***devire*** : I will tell you when to turn.

devise [devise] de-vi-se v.tr. to unscrew (bolt / boulon, vis). s: retire yon vis. | | vise

devlope [devlope] de-vlo-pe v.tr/int. to unwrap (devlope yon bagay ki vlope). | | vlope. ***devlope*** yon kado : to unwrap a gift. 2. to develop, to grow (of people / an palan de moun). Lap ***devlope*** seryezman : he is growing rapidly. ***devlope*** yon sijè : to develop a theme. devlopman n. : development. devlopman ekonomik : economic growth. 3. to evolve. ***devlope*** a pati de yon bagay : to evolve from something. ***devlope*** fim : to process film. ***devlope*** yon bandaj : to unwrap a bandage. ***devlope*** yon ide : to expand an idea. ***devlope*** yon plan, yon chema : to develop a scheme. ***devlope*** yon ilsè : to develop ulcers

devni [devni] dev-ni v.int. to become. s: vini, vin, vin tounen. Kisa li ***devni***? : what has become of him?

devore [devore] de-vo-re v.tr. to devour (prey / viktim). Chat la ***devore*** rat la : the cat devours the rat. s: dechire. ***devore*** ak kout dan : to bite. ***devore*** yon moun ak kout dan : to bite someone

devwale [devwale] de-vwa-le v.tr. to unveil (anlve yon vwal). 2. to reveal (secret / sekrè).

Li ***devwale*** sekrè a : he reveals the secret.
devye [devje] de-vye v.int. to lean, to slant. s: panche
dewoule [derule] de-wou-le v.tr/int. to unroll (film / fim, etc.). 2. to unwind, to wind off (bobin, fil). s: debobine, debobinen. 3. to happen (pase). Ki jan sa te ***dewoule*** (ki jan sa te ye)? : how was it?. Lap di kòman sa te ***dewoule*** : he is telling how it happened.
dezabitwe [dezabitwe] de-za-bi-twe v.tr. to lose a habit, to get out of a habit. var: dezabitye. s: kite yon abitid, pèdi yon abitid. || abitwe, abitye (ak)
dezabiye [dezabije] de-za-bi-ye v.tr. to undress, to take off one's clothes. s: retire rad (+pro). || abiye, mete rad sou (+pro). ***Dezabiye*** ou : take your clothes off. abitid n. : habit
dezame [dezame] de-za-me v.tr. to disarm (s.o). || ame. zam n. : weapon. ***dezame*** yon sòlda : to disarm a soldier
dezanfle [dezãfle] de-zan-fle v.int. to become less swellen. || anfle. Kote l te frape a kòmanse ***dezanfle*** : the swelling is going down.
dezanpare [dezãpare] de-zan-pa-re v.tr. to get rid of. s: debarase de. ***dezanpare*** de yon moun : to get rid of someone
dezanpetre [dezãpetre] de-zan-pe-tre v.tr. to disentangle. 2. to get out of a jam
dezapiye [dezapije] de-za-pi-ye v.int. to stop leaning (on sth.). || apiye (sou). ***Dezapiye*** sou bwa a; li pa solid. (kre)
dezapwouve [dezapruve] de-za-prou-ve v.tr. to disprove. || pwouve.
dezasosye [dezasosje] de-za-so-sye v.tr. to break up with, to stop associating with. s: depati (ak). || asosye (ak)
dezenfekte [dezefekte] de-zen-fek-te v.tr. to disinfect. dezenfektan n.
dezenvite [dez vite] de-zen-vi-te v.tr. to avoid. s: evite, envite
dezespere [dezespere] de-zes-pe-re v.int. to lose hope, to dispair. s: pèdi espwa, pèdi esperans. || espere, gen espwa. espwa, esperans n. : hope
dezète [dezete] de-zè-te v.tr. to desert, to abandon. s: kite, abandone. ***dezète*** yon moun : to desert someone. dezè n. : desert
dezipe [dezipe] de-zi-pe v.tr. to unzip. || zipe. zip n. : zipper. Pantalon ou ***dezipe*** : your flyer is opened.
dezini [dezini] de-zi-ni v.tr. to disunite. s: separe, divize. || ini, fè yon sèl
dezire [dezire] de-zi-re v.tr. to desire. s: vle
deziste [deziste] de-zis-te v.int. to desist
dezobeyi [dezobeji] de-zo-be-yi v.tr. to disobey. s: rebele. || obeyi. dezobeyisans n. : disobedience. obeyisans n. : obedience. Pa ***dezobeyi*** paran ou : don't disobey your parents.
dezonore [dezonore] de-zo-no-re v.tr. to dishonor. || onore. onè n. : honor
dezoryante [dezorjãte] de-zo-ryan-te v.int. to disorient, to cause to lose a sense of direction. s: pèdi oryantasyon
di [di] v.tr. to say. 2. to state, to declare, to affirm. ***Di*** l bonjou pou mwen : say hello to her for me. Pa ***di*** sa : don't say that. Mwen pa tande sa ou ***di*** a : I don't hear what you say. Kisa ou te ***di***? : what did you say?. Mwen pa te ***di*** anyen : I did not say anything. ***di*** laverite : to tell the truth, to ascertain the truth. ***di*** wi ou non : say yes or no. Chen vòlè men pa ***di*** l vòlè tabak. (prov.). 2. **di** (sak pa mou) : hard. 3. **di** (sevè) : strict.

dige [dige] di-ge v.tr. to goad. var: djige. s: digonnen. Pa ***dige*** chwal la pou li pa ba ou kout pye. (kre)

digonnen [dig n] di-gon-nen v.tr. to goad. s: dige, djige, pike

dijere [di ere] di-je-re v.tr. to digest. dijsyon n. : digestion. ***dijere*** manje : to digest food

dikte [dikte] dik-te v.tr/n. to dictate. ***dikte*** yon moun sa pou l fè : to dictate someone what to do. ***dikte*** yon moun sa pou l ekri : to dictate someone what to write. Pa ***dikte*** m sa pou m fè : don't tell me what to do. 2. **dikte** n. : dictation. Ou prè pou ***dikte*** a? : are you ready for the dictation?

diminye [diminje] di-mi-nye v.tr. to diminish, to decrease, to reduce. s: redui, retire (sou, nan). | | ogmante, ajoute, mete sou. ***diminye*** puisans yon bagay : to detract from the power of something

dine [dine] di-ne/n. v.tr/n. to have dinner. 2. **dine** n. : dinner. envite yon moun (al) ***dine*** : to invite someone to dinner. Yo envite nou nan yon ***dine*** : we are invited to a dinner.

diplome [diplome] di-plo-me v.int. to graduate. diplòm n. : diploma. ***diplome*** nan inivèsite : to graduate from University. ***diplome*** nan yon lekòl : to graduate from a school

dire [dire] di-re v.int/n. to last. Konbyen tan sa ap ***dire***? : how long will it last?. ***dire*** lontan : to last long; to linger on. ***dire*** pou toutan : to last forever. Men ale, men vini fè zanmi ***dire***. (prov.). 2. **dire** n. : length of time

dirije [diri e] di-ri-je v.tr. to direct, to give directions. 2. to lead (mennen). s: kondi. ***dirije*** yon avèg : to lead a blind person. ***dirije*** yon koral : to lead a choir. dirijan (moun kap dirije) n. : leader, head

disipline [disipline] di-si-pli-ne v.tr. to discipline. s: bay disiplin, kabeste; gen disiplin. | | endisipline (att.), manke disiplin. disiplin n. : discipline

diskalifye [diskalifye] dis-ka-li-fye v.tr. to disqualify. Yo ***diskalifye*** jwè sa yo pou patisipe nan final la. (kre)

diskite [diskite] dis-ki-te v.tr. to discuss. 2. to argue. ***diskite*** ak yon moun : to argue with someone, to quarrel with someone. ***diskite*** sou politik : to argue about politics. diskisyon n. : discussion; quarrel, argument

dispanse [dispãse] dis-pan-se v.tr. to dispense, to examp (from doing sth.)

disparèt [disparet] dis-pa-rèt v.int. to disappear; to vanish. | | parèt. ***disparèt*** nèt : to vanish completely. disparisyon n. : disappearance

dispèse [dispese] dis-pè-se. v.tr. | | rasanble. ***dispèse*** yon foul : to break a crowd

dispoze [dispoze] dis-po-ze v.tr/int. to decide, to decide about (sth. / pran desizyon pou fè yon bagay). s: deside. 2. to be about to do sth. Kisa ou ***dispoze*** fè? : what do you decide to do?. desizyon n. : decision.

distenge [dist ge] dis-ten-ge v.tr. to distinguish. s: fè yon distenksyon. distenksyon n. : distinction. Li difisil pou ***distenge*** jimo sa yo tèlman yo sanble. (kre)

distribiye [distribije] dis-tri-bi-ye v.tr. to distribute, to pass out. s: fè yon distribisyon, bay. | | pran, ranmase. distribisyon n. : distribution. ***distribiye*** papye : to pass out papers

divèti [diveti] di-vè-ti v.int. to amuse oneself, to have a good time. Ou te byen ***divèti*** ou nan fèt la? : did you have a good time at the party?

divilge [divilge] di-vil-ge v.tr. to divulge, to let out (secret). var: devilge. s: mete sekrè yon moun deyò, devwale sekrè yon moun

divize [divize] di-vi-ze v.tr. to divide. s: fè yon divizyon, separe. divizyon n. : division. ***divize*** yon ang (jeometri) : to bisect an angle. ***divize*** yon bagay an de : to divide something in halves. ***divize*** douz pa de (12 ÷ 2) : divide twelve by two.

divòse [div se] di-vò-se v.tr. to divorce, to get divorced. divòs n. : divorce. | | marye. Yo pa gen lontan depi yo marye epi yo gen tan ***divòse***. (kre)

diwote [dirote] di-wo-te v.int. to be present from the start (prezan depi okòmansman)

dodinen [dodin] do-di-nen v.int. to rock (in a rocking chair / nan yon fotèy). dodin n. : rocking chair

dole [dole] do-le v.tr. to slice thinly. s: tranche tou piti

dolote [dolote v.tr. to coddle; to pamper

dòmi [d mi] dò-mi v.int. to sleep. ***dòmi*** nan je (+pro) : to be sleepy. ***Dòmi*** nan je l : he is sleepy. ***Dòmi*** nan je ou? : are you sleepy?. ***dòmi*** sou yon moun : to pull someone's leg, to fool someone. bay yon moun adòmi : to lodge s.o. Lajan se ti fi; li pa fèt pou l ***dòmi*** deyò. (prov.). ***dòmi*** twonpe (+pro) : to oversleep

domine [domine] do-mi-ne v.tr. to dominate. Men pwen kap ***domine*** aktyalite a jodiya : here are today's headlines. dominans n. : dominance

dongoye [d goje] don-go-ye v.tr/int. to try to make ends meet. 2. to strive. s: debat, lite

donmaje [d ma e] don-ma-je v.tr. to damage. 2. to injure (blese; frape). Li ***donmaje*** ponyèt li nan aksidan an (kre). Yo ***donmaje*** misye ak baton. (kre). domaj, donmaj n. : damage. donmaj, se donmaj... : too bad...

donnen [d n] don-nen v.tr/int. to produce (fruits /pote fri). s: bay fri, pwodui fri. 2. to persist (rete pou lontan, kontinye)

donte [d te] don-te v.tr. to tame (horse / chwal). s: bosale Yo bay yon makiyon ***donte*** chwal la. (kre)

dore [dore] do-re v.tr. to frost (cake / gato). 2. to brown (cooking / manje). 3. **dore** (koulè lò) : golden, gilded

double [duble] dou-ble v.tr. to pass, to get ahead of (car / machin). s: pran devan, pase devan. 2. to repeat (repran, reprann). Lapli a ap ***double*** (kre). ***double*** yon klas : to repeat a grade. 3. to line (garment / mete doubli nan rad). doubli n. : lining

douko [duko] dou-ko v.tr/n. to paint (metal surface / metal). s: voye douko, pentire. 2. **douko** n. : enamel paint (used for metal). ***douko*** yon machin (voye ***douko*** sou yon machin, pentire yon machin) : to paint a car

doute [dute] dou-te v.tr. to doubt. dout n. : doubt. M ***doute*** sa : I doubt it. Pa gen dout : there is no doubt. Mwen ***doute*** yap vini demen : I doubt they are coming tomorrow.

dragonnen [drag n] dra-gon-nen v.tr. to arm oneself with a stick, to walk with a stick. s: mache ak yon baton, pote yon baton. Depi chen yo wè l ***dragonnen*** yo pap pwoche pre l. (kre)

dramatize [dramatize] dra-ma-ti-ze v.tr. to dramatize. Yo ***dramatize*** evennman Bwa Kayiman an. (kre).

drese [drese] dre-se v.tr. to straighten (ranje yon bagay ki kwochi). ***Drese*** l; li kwochi : straighten it out; it's crooked. s: kanpe, mete dwat. 2. to dish out (food / manje). manje a, ou mèt drese l. (kre)

drivaye [drivaje] dri-va-ye v.int. to drift, to wander aimlessly. s: drive. Li pap fè anyen; lap ***drivaye*** nan lari Pòtoprens. (kre)

dwe [dwe]v.tr. to owe. Konbyen m ***dwe*** ou? : how much do I owe you? 2. to have to, should. Ou ***dwe*** vini demen : you should come tomorrow.

dwoge [droge] dwo-ge v.tr. to protect with a magic portion (pwoteje pa yon bagay majik). 2. **dwoge** (pran dwòg) : to do drugs. dwòg n. : drug

dyage [djage] dya-ge v.tr. to stab. s: ponyade, pike, frennen, fwennen. Yo ***dyage*** l nan bann madigra a. (kre)

dyagnostike [djagnostike] dyag-nos-ti-ke v.tr. to diagnose. s: chache konnen kòz, sous yon maladi. Doktè pral ***dyagnostike*** l pou konnen pou yo ka konnen sak koze sentòm yo. (kre)

dyake [dyake] dya-ke v.tr. to jack up (car / machin). s: mete yon machin sou dyak. dyak (pou machin) n. : jack. dyak (legliz) n. : deacon

dyaloge [dyaloge] dya-lo-ge v.tr. to have a dialogue, to have a conversation (with s.o / ak yon moun). s: fè yon dyalòg ak yon moun, pale ak yon moun. dyalòg n. : dialogue

dyaye [djaje] v.tr. to hum (loudly). s: boula

dyayi [djaji] dya-yi v.int. to convulse (in a trance). Tande ***dyayi*** Ii. (kre)

dyobe [djobe] dyo-be v.tr. to have a job. djòb n. : job, work. dyobè n. : jobber. Djòb Leta pa chwal papa. (prov.)

dyoke [djoke] v.tr. to bewitch (evil spell)

dyole [djole] dyo-le v.int. to chitchat. s: jejay, ranse, chante

E

ebranle [ebrãle] e-bran-le v.tr. to shake (abs.). Nouvèl la ***ebranle*** tout moun. 2. to rock (building / building)

echanje [eʃã e] e-chan-je v.tr. to exchange. s:fè echanj, boukante, twoke. echanj n. : exchange. ***echanje*** kado : to exchange gifts. echanj lèt : exchange of correspondence

echwe [eʃwe] e-chwe v.int. to end up (ateri yon kote pa aza). 2. to run aground (ship / bato). 3. to fail. s: sibi yon echèk. echèk n. : failure. ***echwe*** (nan) yon ekzamen : to fail an exam. Plan an ***echwe*** : the plain failed

ede [ede] e-de v.tr. to help. Se youn ***ede*** lòt : help me; I will help you. èd n. : help, assistance. ***ede*** yon moun fè yon bagay : to help someone doing something. Kilès kap ***ede*** ou? : who is helping you? èddekan n. : assistant. ***Ede*** l; lap toufe : help him; he is choking. Ou ka ***ede*** mwen? : can you help me? ***ede*** yon kanmarad, yon zanmi : to help a friend

edike [edike] v.tr. to educate; to bring up (fè edikasyon yon ti moun, bay yon edikasyon). byen ***edike*** : well-mannered. ***edike*** yon elèv : to educate a student. edikasyon n. : education

efase [efase] e-fa-se v.tr. to erase. Ou ka ***efase*** tablo a? : can you erase the board?. ***efase*** ak gòm : to erase, to rub out. ***efase*** yon fot : to erase a mistake. efaswa n : eraser. 2. to get lost, to take off. ***Efase*** kò ou la a! : get lost! 3. to delete (***efase*** mo nan konpitè, òdinatè)

efreye [efreje] e-fre-ye v.tr. to frighten, to scare (s.o); to be frightened (att). efreyan : frightening. ***efreye*** yon bèt : to frighten an animal

egalize [egalize] e-ga-li-ze v.tr. to equalize, to even (off, up). egal: equal, equal to. egalman adv. : equally. Kwafè a ap ***egalize*** cheve l. (kre)

egzajere [egza ere] eg-za-je-re v.tr. to exaggerate. s: fè yon ekzajerasyon. var: ekzajere. egzajerasyon, ekzajerasyon n. : exaggeration

egzante [egzãte] eg-zan-te v.tr. to protect (from danger / nan danje), to keep away from. s: epaye, pwoteje (nan danje, kont malè)

egzèse [egzese] eg-zè-se v.int. to practice. 2. to rehearse. s: repete, fè repetisyon. ***egzèse*** pou yon konsè : to rehearse for a concert. Yap ***egzèse*** : they are rehearsing. ***egzèse*** yon pwofesyon : to practice a trade, skill. egzèsis n. : exercise

egzeyate [egzejate] eg-ze-ya-te. v.tr. to release (a patient from hospital). var: ekzeyate. | | etène, entène, ospitalize. egzeyat, ekzeyat n. : release, releasing (patient from hospital)

egzije [egzi e] eg-zi-je v.tr. to require, to necessitate. var: ekzije. s: mande. egzijans, ekzijans n. : requirement, demand

egziste [egziste] eg-zis-te v.int. to exist. var: ekziste. egzistans, ekzistans n. : existence. ***egziste*** pou yon bi : to exist for a purpose

egzòte [egz te] eg-zò-te v.tr. to exhort. s: fè (yon moun) yon egzòtasyon. var: ekzòte. egzòtasyon, ekzòtasyon n. : exhortation

ejakile [ebakile] e-ja-ki-le v.int. to ejaculate. s: voye, dechaje

ekipse [ekipse] e-kip-se v.tr. to get lost (take off). s: efase, dekanpe. ***Ekipse*** kò ou la a! : get lost!

eklate [eklate] e-kla-te v.tr. to burst. s: pete. ***eklate*** yon bonm : to detonate a bomb. ekla n. : glare; sparkle

eklere [eklere] e-kle-re v.tr. to enlighten, to educate. s: edike. eklerasyon n. : education. yon moun ***eklere*** : an educated person

eklèsi [eklesi] e-klè-si v.tr. to clarify. s: bay limyè (sou)

ekonomize [ekonomize] e-ko-no-mi-ze v.tr. to economize, to save (money / lajan). s: fè ekonomi, sere. ekonomi n. : economy. sitiyasyon ekonomik : economic situation. ekonomis n. : economist. ekonomikman adv. : economically

ekri [ekri] e-kri v.tr. to write. ***ekri*** alamachin (tape) : to type. Pa ***ekri*** sou tablo a : do not write on the board. ***ekri*** ak plim : to write in pen. ***ekri*** ak kreyon : to write in pencil. ***ekri*** yon lèt : to write a letter. Ki sa wap ***ekri*** la a? : what are you writing? ekriti n. : handwriting. ekriven n. : writer. Ou ***ekri*** gwo : you have a large handwriting. ekrito n. : sign, notice. machinaekri n. : typewriter. ***ekri*** annabreje : to abbreviate. ***ekri*** yon mo annabreje : to abbreviate a word. ***ekri*** yon rapò : to write a report

eksite [eksite] ek-si-te v.tr. to exite (montre yon kontantman). 2. to provoke, to annoy (montre yon mekontantman). Pa ***eksite*** m (pa ennève m)! : don't get on my nerves! 3. to get excited

eksplike [eksplike] v.tr/int. to explain. var: esplike. ***eksplike*** yon moun yon bagay : to explain something to someone. s: bay yon eksplikasyon. 2. to talk things out (di dekiprevyen, kòmante sou). eksplikasyon, esplikasyon n. : explanation. eksplikasyon, esplikasyon n. : indication. *eksplike* yon aksidan : to explain an accident. *eksplike* yon defisi (bay dekiprevyen sou yon defisi) : to account for a loss. *eksplike* yon elèv yon devwa : to explain a homework assignment to a student. *eksplike* yon pwoblèm : to explain a problem. *eksplike* yon teori : to explain a theory

eksplwate [eksplwate] eks-plwa-te v.tr. to exploit (mine / min). 2. to exploit (abuse). s: abize, souse. eksplòtasyon n. : exploitation. *eksplwate* yon travayè : to exploit a worker. *eksplwate* yon moun : to exploit someone

ekspòte [eksp te] eks-pò-te v.tr. to export (good / machandiz). s: vann aletranje. | | enpòte, achte aletranje. ekspòtasyon n. : exportation. ekspòtatè n. : ex porter

ekzalte [ekzalte] ek-zal-te v.tr.to ezalt, to exite

ekzamine [ekzamine] ek-za-mi-ne v.tr/int. to examine; to ponder (reflechi sou), to think (panse). var: ekzanminen, ekzaminen. ekzamen n. : exam. ekzaminasyon n. : examination

ekzekite [ekzekite] ek-ze-ki-te v.tr/int. to execute. *ekzekite* yon prizonye : to execute a prisoner. 2. to carry out (fè yon travay, reyalize yon bagay). *ekzekite* yon lòd : to execute a command. *ekzekite* yon misyon : to execute a mission.

ekzile [ekzile] ek-zi-le v.tr/n. to exile (s.o / voye yon moun an ekzil). 2 .to go into exile (pran ekzil, ale an ekzil). ekzil n. : exile. 2. **ekzile** n. : exile. Dapre konstitisyon an, yo pa sipoze *ekzile* yon sitwayen. (kre)

elaji [elaßi] e-la-ji v.tr. to widen. s: laji. lajè n. : width. *elaji* yon chanm kay : to widen a room

eli [eli] e-li v.tr. to elect. eleksyon n. : election. jou eleksyon : election day. Aristid *eli* prezidan ak yon vòt lavalas : Aristide was elected president with a majority vote. *eli* yon majistra : to elect a mayor

elimine [elimine] e-li-mi-ne v.tr. to eliminate. s: fè yon eliminasyon. 2. to fail, to flank (exam / ekzamen). Yo *elimine* de elèv nan ekzamen an : they failed two students. 3. to get rid of (debarase de). Yap chache mwayen *elimine* misye : they are trying to get rid of him.

elve [elve] el-ve. v.tr. to raise (child / ti moun). s: edike, fè edikasyon. elvay (gadinay) n. : rearing (of stock), breeding

endike [dike] en-di-ke v.tr. to indicate, to point out, to show. s: montre

endispoze [dispoze] en-dis-po-ze v.tr/int. to make nauseous. s: dekonpoze. Remèd la *dekonpoze* li : the drug makes him nauseous. 2. to faint. endispozisyon n. : nausea, fainting spell

enfekte [fekte] en-fek-te v.tr. to infect. enfeksyon n. : infection. *enfekte* pa yon maladi : to be infected by a disease; infected by a disease

enfiltre [filtre] en-fil-tre v.tr. to infiltrate (of liquid / an palan de likid). 2. to infiltrate (of people / an palan de moun). s: fofile, fofile-antre yon kote. enfiltrasyon n. : infiltration

enfliyanse [fliyãse] en-fli-yan-se v.tr. to influence, to have an influence on (s.o, sth.). s: genyen yon enfliyans sou. *enfliyanse* pa : to influence by. enfliyans n. : influence

enfòme [f me] en-fò-le v.tr. to inform. enfòmasyon n. : information. *enfòme* yon piblik : to inform a public

enkli [kli] en-kli v.tr. to include. Li pa *enkli* : it is not included. Sa *enkli* nan kontra a : it is included in the contract.

enkriminen [krimin] en-kri-mi-nen v.tr. to incriminate. s: kouri akize yon moun, kouri bay yon moun tò. Ou pa annik *enkriminen* yon moun san prèv. (kre)

enkyete [kjete] en-kye-te v.tr. to worry; to be worried. s: montre, genyen yon enkyetid. enkyetid n. : worry, concern, anxiety. Pa *enkyete* ou! : don't worry!

ennève [neve] en-nè-ve v.tr. to get on s.o's nerves (fè yon moun eksite), to get upset (vin eksite). s: fè yon moun eksite, fè nè monte yon moun; eksite. nè n. : nerves. Pa *ennève* m! : do not get on my nerves!

enplike [plike] en-pli-ke v.tr. to implicate, to involve. *enplike* yon moun nan yon bagay : to involve someone in something. s: mele

enplore [plore] en-plo-re v.tr.to implore. enplorasyon n. : entreaty, imploring

enpòte [pote] en-pò-te v.tr. to import. s: fè yon enpòtasyon, achte aletranje. | | fè yon ekspòtasyon, ekspòte, vann aletranje. enpòtasyon n. : import, importation. *enpòte* machandiz : to import goods. enpòtatè n. : importer. machin *enpòte* : imported cars

enpoze [poze] en-po-ze v.tr. to prevent. s: anpeche. 2. to forbid. s: defann. Lavalas pase; li pa *enpoze* krapo kriye prov.). 2 . to impose

enpresyone [presjone] en-pre-syo-ne v.tr. to impress. *enpresyone* yon moun : to impress someone. enpresyon n. : impression

enprime [prime] en-pri-me v.tr. to print. enprimri n. : printing press

ensandye [sãdje] en-san-dye v.tr. to set on fire, to burn. boule, mete dife, lage dife (nan). ensandi (dife) n. : fire. Bandi yo *ensandye* mache a : the bandits have set the market on fire.

ensilte [silte] en-sil-te v.tr. to insult. s: joure, lave. ensil n. ; insult. *ensilte* yon moun : to insult someone

enskri [kri] ens-kri v.tr/int. to enroll (s.o), to register. s: anrejistre : enskripsyon n. : enrolment, registration

enspekte [spekte] ens-pek-te v.tr. to inspect. fè yon enspeksyon. enspeksyon n. : inspection. enspektè n. : inspector. *enspekte* yon kay : to inspect a house

enspire [spire] ens-pi-re v.tr. to inspire. *enspire* pa : to be inspired by. enspirasyon n. : inspiration. Anpil powèt *enspire* pa lanati : many poets are inspired by nature.

enstale [tale] ens-ta-le v.tr. to install. s: fè yon enstalasyon. enstalasyon n. : installation. Yap vin *enstale* tiyo a demen. (kre)

enstwi [stwi] ens-twi v.tr. to instruct, to educate. s: edike. enstriksyon n. : instruction; education; direction. yon moun *enstwi* : an educated person. san enstriksyon (san edikasyon) : ill-bred. *enstwi* yon chen : to train a dog. *enstwi* yon elèv : to educate a student

entegre [tegre] en-te-gre v.tr. to integrate. vin *entegre* : to become integrated into. *entegre* yon konpayi (vin asosye ak) : to incorporate a company

entène [tene] en-tè-ne v.tr/. to hospitalize (s.o) ; to be hospitalized (att.). var: etène. s: hospitalize. | | egzeyate, ekzeyate, bay egzeyat (ekzeyat). *entène* yon malad : to hospitalize a patient. Li *entène* pou l al fè yon operasyon : she is hospitalized

for a surgery.
entèpele [tepele] en-tè-pe-le v.tr. to call upon (s.). entèpelayon n. : ***entèpele*** yon espri (kre)
entèprete [teprete] en-tè-pre-te v.tr. to interpret. s: fè yon entèpretasyon; dechifre pou yon moun. entèpretarya n. : interpreting. entèprèt n. interpreter. entèpretasyon n. : interpretation. ***entèprete*** Labib (Bib la) : to interpret the Bible. ***entèprete*** pou yon moun (sèvi yon moun entèprèt) : to interpret for someone
enterese [terese] en-te-re-se v.tr. to interest; to be interested (in sth.). ***enterese*** fè yon bagay : to be interested in doing sth. Sa pa ***enterese*** m : I am not interested in that. enterè n. : interest. todenterè n. : interest rate. Mwen pa gen enterè fè sa : it is not in my interest to do it. enteresan : interesting; amusing. fè enteresan (enteresant) : to show off
entèsede [tesede] en-tè-se-de v.tr. to intercede (with / pou, kote). s: pale pou, defann (yon moun). Jezikri ap ***entèsede*** pou nou kote Papa li. (kre)
entèsekte [tesekte] en-tè-sek-te v.tr. to intersect; to bisect (angles, lines / ang, liy). s: fè entèseksyon ak, koupe, kwaze (ak). entèseksyon n. : intersection. De liy yo ***entèsekte*** : the two lines intersect.
entèveni [teveni] en-tè-ve-ni v.tr. to intervene. s: pran pa (nan), foure bouch (nan). Fòk ou ***entèveni*** nan koze a pou mete yon ola. (kre). entèvansyon n. : intervention
entèvyoure [tevjure] en-tè-vyou-re v.tr. to interview. entèvyou n. : interview. moun kap ***entèvyoure*** lòt moun : interviewer. moun yo ***entèyoure*** a : interviewee. ***entèvyoure*** yon moun : to interview someone. Jounalis la ***entèvyoure*** li : he was interviewed by the journalist. ***entèvyoure*** yon ekriven : to interview a writer. ***entèvyoure*** yon jwè : to interview a player. ***entèvyoure*** yon kandida : to interview a candidate. ***entèvyoure*** yon moun pou yon travay : to interview someone for a job
entèwoje [tero e] en-tè-wo-je v.tr. to interrogate, to question. ***entèwoje*** yon akize : to interrogate a defendant.
entewonp [ter p] en-te-wonp v.tr. to interrupt. ***entewonp*** yon moun : to interrupt someone. ***entewonp*** yon emisyon : to interrupt a broadcast. enteripsyon n. : interruption
entimide [timide] en-ti-mi-de v.tr. to intimidate. ***entimide*** pa (ak) menas : to intimidate with threats. entimidasyon n. : intimidation
entwodui [trod i] en-two-dui v.tr. to introduce; to introduce (s.o to s.o). s: prezante. entwodiksyon n. : introduction. ***entwodui*** yon zanmi : to introduce a friend (to s.o)
envante [vãte] en-van-te v.tr. to invent. s: fè yon envansyon. envansyon n. : invention. Kilès ki ***envante*** li? : who invented it? ***envante*** yon non : to invent a name. ***envante*** yon blag : to invent a joke. ***envante*** yon istwa : to invent a story. Se yon bagay ***envante*** : it is something invented, it is fiction.
envesti [vesti] en-ves-ti v.tr. to invest. envestisman n. : investment. ***envesti*** nan byen imobilye : to invest in real estate. ***envesti*** nan yon biznis : to invest in a business
envestige [vestige] en-ves-ti-ge v.tr. to investigate. s: mennen yon envestigasyon, fè yon envestigasyon. envestigasyon n. : investigation. envestigatè n. : investigator. ***envestige*** yon zak, yon krim : to investigate a crime.
envite [vite] en-vi-te v.tr/n. to invite. s: fè yon envitasyon. 2. **envite** n. : guest. envitasyon n. : invitation. 3. to avoid. s: evite, dezenvite. ***envite*** yon moun legliz : to invite

someone to church. ***envite*** yon moun nan yon fèt : to invite someone to a party. ***envite*** yon moun vin pale : to invite a guest speaker. ***envite*** zanmi : to invite friends; ***invite*** friends. Yo pat ***envite*** m : I was not invited. Kilès ki te ***envite*** ou ? : who invited you?. Konbyen moun nap ***envite***? : how many people are we going to invite? Fè lis non moun nap ***envite*** yo : make a list of the people that we are going to invite. Lè ravèt ap fè dan, li pa ***envite*** poul ladan. (prov.)

envoke [voke] en-vo-ke v.tr. to evoke, to call upon. s: rele. envokasyon n. : invocation. ***envoke*** non yon moun : to evoke someone's name. ***envoke*** non Bondye : to evoke God's name. ***envoke*** yon espri : to evoke a spirit

epapiye [epapije] e-pa-pi-ye v.int. to spread out. s: gaye, simaye. Nouvèl la gen tan ***epapiye*** : the news spreads out.

epaye [epaje] e-pa-ye v.tr. to protect, to keep away from (danger / nan danje). s: egzante, pwoteje

epize [epize] e-pi-ze v.tr. to exhaust

eple [eple] e-ple v.tr. to spell. Ou ka ***eple*** non ou? : can you spell your name? Kijan ou ***eple*** li? : how do you spell it? 2. to read haltingly (li ak difikilte). Li pa ka li; se ***eple*** lap eple : he is reading haltingly. ***eple*** yon mo : to spell a word

epole [epole] e-po-le v.tr. to back up, to support (s.o). s: sipòte (yon moun). ***epole*** yon kandida : to support a candidate. epòl (zepòl, zèpòl) n. : shoulders

epwouve [epruve] e-pwou-ve v.tr. to experience (sth.). s: eksperyanse, sibi. eprèv. n. : difficulties, hardship. ***epwouve*** difikilte : to encounter difficulties, hardships

eritye [eritje] e-ri-tye v.tr/n. to inherit. 2.to take after (pran kote, sot toupi ak). 3. **eritye** n. : heir, heiress (pou fi). eritay, eritaj n. : inheritance. Achtè a bezwen konn ***eritye*** tè a anvan li fè zafè a. (kre) ***eritye*** yon talan : to inherit a talent

eseye [eseje] e-se-je v.tr. to try. 2. to try on, to try out (clothes / vètman). s: mezire, seye. ***Eseye*** l sou ou : try it on. 3. to test. s: teste, seye). Mwen jis ap ***eseye*** li : I am only testing it. Kisa lap ***eseye*** fè : what is he trying to do? Pa ***eseye***! : don't try! 4. to attempt (tante fè yon bagay). esè n. : attempt. esè (disètasyon) n. : essay

eskandalize [eskãdalize] es-kan-da-li-ze v.int. to scandalize, to talk (loudly). s: fè eskandal, fè bri, fè lobo, pale fò. eskandal n. : uproar, scandal. pete yon eskandal, tonbe fè eskandal. (kre). Gen yon eskandal ki pete. (kre)

eskanmòte [skãm te] es-kan-mò-te v.tr. to make (sth.) disappear, to conjure (sth. away). s: disparèt (yon bagay). eskanmòtè n. : sneak thief

eskanpe [eskãpe] es-kan-pe v.tr. to crease, to put a crease in. eskanp n. : crease. Li ***eskanpe*** pantalon an. (kre)

eskive [eskive] es-ki-ve v.tr. to dodge. ***eskive*** yon kou : to dodge a blow

eskize [eskize] es-ki-ze v.tr. to excuse; to apologize, to be sorry. eskiz n. : excuse. ***Eskize*** m; se pa fòt mwen. I am sorry; that's not my fault. chache yon eskiz : to look for an excuse. Se yon bèl eskiz : that's a good excuse.

eskominyen [eskominje] es-ko-mi-nyen v.tr. to excommunicate. ***eskominyen*** yon wa : to excommunicate a king

eskonte [eskõte] es-kon-te v.tr. to discount. eskont n. : discount

espante [espãte] es-pan-te v.tr. to startle. Bri a fè li ***espante*** : the noise startle him.

espedye [espedje] es-pe-dye v.tr. to send, mail. s: voye (pa lapòs), poste. ***espedye*** yon koli : to mail a package. ***espedye*** yon lèt : to mail a letter. 2. to exorcise (chase yon move bagay)

espere [espere] es-pe-re v.tr. to hope. s: swete. | | dezespere. 2. to wait for, to expect. s: atann. ***espere*** yon bagay (kap rive) : to expect something (to happen). Mwen ***espere*** sa : I hope so. espwa, esperans n. : hope. sanzespwa : hopeless

esperyanse [esperjãse] es-pe-ryan-se v.tr. to experience (sth.), to go through. san esperyans : inexperienced. esperyans n. : experience

espesifye [espesifye] es-pe-si-fye v.tr. to specify. s: presize

espesyalize [espesyalize] es-pe-sya-li-ze v.tr. to specialize. espesyalman adv. : specially. espesyal : special

espire [espire] es-pi-re v.tr. to expire. Lisans lan ***espire*** : the license is expired.

esplore [esplore] es-plo-re v.tr. to explore. esplore yon peyi : to explore a country. ***esplore*** yon andwa : to explore a place

espoze [espoze] es-po-ze v.tr. to display; exhibit. espozisyon n. : exhibition; display

esprime [esprime] es-pri-me v.tr. to express (oneself)

estasyone [estasjone] es-ta-sjo-ne v.tr. to park. s: pake, pakin, gare; remize. ***estasyone*** nan lari : to park in the streets. ***estasyone*** nan yon garaj, yon remiz : to park in a garage. Ki kote ou ***estasyone***? : where did you park?. Ou pa ka ***estasyone*** la a : you can't park here. estasyon n. : station. estasyon otobis : bus station

estat [estat] es-tat v.tr. to start (car / machin). estatè n. : starter. ***Estat*** machin nan nou prale : start the car; we are leaving.

estènen [estene] es-tè-nen v.int. to sneeze. var: etène. Li ***estènen*** de fwa : she sneezes twice. nen n. : nose

estime [estime] es-ti-me v.tr. to estimate. 2. to esteem (appreciate). estimasyon n. : estimation. Ban mwen yon estimasyon : give me an estimation.

estwopye [estropje] es-two-pye v.tr. to injure, to cut. s: blese, koupe. Yon moso boutèy ***estwopye*** pye li. (kre)

etabli [etabli] e-ta-bli v.vtr/int. to establish. 2. to live together (as man and wife). s: plase, viv nan plasay

etale [etale] e-ta-le v.tr. to spread (sth.); to stretch out. 2. to display. s: layite. Machann nan ***etale*** machandiz la. (kre). Li ***etale*** kò l atè a. (kre)

etenn [et] e-tenn v.tr. to put out, to extinguish; to turn off (light). s: tiye, touye, tenyen. | | limen, pase; mete dife, lage dife (nan), boule. Yo rele ponpye pou vin ***etenn*** dife a : they call the fire station to put out the fire. dife, ensandi n. : fire

etidye [etidje] e-ti-dye v.tr. to study. 2. to reflect on (analize, reflechi sou). etid n. : study. etid biblik : Bible study. Yap ***etidye*** pou ekzamen an : they are studying for the exam. Yap ***edidye*** pwoblèm nan : they are reflecting on the issue.

etoudi [etudi] e-tou-di v.tr. to stun; to make dizzy

evakye [evakje] e-va-kye v.tr. to evacuate. ***evakye*** yon kay : to evacuate a house. ***evakye*** yon andwa : to evacuate a place

evalye [evalje] e-va-lye v.tr. to evaluate. s: fè yon evaliyasyon. ***evalye*** yon domaj : to assess the damage. ***evalye*** yon montan : to estimate the amount. ***evalye*** yon pèt : to estimate a loss. evalyasyon n. : evaluation; assessment

evanjelize [evã elize] e-van-je-li-ze v.tr. to preach the Gospel. s: preche Levanjil, simaye Levanjil. Levanjil n. : the Gospel. evanjelizasyon n. : evangelism, spreading of the Gospel. evanjelis (predikatè) n. : evangelist.

evapore [evapore] e-va-po-re v.int. to evaporate. s: tounen vapè; vante. Chalè a fè l *evapore* : it is evaporated in the heat. *evapore* nan solèy : to evaporate in the sun. evaporasyon n. : evaporation

evite [evite] e-vi-te v.tr. to avoid. s: envite, dezenvite. Se yon bagay ke nap *eseye* evite : it's something that we are trying to avoid. *evite* responsablite : to dodge responsibilities. *evite* tèt chaje : to avoid complications. *evite* (tonbe) nan akwochay : to keep out of trouble. *evite* yon aksidan : to avoid an accident

evolye [evolje] e-vo-lye v.tr. to perform evolutions. evolisyon n. : evolution. Zòn sa a kòmanse ap *evolye*. (kre)

ezite [ezite] e-zi-te v.tr. to hesitate. Li *ezite* pou reponn : he hesitates to answer. s: pè. ezitasyon n. : hesitation. san ezitasyon : without hesitation

F

fabrike [fabrike] fa-bri-ke v.tr. to make, to manufacture. s: fè. Kisa yo *fabrike* nan faktori sa a? : what do they make in this factory? *fabrike* pyès machin : to make auto parts. fabrik n. : manufacture, factory. mak fabrik : trade mark

fache [faʃe] fa-che v.int. to pout. s: boude. Ou pa bezwen *fache*. (kre)

familyarize [familjarize] fa-mi-lya-ri-ze v.tr. to familiarize, to become familiar with. s: abititye, abitwe (ak). *familyarize* ak yon bagay : to become familiar with something. fami (fanmi) n. : family

fanbre [fãbre] fan-bre. v.tr. to have many women. s: plen fanm, chaje ak fanm (an palan de gason ki gen anpil fanm). Misye se yon matyo. Li *fanbre*. (kre)

fann [fãn] v.tr. to cleave, to split. *fann* de bò : to split in halves. *Fann* li an de : split it in halves.

farinen [farin] fa-ri-nen v.int. to drizzle. Lap *farinen* : it is drizzling. farinay n. : drizzle

fasilite [fasilite] fa-si-li-te v.tr. to facilitate, to make easier. s: rann pi fasil. Sa ap *fasilite* yon chanjman : that will facilitate a change. fasil : easy. fasilman adv. : easily

fatige [fatige] fa-ti-ge v.tr. to tire (s.o), to make s.o weary; to be tired. Pa *fatige* kò ou : don't worry, take it easy. Mwen *fatige* : I am tired. Ou *fatige*? : are you tired. Ou gen lè *fatige* : you look tired. fatig n. : fatigue

favorize [favorize] fa-vo-ri-ze v.tr. to favor. *favorize* yon chanjman : to favor a change

fawouche [faruʃe] fa-wou-che v.tr. to tease. Pa *fawouche* chen an! : don't tease the dog!

fè [fe] v.tr/n. to do, to make. s: fabrike. || defè, defèt. *fè* aksidan : to have an accident. *fè* ale-vini : to go back and forth. *fè* alizyon a yon moun : to refer to someone. *fè* antre-soti : to go in and out. *fè* avan : to go forward. *fè* bagay : to make love. *fè* bak : to back up, to go backward. *fè* bezwen (al nan watè) : to go to the bathroom. *fè* cho : to be hot. Li *fè* cho : it is hot. *fè* dappiyanp sou : to seize, to grasp. *fè* de bagay alafwa : to kill two birds with one stone. *fè* devwa (lekòl) : to do one's homework. *fè* diferans ant de bagay : to differentiate between two things. *fè* eleksyon : to have elections. *fè* eleksyon dèyè yon fi : to go after a lady, to court a lady. *fè* enteresan (enteresant) : to show off. *fè* eskandal : to scandalize. *fè* espre : to do sth. on purpose. *fè* espyon : to spy. *fè* etensèl : to sparkle. *fè* fas ak (konfwonte) : to face. *fè* fas ak yon moun : to face someone. *fè* fas ak yon pwoblèm : to face a problem. *fè* fayit : to go bankruptcy. *fè* fontyè ak : to border. *fè* frekan : to act fresh. *fè* frèt : to be cold. Li *fè* frèt : it is cold. *fè* gas : to buy ga; to fill up one's tank. *fè* yon gaz (pete, *fè* yon pete) : to fart. *fè* gran chire : to show off. *fè* gran dizè : to pretend to know. *fè* gran fanm : to act like a rich and important woman. *fè* gran nèg : to act like a rich and important man. *fè* jakopyevèt dèyè yon fi : to waste one's time courting a woman. *fè* jakorepèt : to repeat after someone. *fè* je chèch : to deny something that is true. *fè* kadejak sou (vyole) : to rape. *fè* kado : to give (sth.) away. *fè* ka yon moun : to pay attention to someone. s: okipe (yon moun). *fè* kè yon moun kase : to break someone's heart, to scare someone. *fè* kè yon moun kontan : to make someone happy. *fè* kim : to foam. *fè* koleksyon tenm : to collect stamps. *fè* kolizyon (ak) : to collide, to hit one another (car accident). *fè* kòmsi : to pretend, to act like. *fè* kòmsi ou te lakay ou : make yourself at home. *fè* konnen : to let know, to make known. *fè* yon moun konnen yon bagay : to let someone know about something. *fè* konpetisyon : to compete. *fè* konplo : to conspire, to plot. *fè* konplo pou ranvèse yon prezidan : to plot to overthrow a president. *fè* kontak : to make contact. *fè* koupe cheve (+pro) : to have a haircut. *fè* kwè : to make believe. *fè* lachas : to hunt. *fè* lachas pou plezi : to hunt for fun. *fè* lakoubèt devan yon moun : to bow before someone. *fè* lapli : to rain. Lap *fè* lapli : it is raining. *fè* lasisin ak manje : to play with food. *fè* lasoudorèy: to pretend not to hear, to act like a deaf. *fè* lavant (*fè* benefis) : to make a profit. *fè* lesiv : to go to the laundry, to wash clothes. *fè* makak : to make faces. *fè* mal : to hurt; li *fè* ou mal? : does it hurt?. *fè* (yon moun) mal : to do harm. *fè* byen : to do good things. *fè* mikalaw : to have plenty of. *fè* m konfyans : trust me. *fè* yon moun konfyans : to trust someone. *fè* moun ri : to make people laugh. *fè* move efè sou : to have a negative effect on. *fè* move san : to be upset. *fè* m sonje : remind me. *fè* mye : to feel better, to recover (after an illness). *fè* nèj : to snow. Lap *fè* nèj (nèj ap tonbe) : it is snowing. *fè* nwa : to be dark . Li *fè* nwa : it is dark. *fè* pat kana : to wade. *fè* patwouy : to patrol. *fè* peye : to charge. Yo *fè* m peye anpil : they charged me a lot. *fè* peye pou yon sèvis : to charge for a service. *fè* plan, *fè* pwojè : to make plans. *fè* plas : to make room. *fè* premye pa a : to make the first move. *fè* pwen (nan yon ekzamen, nan yon kopetisyon) : to score points. *fè* pa (grasye) : to forgive. *fè* pa li : forgive him. *fè* reklam : to advertise. *fè* reklam nan televizyon : to advertise on T.V. *fè* respekte lalwa : to enforce the law. *fè* respè ou! : behave! *fè* reta (pèdi tan) : to waste time. *fè* reta (an reta, tade) : to delay; to be late. *fè* rezèv : to make reserves. *fè* sans : to make sense. *fè* sa ou kapab : do your best. *fè* sa ou wè ki posib : do what is necessary. *fè* silans : to be quiet. *fè* silans! : be quiet!. *fè* tenten (*fè* grimas) : to make faces. *fè* tenten (*fè* sak pa bon) : not doing good things. *fè* tèt (fè cheve) : to do one's hair; to have a haircut. *fè* tèt yon moun (monte tèt yon moun) : to dictate someone what to do. *fè* tripotay sou do yon moun : to gossip about someone. (al) *fè* vakans : to go on vacations. *fè* van (van ap vante) : to be windy. Lap *fè* van : it is windy. *fè* van (pete, *fè* pete) : to fart. *fè* vayevyen (*fè* ale-vini) : to go back and forth. *fè* vit : to hurry up. *fè* vit! : hurry up!. *fè* wè : to show up . *fè* wòl ou! : behave! *fè* yon (moun yon) òf : to make an offer. *fè* yon atak : to attack. *fè* yon bagay an sekrè : to do something secretly.*fè* yon bagay byen : to do something well. *fè* yon bagay defwa : to do something twice, to do something over. *fè* yon bagay mal : to do something wrong, to do something poorly. *fè* yon bagay pou yon moun : to do something for someone. *fè* yon bon vwayaj : to have a nice trip; bon vwayaj! : have a nice trip! *fè* yon chemen koupe : to take a short cut. *fè* yon chalè debòde : to be extremely hot. Li *fè* yon chalè debòde : it is extremely hot. *fè* yon chape pye : leave, to go. *fè* yon dedikas : to dedicate (sth. to s.o). *fè* yon dètou : to detour, to go around. *fè* yon dine : to prepare a dinner. *fè* yon emisyon (radyo, televizyon) : to broadcast a program. *fè* yon erè : to make a mistake. *fè* yon estimasyon : to make an estimation. *fè* yon flann nan machin : to go for a ride (by car). *fè* yon entèvyou : to interview (s.o). *fè* yon jwè entèvyou : to interview a player. *fè* yon konsiltasyon medikal : to have a medical exam, to have a check up. *fè* yon melanj : to do a mixture, to mix. *fè* yon mizopwen (ak yon kodak) : to focus a lens. *fè* yon moun ennève : to upset someone. *fè* yon moun mal : to harm someone. *fè* yon moun plezi : to please someone. *fè* yon moun repwòch : to reproach someone. *fè* yon moun sipriz : to surprise someone. *fè* yon moun siy : to motion to someone. *fè* yon operasyon (med.) : to have a surgery. *fè* yon pwomnad : to go for a walk, to stroll. *fè* yon radyografi : to have an x-ray. *fè* yon rapò bay : to make a report, to file a report. *fè* yon repetisyon : to rehearsal. *fè* yon repoze : to rest, to take a break. *fè* yon reyinyon : to hold a meeting. *fè* yon rezèvasyon : to make a reservation. *fè* yon testaman : to make a will. *fè* yon travay byen : to do a job well. *fè* yon vire : to make a turn; to go around. *fè* yon moun entèvyou pou yon travay : to interview someone for a job. *fè* zanmi ak yon moun : to make friend with someone. *fè* zong ak yon lim : to file one's nails. Chen ou *fè* byen se li ki mòde ou lè li anraje. (prov.). 2. **fè** n. : iron

febli [febli] fe-bli v.int. to weaken, to grow weak (er). s: pèdi fòs. fèb : weak. feblès n. : weakness

fele [fele] fe-le v.tr. to crack. Vit la *fele* (kre). Li *fele* vit la. (kre). *fele* yon klòch : to crack a bell. *fele* yon boutèy : to crack a bottle

felisite [felisite] fe-li-si-te v.tr. to congratulate (s.o). s: konplimante, fè konpliman. felisitasyon n. : congratulation

fèmante [fem te] fè-man-te v.tr. to ferment. fèmantasyon n. : fermentation

fèmen [fem] fè-men v.tr. to close. || ouvè, ouvri. louvri. ***Fèmen*** pòt la : close the door. 2. to block. s: bare, barikade, bouche. || debare, debouche, ouvè. Wout la ***fèmen*** the road is closed. Yo ***fèmen*** a sizè : they close at six.

fennen [f n] fen-nen v.tr. to wither, to fade. Lap ***fennen*** yon fèy sou dife. (kre). Flè a fennen : the flower is faded. Lanmou se yon flè ki dwe wouze chak jou pou li pa ***fennen***. (kre)

fente [f te] fen-te v.tr. to trick, to dupe. fent n. : trick. Se *fente* lap *fente* ou; se yon blofè misye ye. (kre)

feraye [feraje] fe-ra-ye v.int. to work hard. s: bourike, travay di. fè n. : iron. Yap *feraye* nan travay la epi yo pa peye byen. (kre)

fere [fere] fe-re v.tr. to shoe (horse / pye chwal). 2. to put cleats on shoes (mete fè nan talon soulye). Kòdonye a ap *fere* soulye yo pou li. (kre)

fèt [fe t] v.int/n. to be born. Ki lè ou *fèt*? : when were you born? 2. **fèt** n : party; celebration. Yo envite nou nan yon *fèt* : we are invited to a party. 3. **fèt**. to have to, should. s: dwe, sipoze. Ou *fèt* pou vin alè : you should be on time.

fete [fete] fe-te v.tr. to celebrate. s: selebre. fèt n. : party; celebration. *fete* anivèsè yon moun : to celebrate someone's birthday.

feyte [fejte] fey-te v.tr. to turn the pages (of a book / yon liv); to dip into a book. fèy (liv, kaye) n. : page. fèy (bwa) : leaf

fikse [fikse] fik-se v.tr. to adjust (sth.). s: ajiste, ranje. || deranje. 2. to stare (at s.o / kale je sou yon moun). Si ou pa tap *fikse* lesyèl ou pa wè tan an mare. (kre)

filange [filãnge] fi-lan-ge v.tr. to slice (meat / vyann), to notch (score). Yo *filange* pwason yo anvan yo mete yo tranpe nan sòs. (kre). Yo *filange* li ak kout fwèt; tout kò l make. (kre)

file [file] v.tr. to court (girl / fi). s: kotize. Mysye se yon koyo; li pa konn *file* fi. (kre). 2. to thread (an palan de fil). fil n. : thread. *File* zegwi a pou li. (kre). 3. to sharpen (tool / zouti). Kouto sa a *file*; atansyon dwèt ou! : this knife is sharp; be careful with your fingers! Lap *file* kouto a : he is sharpening the knife. 4. to put under surveillance (siveye). Detektif la gen lontan depi li tap *file* vòlè a. (kre). 5. to deal (cards / zèl kat). 6. to shoot (star / zetwal). 7. to dash away (pati tout boulin). 8. to spin (cotton / koton). *file* move koton : to get off on the wrong foot.

filme [filme] fil-me v.tr. to film, to shoot (scene / sèn). fim (sinema) n. : movie. fim n. : film; exposure

filtre [filtre] fil-tre v.tr. to strain, to filter. Dlo a *filtre* anba tè. (kre)

fimen [fim] fi-men v.tr/n. to smoke. fimen n. : smoking. lafimen n. : smoke, smoking. *fimen* yon sigarèt : to smoke a cigarette. Ou *fimen*? : do you smoke?. Pa *fimen*! : No smoking!. *fimen pa* bon pou sante ou : smoking is not good to your health.

finanse [finãse] fi-nan-se v.tr. to finance. finans n. : finance

fini [fini] fi-ni v.tr. to finish. Ki lè wap *fini*? : when are you going to finish? 2. to finish up. s: kaba. Li *fini* tout manje a. (kre). Manje a *fini* . (kre). finisman (nan fen) n. : end of. finisman janvye : at the end of January. Sa *fini* : it's over.

fizye [fizje] fi-zye v.tr. to shoot (fire / tire sou); to execute (by firing squad / ekzekite). fizi n. gun, shot gun

flanbe [flãbe] flan-be v.tr. to spank (kale, tape). 2. to singe (sou dife). Pay la *flanbe* men li pa gen tan boule. (kre). *flanbe* yon bagay sou dife, nan fago dife. (kre). Li *flanbe* poul la sou dife pou retire zètòk yo. (kre)

flanke [flãke] flan-ke v.tr. to give, to deliver (a punch). *flanke* yon moun deyò : to kick someone out. *Flanke* ou deyò! : get out!. *flanke* yon moun yon sabò : to give someone a slap, to slap someone

flannen [flan] flan-nen v.int. to stroll, to go for a walk. s: pwonmennen. Ann al *flannen*! : let's go for a walk! 2. to hang out, to loaf. Li *flannen* nan tout nayklib yo. (kre). flannè n. : buddy, guy; loafer. Misye se yon flannè : he is cool.

flate [flate] fla-te v.tr. to flatter, to curry favor. to fawn. ***flate*** yon moun : to flatter someone. flatri n. : flattery. flatè n. : flatterer. Yo pap ***flate*** ou; si ou vle fè l, se pou byen ou lap ye. (kre)

flay [flaj] v.tr. to fly, to take off (plane / avyon). s: vole, pran vòl, pati. Avyon an pral ***flay*** : the plane is going to take off. | | ateri, desann. 2. to take off, to leave. s: ale, mete deyò. | | rete. Nap ***flay*** : we are leaving.

flechi [fleʃi] fle-chi v.int. to give away, to bend. Gason kanson pa ***flechi*** pou ti krik ti krak. s: fè bak, kaponnen

fleri [fleri] fle-ri v.int. to bloom, to flower; to flourish. Flè yo kòmanse ***fleri***. (kre). flè n. : flower. voye flè : to beat around the bush

flite [flite] fli-te v.tr. to spray. Yap vin ***flite*** kay la demen. flit n. : spray. Li pa renmen ***flite*** cheve li : she does not like to spray her hair.

flote [flote] flo-te v.int. to float. s: rete sou dlo, rete anlè. 2. to flap (bat nan van). Yon moso bwa ap ***flote*** sou dlo a : a piece of wood is floating on the water. Drapo a ap ***flote*** nan van an : the flag is flapping in the wind.

fofile [fofile] fo-fi-le v.tr. to baste (sewing / rad). 2. to thread one's way, to snick in (***fofile***-antre yon kote)

fòje [fo e] fò-je v.tr. to forge. s: fè efò, fè jèfò pou (reyalize yon babay)

fòme [f me] fò-me v.tr. to form, to organize. s: òganize. fòme : pubescent. Ti fi a ap ***fòme***; pa kite l manje zoranj. (kre). 2. to acquire a training (jwenn yon fòmasyon). fòm n. : form. fòm (mezi pou kòdonye) n. : shoe tree. an fòm : in good shape; to be in good shape

fonde [f de] fon-de v.tr. to found. Kilès ki te ***fonde*** li? : who founded it? Li te ***fonde*** an 1804 : it was founded in 1804. ***fonde*** yon lekòl : to found a school. fondman, fondasyon n. : foundation

fonksyone [fõksjone] fonk-syo-ne v.int. to work (mec.). s: mache, travay. | | anpàn. Li pa ***fonksyone*** : it is not working. Lap ***fonksyone*** kounyeya : it is working now.

fonn [f n] v.t/intr. to melt. Li ***fonn*** nan solèy la : it is melted in the sun. ***fonn*** plon : to melt lead. 2. to disappear (disparèt), to sneak away. Misye gen tan ***fonn*** san pesonn pa wè l. (kre).

fonse [f se] fon-se v.tr. to drive in. s: anfonse. ***fonse*** sou : to pounce on, to attack. 2.**fonse** (an palan de koulè) : dark (color).

fòse [f se] fò-se v.tr. to force, to compel; to force oneself. ***fòse*** yon moun fè yon bagay : to force, to compel someone to do sth. Yo pa ***fòse*** ou pou fè l : you are not forced to do it. fòs n. : force; strength

fòtifye [f tifye] fo-ti-fye v.tr. to strengthen. Mesaj la ***fòtifye*** li. (kre). 2. to invigorate (the body). fòtifyan n. : nutritious

fotografye [fotografje] fo-to-gra-fye v.tr. to take a photograph of. s: pran foto, fè foto, tire foto. foto n. : photograph, picture. fotograf n. : photographer

fotokopye [fotokopje] fo-to-ko-pye v.tr. to copy (xerox), to make a copy of. s: fè kopi yon dokiman . fotokopi (kopi) n.: copy

foubi [fubi] fou-bi v.tr. to rub, to polish. s: fwote. Pran paydefè pou ***foubi*** chodyè a. (kre)

fouke [fuke] fou-ke v.tr. to arrest. s: arete, mete anba kòd. fouk n. : crotch. ***fouke*** yon zenglengo : to arrest a thief

foul [ful] v.tr/n. to fill up. s: plen. || vide; vid. 2. **foul** (moun) n : crowd. ***Foul*** tank lan : fill up the tank. Tank lan ***foul*** : the tank is filled up. Li tap pale ak ***foul*** la : he was addressing the crowd.

foule [fule] fou-le v.tr. to thread on, to pack. 2. to sprain. Li ***foule*** pye l pandan lap jwe. (kre)

founi [funi] fou-ni v.tr. to furnish, to provide. 2. **founi** : thick

foure [fure] fou-re v.tr. to put in, to stick in, to stuff. s: mete. || wete, retire. ***foure*** bouch nan zafè moun : to meddle in someone's business. Pa ***foure*** bouch ou nan sak pa regade ou! : mind your own business!

fouye [fuje] fou-ye v.tr. to dig up, to unearth. ***fouye*** yon twou : to dig a whole; dig a whole. 2. to search (enspekte; fè rechèch, envestige). Fòk ou ***fouye*** sann pou jwenn dife. (prov.). ***fouye*** vè nan kalalou : to investigate (by questioning. fouy n. : search. fouyapòt n. : someone who investigates by questioning

fraktire [fraktire] frak-ti-re v.tr. to injure. Li ***fraktire*** janm li pandan lap jwe. (kre)

franchi [frãʃi] fran-chi v.int. to go oveer, to go through; to cross

frape [frape] fra-pe v.tr. to knock (on a door / nan yon pòt). frapman n. : knocking. ***frape*** bank yon moun : to ask s.o for money, to get money from s.o. Gen yon moun kap ***frape*** nan pòt la : someone is knocking at the door. 2. to hit, to bump, to strike. Li ***frape*** machin nan : he hits the car. 3. to hurt. Sa ***frape*** l anpil : that hurts her a lot. 4. to wear (for the first time). s: batize (rad). Li pral ***frape*** kostim sa a nan maryaj la. (kre). 5. to make love (to). 6. to affect (afekte)

fredone [fredone] fre-do-ne v.tr. to hum (a tune). Lap ***fredone*** chan an. (kre)

frekante [frekãte] fre-kan-te v.tr. to associate with. s: asosye, siye, mele ak. Li pa ***frekante*** moun sa yo (kre). 2. to go to a place (ale yon kote). Se pa yon kote nou frekante fasil : we don't go there often. frekan : fresh; bold

fremi [fremi] fre-mi v.int. to shudder (with fear). s: tresayi

frennen [fr n] fren-nen v.tr. to brake, to stop (a car / yon machin). var: fwennen. 2. to stab. s: pike, ponyade

fri [fri] v.tr/n. to fry. poul ***fri*** : fried chicken. ***fri*** pwason yo : fry the fish. 2. **fri** n. : fruit. ***fri*** twopikal : tropical fruits. 3. to freeze up, to be incapable of acting. Se ***fri*** lap fri nan ekzamen an; li pa ka remèt anyen.

frikase [frikase] fri-ka-se v.tr. to saute. ***frikase*** vyann lan nan legim nan. (kre)

friksyonnen [friksj n] frik-syon-nen v.tr. to massage, to rub (with oil). s: fè yon friksyon; rale (ak lwil), mase. Yo ***friksyonnen*** tout kò l anvan li al dòmi. (kre). friksyon n. : massage, rubbing (with oil)

frite [frite] fri-te v.tr. to roam about looking for food handouts. Gen yon chen kap ***frite*** nan katye a depi maten an. (kre). ***frite*** tout kote (al nan ***frite***) : to roam about looking for food handouts everywhere

fware [fware] fwa-re v.tr. to strip (the threads of a screw / vis). Vis la pa bon; li ***fware***. (kre)

fwennen [fw n] fwen-nen v.tr. to brake, to stop (a car / yon machin). var: frennen. 2. to stab. s: pike, ponyade. Yo ***fwennen*** l nan bann nan : they stab him in the group.

fwete [fwete] fwe-te v.tr. to charter (bus / otobis). Yo ***fwete*** yon otobis pou vwayaj la : they charter a bus for the trip. 2. to whip s: kale, mouye (ak fwèt). Yo sot *fwete* l se sak fè lap kriye konsa. (kre)

fwote [frote] fwo-te v.tr. to rub. Lap *fwote* rad yo nan dlo. (kre). Kochon mawon konnen sou ki bwa pou l *fwote* kò l (prov.).

fyanse [fjãse] fyanse v.int. to be engaged. Yo *fyanse* : they are engaged. bag fyansay : engagement ring. 2. **fyanse** n. : fiancé

fye [fje] v.tr. to trust (s.o). s: fè yon moun konfyans; konfye nan yon moun. || mefye. konfyans n. : trust

G

gache [gaʃe] ga-che v.tr. to ruin. *gache* lavi yon moun : to ruin s.o's life. Lavi li *gache* (kre).

gade [gade] ga-de v.tr. to look, to take a look (at s.o, sth.). Ban m fè yon *gade*! : let me see! 2. to watch (voye je sou, siveye). *Gade*! : look!. Ki sa wap *gade* la a? : what are you looking at? *Gade*, m pa nan jwèt! : listen, I am serious! *gade* kijan... look how... *gade* bèt (fè elvay) : to breed cattle. gadò n. : watcher

gaga [gaga] ga-ga v.int. to stupefy, to muddle. Li tèlman bwè tafya, li *gaga*. (kre)

gagari [gagari] ga-ga-ri v.tr. to gargle. Pa bwè l; jis *gagari* l nan gòj ou. (kre)

galonnen [gal n] ga-lon-nen v.tr. to promote (mil.); to decorate (mil.). s: grade, monte grad yon militè. galon (mil.) n. : stripe. galon (mezi) n. : gallon

galope [galope] v.tr/int. to gallop. 2. to rush (to do sth.).s: kouri yon chwal; fè yon bagay rapido-presto. Lè Janboni ap *galope* chwal, tout moun kanpe pou gade. (kre). Gade de chwal kap *galope* nan savann nan. (kre). Pran san ou pou fè travay la; pa *galope* : take your time to do the work; don't rush.

garanti [garãti] ga-ran-ti v.tr/n. to guarantee. : asire; bay asirans. 2. **garanti** (benefis) n. : benefit. Li *garanti* nou ke lap vin lendi : he guaranteed us that he is coming on Monday.

gare [gare] ga-re v.tr. to park. s: estasyone, pake, pakin; remize. Ki kote ou te *gare* machin nan? : where did you park the car? Pa *gare* la a : don't park here. garaj n. : garage

gaspiye [gaspije] gas-pi-ye v.tr. to waste. s: fè yon gaspiyay. || sere, ekonomize. Pa *gaspiye* dlo a : don't waste the water. gaspiyay n. : waste. Se tan ou wap *gaspiye* : you are wasting your time.

gate [gate] ga-te v.tr. to spoil. *gate* yon ti moun : to spoil a child. yon ti moun *gate* : a spoiled child.

gaye [gaje] ga-ye v.tr/int. to spread out. s: simaye. 2. to scatter. 3. to muss (hair / cheve. s: depenyen, deranje (cheve). Nouvèl la *gaye* : the news spreads out. Gade ki jan poul la *gaye* la a (kre). Pa *gaye* cheve m !: don't muss my hair! Li *gaye* : it spreads out.

gengole [g gole] gen-go-le v.int. to rush down. s: degengole, woule-desann. Atansyon! men yon wòch ap *gengole* : watch out! a stone is rushing down.

genyen [g j] gen-yen v.tr. to have; to possess, to own. sh.f: gen. 2. to win (competition, game / nan konpetisyon, jwèt). || pèdi. Li *gen* nan lotri : he wins the lottery. Ekip sa ap *genyen* : this team is going to win. Ki sa ou *genyen* (ki pwoblèm ou)? : what is the matter? Ki sa ou ***genyen*** (ki sa ou posede)? : what do you have?. Mwen pa ***gen*** anyen (mwen oke) : I am o.k. Mwen pa ***gen*** anyen (mwen pa posede nyen) : I don't have anything. Ou ***gen*** kòb? : do you have money?. ***gen*** lè ... it seem that... ***Gen*** lè li pral fè lapli : it seems that it's going to rain. ***gen*** lè : to have time. Ou ***gen*** lè? : do you have time? ki lè ou ***genyen***? : what time do you have?

geri [geri] ge-ri v.tr. to heal. || malad. gerizon n. : healing. ***geri*** malad : to heal the sick.

gete [gete] ge-te v.tr. to watch. s: siveye

gide [gide] gi-de v.tr. to guide, to lead, to conduct. s: kondi, dirije, mennen. ***gide*** yon avèg : to lead a blind. gid n. : guide. gid (touris) n. : tourist guide. Lap ***gide*** nou : he is guiding us.

giyonnen [gij n] gi-yon-nen v.tr. to bring bad luck (pote move chans). giyon n. : bad luck. Lè ou di yon moun bonjou ak bouch ou san lave, ou ***giyonnen*** li. (kre)

glase [glase] gla-se v.tr. to chill. 2. to be very cold. Men ou ***glase*** : your hand is very cold. Mete kola ***glase*** nan frijidè a. (kre). glas (pou bwè) n. : ice. glas (pou gade) n. : mirror. Ou sot pase tèt ou; pa bwè bagay ***glase***. (kre)

glise [glise] gli-se v.tr. to slide; to slip. ***glise*** kou kalalou : to be very slippery. Wout la ***glise*** kou kalalou : the road is very slippery. Li ***glise*** desann : he slides down.

glorifye [glorifje] glo-ri-fye v.tr. to glorify. s: bay glwa. glwa n. : glory.

gondole [gõdole] gon-do-le v.int. to limp severely. s: rale sou pye, mache bwete, bwete. Li pa mache byen; se ***gondole*** lap ***gondole***. (kre)

gonfle [gõfle] gon-fle v.tr. to inflate. s: bay van, ponpe van (nan yon bagay). || degonfle. 2. to have an attack of indigestion. gonfiman (gonfleman) n. : indigestion

gonmen [g m] gon-men v.tr. to make sticky. Li ***gonmen*** tout men l ak lakòl la. (kre). Tout men l ***gonmen*** ak lakòl (kre). lakòl n. : glue. gonm n. : glue

goudwonnen [gudr n] dgou-dwon-nen v.tr. to tar, to blaktop. Yap ***goudwonnen*** wout la. (kre). Li pran goudwon pou li ***goudwonnen*** bokit la. (kre). goudwon n. : tar

goumen [gum] gou-men v.tr/n.. to fight; to struggle. s: batay, lite. 2. **goumen** n. : fight. Yap ***goumen*** : they are fighting (each other). Yon ***goumen*** pete : a fight breaks out.

goute [gute] gou- te v.tr. to taste. gou n. : taste. ***Goute*** l! : taste it! Ban m ***goute***! : let me taste it! Li gen bon gou : it tastes good.

gouvène [guvene] gou-vè-ne v.tr. to govern. var: gouvènen. gouvènè n. : governor. gouvènman (gouvèlman) n. : government. ***gouvène*** yon peyi : to govern a country

gouye [guje] gou-ye v.int. to ondulate the hips. brase ren, bay gouyad. gouyad n. : grinding of hips. Yap ***gouye*** nan bann nan. (kre). 2. to move, to budge. ***Gouye*** kò ou bay moun pase. (kre)

grade [grade] gra-de v.tr. to promote (in rank / mil.). Yo sot ***grade*** de ofisye. (kre). grad n. : rank

grafouyen [grafuj] gra-fou-yen v.tr. to scratch. var: grafonyen. s: grife. Chat la ***grafouyen*** li sou bra. (kre). grif. n. : claw

graje [gra e] gra-je v.tr. to grate. Pran yon graj pou ***graje*** miska a. (kre). 2. to fidget. s: chipote. Lap ***graje*** kò l sou chèz la. (kre). graj n. : scraper

grandi [grãdi] gran-di v.int. to grow (develop). Ti mapou pa ***grandi*** anba gwo mapou.

(kre). Lap ***grandi*** : she is growing up.

grasye [grasje] gra-sye v.tr. to forgive. s: fè gras, padone, padonnen, fè pa. grasye l : forgive him. gras n. : grace; pity

grate [grate] gra-te v.tr. to scratch. Mèt kò pa ***grate*** kò (prov.). Li ***grate*** ou? (kre). Lap ***grate*** l : she is scratching it. gratwa n. scraper

grave [grave] gra-ve v.tr. to engrave. Yo ***grave*** non li sou bag la : they engraved her name on the ring. 2. to scrawl. 3. to scratch. Li sot tonbe; tout kò l ***grave***. (kre)

grennen [gr n] gren-nen v.tr. to shell. s: degrennen. ***grennen*** mayi : to shell corn. 2. to scatter. 3. **grennen** : separated; lumpy. Labouyi a ***grennen***. (kre). Yo sot ***grennen*** dan misye ak yon kout pwen. (kre). Yo di si yon chen mòde ou epi ou pase lay sou li, dan chen an ap ***grennen***. (kre)

grenpe [grepe] gren-pe v.tr. to climb. Lap ***grenpe*** pye kokoye a : he is climbing the coconut tree. s: monte (sou, nan)

grese [grese] gre-se v.tr. to grease, to lubricate. grès n. : grease, lubrication. ***grese*** pat yon moun : to bribe someone. Yo te ***grese*** pat misye : they have bribed him.

grife [grife] gri-fe v.tr. to claw. s: grafouyen, grafonyen. Chat la ***grife*** li. (kre). grif n. : claws

grifonnen [grif n] gri-fon-nen v.tr/int. to claw. s: grife, grafouyen, grafonyen. Si wap kontinye jwe ak chat la, lap ***grifonnen*** ou. 2. to scrawl. Li pa ka ekri byen; se ***grifonnen*** lap grifonnen. (kre)

griji [gri i] gri-ji v.tr. to wrinkle (face / figi). Gade jan figi l ***griji***; sanble l te malad. (kre). 2. to gather (cloth / rad)

gripe [gripe] gri-pe v.int. to have a flue. Li ***gripe*** : he has a flue. 2. **gripe** . : suffered from a cold. grip n. : flue

griye [grije] gri-ye v.tr. to roast, to broil. ***griye*** vyann : to roast meat. vyann ***griye*** : roasted meat. ***griye*** kafe : to roast coffee beans. ***griye*** mayi : to make pop-corn

griyen [grij] gri-yen v.tr. to open wide. Poukisa ou ***griyen*** pòt la konsa? : why do you leave the door brightly opened? Gade jan li ***griyen*** kò l atè a. (kre). 2. to laugh, to have a belly laugh (griyen dan, ri kò pèdi). ***griyen*** dan sou yon moun (menase yon moun) : to threaten s.o

grizonnen [griz n] gri-zon-nen v.int. to age, to decline. s: antre nan laj. Li kòmanse ***grizonnen*** : she is getting old.

gwonde [gr de] gwon-de v.int. to roar. Chen mechan renmen ***gwonde*** . (kre). 2. to growl. Loraj ap ***gwonde***; gen lè li pral fè lapli. (kre)

gwòs [gr s] v.tr/n. to impregnate, to make (a woman) pregnant. s: pran yon gwòs, angwosi, ansent. 2. **gwòs**, gwosès n. : pregnancy. 3. **gwòs** (gwo vant) : to pregnant (att.). Li ***gwòs*** : she is pregnant.

gwosi [grosi] gwo-si v.int. to gain weight. | | megri, vin mèg. Lap ***gwosi*** : she is gaining weight. gwo : big. 2. to grow larger. Pou kisa ou pa bay ***gwosi*** foto sa a pou ou? (kre)

gwoupe [grupe] gwou-pe v.int. to gather (of people), to form a group, to rally. s: rasanble, reyini. | | dispèse, gaye. Moun yo kòmanse ***grwoupe*** yo bò lakomin nan pou manifestasyon an. (kre). gwoup n. : group. yon gwoup : a group of. yon gwoup moun : a group of people

I

idantifye [idãtifje] i-dan-ti-fye v.tr. to identify. Yo pat ka ***idantifye*** li : they could not identify him. idantite, katdidantite n. : identification (I.D)

imajine [ima ine] i-ma-ji-ne v.tr. to imagine, to think. var: imajinen. s: panse. imajinasyon n. : imagination; fiction. imaj n. : image. Se pa reyalite; se yon bagay ***imajine*** : it is fiction.

imigre [imigre] i-mi-gre v.int. to immigrate, to migrate. imigrasyon n. : Immigration Service. imigran n. : immigrant. Yo gen lontan depi yo ***imigre*** Ozetazini : it has been a long since they have migrated to the United Stated.

imilye [imilje] i-mi-lye v.int. to humiliate. s: desann valè yon moun; sibi yon imilyasyon. ***imilye*** yon moun : to humiliate someone. imilyasyon n. : humiliation. Li santi l ***imilye*** : he feels humiliated.

imite [imite] i-mi-te v.tr. to imitate; to imitate (the way s.o speaks, acts), to mock (s.o). s: chare. ***imite*** yon moun : to imitate someone. imitasyon n. : imitation

ini [ini] i-ni v.int. to unite. s: fè yon tèt kole, fè yon tèt ansanm, fè yon sèl. | | dezini, gaye. inyon n. : union. inite n. : unit. Tank nou ***ini*** nou se tank nap gen plis fòs : the more we get united : the stronger we will be.

inisye [inisje] i-ni-sye v.tr. to initiate.

inogire [inogire] i-no-gi-re v.tr. to inaugurate. s: fè yon inogirasyon. inogirasyon n. : inauguration. ***inogire*** yon moniman : to inaugurate a monument. Ki lè inogirasyon an? : when is the inauguration?

inonde [inõde] i-non-de v.tr. to inundate, to flood. s: debòde. inondasyon n. : flooding; inundation

irite [irite] i-ri-te v.tr. to irritate. iritasyon n. irritation.

ise [ise] i-se v.int. to hoist. s: wose. Lap eseye ***ise*** drapo a : he is trying to hoist the flag. Menmsi ou ***ise*** ou pap ka touche l. (kre)

itilize [itilize] i-ti-li-ze v.tr. to use, to make use of. s: anplwaye. itilizasyon n. : use. itilite n. : utility. itil : useful. initil : useless. ***Itilize*** sa a pito : use this one instead.

iwonize [ironize] i-ro-ni-ze v.tr. to speak ironically. s: moke, pase (yon moun) nan jwèt, nan betiz, nan tenten. iwoni n. : irony

iyore [ijore] i-yo-re v.tr. to ignore, not to pay attention to, not to give importance to. s: meprize, vag sou. Yo ***iyore*** li : they ignore him. iyorans n. : ignorance. iyoran : ignorant

izole [izole] i-zo-le v.tr. to isolate. 2. to insulate. ***izole*** yon peyi : to isolate a country. yon andwa ***izole*** : an isolated place. izolman n. : isolation

J

janbe [ßãbe] jan-be v.int. to cross, to go across. s: travèse. Bèt ak ke pa ***janbe*** dife : people who live in glass houses should not throw stones. Yo pa ka ***janbe*** dlo a : they cannot cross the water. Yon bekàn frape l pandan li tap ***janbe*** lari a : he was hit by a bike while crossing the street. janm n. : leg. 2. to change one's status. Yo *janbe* nan yon lòt klas. (kre). *janbe* nan yon relijyon : to convert into a relijyon. Anvan, yo te katolik; kounyeya, yo *janbe* nan potestan. (kre)

jape [ape] ja-pe v.int. to bark. Chen ki renmen *jape* pa mòde fasil : a barking dog seldom bites. Chen *jape* devan kay mèt li. (Prov.). Chen an ap *jape* : the dog is barking. Chen ki grangou pa *jape* : a hungry dog does not bark.

jayi [aji] ja-yi v.int. to pour (abs.). s: koule. Li gen yon jwa kap *jayi* nan kè l : she has a joy coming to her heart.

jaze [ßaze] ja-ze v.int. to chitchat, to talk nonsense. s: ranse, radote, jebede, jejay. Kou vant li plen, li tonbe *jaze*. (kre)

jebede [ebede] je-be-de v.int. to chitchat, to talk nonsense. s: ranse, radote, jejay. Lap *jebede*; se pa anyen serye lap di : he is only talking nonsense.

jele [ßele] je-le v.tr/n. to freeze over, to freeze up; to convert into ice; to be frozen (att); to be very cold. s: glase; fè glas, tounen glas, kaye. Si ou mete kola a nan frizè a, lap *jele*. (kre). Men li *jele* : his hands are frozen. Deyò a *jele* : It is very cold outside. 2. **jele** (konfiti) n. : jelly. Mete yon ti *jele* sou pen an: put some jelly on the bread.

jèmen [em] jè-men v.int. to germinate. Mayi a kòmanse *jèmen* : to corn is germinating. jèm (plant) n. : shoot. jèm (mikròb) n. : germ

jeneralize [eneralize] v.tr. to generalize. jeneral (jal) n. : general. jeneralman (an jeneral) adv. : generally speaking. Fòk ou pa *jeneralize*; tout jeneral se jeneral men tout jeneral pa menm.

jennen [ene] jen-nen v.tr. to corner. s: kwense, sentre, bare. Se nan chemen *jennen* yo kenbe chwal malen. (prov.). Mwen *jennen* ou? : am I in your way? Mwen pa *jennen* ou : I am not in your way. Lè yo *jennen* l tout bon, li kòmanse di laverite. (kre). 2. to embarrass, to encumber, to hamper (s.o), to perplex. Li *jennen* l devan tout moun. (kre). s: anbarase (yon moun). Ou pa bezwen *jennen*: don't be embarrassed. 3. to hamper, to burden oneself. s: anbarase ak yon bagay. Chay la *jennen* li. (kre). 4. to be uncomfortable, to be ill at ease. || alèz. Pa *jennen*; fè kòmsi ou te lakay ou : make your self at home. 5. **jennen** (etwat, jis) : narrow

jere [ere] je-re v.tr. to manage, to run (business). jeran n. : guard, keeper. Pa gen moun kap *jere* byen yo pou li. (kre)

jete [ete] je-te v.tr. to throw away. s: voye-jete, tire-jete. Ou met *jete* li : you may throw it away. Pa *jete* l! nou bezwen l : don't throw it away! We need it. 2. to bud (plant). Bannann nan ap *jete* (kre). 3. to overthrow (a government / yon gouvènman). s: ranvèse, dechouke. Yap fè manigans pou *jete* gouvènman : they are trying to overthrow the government. 4. to flip (s.o) over. s: lage (yon moun) atè, fese (yon moun) atè. Nan mare so, li *jete* misye. (kre). *jete* vè : to pass worms. s: rann vè

jifle [ifle] ji-fle v.tr. to slap (in the face). s: kalote, sabote. jif n. : slap. Dam nan *jifle* misye devan moun yo. (kre)

jigote [igote] ji-go-te v.int. to squirm, to wriggle. s: tòde, graje; woule atè. Lap *jigote* ak yon vant fè mal (kre). Men lap *jigote* atè a, kouri! (kre)

jije [iße] ji-je v.tr. to judge; to bring s.o to trial. jij n. : judge. jijman n. : judment; trial

jire [ire] ji-re v.tr. to swear. s: sèmante, fè sèman.

jouke [uke] jou-ke v.tr. to hobble, to fetter. Pa ***jouke*** vay bèf la; ou konnen li plenn. (kre). 2. to perch, to roost. Yo ***jouke*** poul yo sou pye sitwon an. (kre). 3. to hang (hook). s: kwoke, pandye. Yo ***jouke*** makòn mayi yo nan pye mango a. (kre). jouk n. : roost. jouk (bwa yo pase dèyè kou bèt) n. : yoke. jouk (jiska, jiskaske) adv. : until

joure [oure] jou-re v.tr/int. to scold. 2. to insult, to swear at (s.o). s: detripe, lave (ak, anba jouman), sale. jouman n. : swearing. machann jouman : someone who likes using swearings, obscenities. Matlòt renmen ***joure***.(kre). Tande ***joure*** yo! (kre)

jwe [we] v.int. to play. ***jwe*** boul : to play ball. ***jwe*** ak yon boul : to play with a ball. Wap ***jwe***? : do you want to play? Mwen pap ***jwe*** : I am not playing. ***jwe*** ak yon jwèt (badnen ak yon jwèt) : to play with a toy. jwè n. : player. jwèt n. : toy. Se nan jwèt malè rete. (prov.). Mwen pa nan jwèt! : I am not playing!. Mwen pa nan jwèt ak ou! : I am not playing with you. Tout jwèt se jwèt, kwochèt pa ladan. (prov.). Fò ou ***jwe*** jwèt la : you get to play the game. non jwèt : nickname. bay yon moun yon non jwèt : to give someone a nickname. Ou gen yon non jwèt? : do you have a nickname?. Se an jwèt mwen di l; se pa pou tout bon : don't take it seriously; I am only kidding. Lè pyebwa ***jwe*** ak van, li pèdi fèy li. (prov.). 2. to joke, to kid. s: ranse, plezante, blage

jwenn [w] v.tr. to find. s: twouve, tonbe sou (yon bagay). || pèdi. Ou te ***jwenn*** li? : did you find it?. Mwen poko ***jwenn*** li : I have not found it yet. Chen an ***jwenn*** yon zo : the dog has found a bone. Chak chen dwe ***jwenn*** yon zo pou souse : each dog should find a bone to suck. Ou ***jwenn*** sa ou tap chache a : you get what you wanted. Si kalmanson te bon vyann, se pa nan mitan chimen yo ta ***jwenn*** li. (prov.). Li ***jwenn*** ak zo grann li. (kre). 2. to meet. s: rankontre, kontre (ak). Li

jwi [wi] v.tr/int. to enjoy life, to enyoy (oneself). 2. to have an orgasm; to reach an orgasm. jwisans n. : enjoyment. Yap ***jwi*** lavi yo : they are enjoying life.

K

kaba [kaba] ka-ba v.tr. to finish, to use up, to consume. s: fini. Tout manje a ***kaba***; pa rete anyen (kre). Li ***kaba*** manje a. (kre). Sa ***kaba*** : it's over now.

kabicha [kabiʃa] ka-bi-cha v.int/n. to take a nap, to doze. Pafwa nou fè yon ***kabicha*** men nou pa janm fèmen : we sometimes doze but we never close. 2. **kabicha** n. nap, dozing. Mwen pral fè yon ti ***kabicha*** : I am going to take a nap. Lap ***kabicha*** : she is taking a nap.

kabre [kabre] ka-bre v.tr. to fake (sports / espò), to dodge. s: trible, bay trib. Lap eseye ***kabre*** lòt jwè a pou li al fè gòl la. (kre)

kache [kaʃe] ka-che v.tr/int. to hide (sth.); to conceal. s: sere. Ou pa gen anyen pou ***kache*** : you have nothing to hide. 2. to hide (oneself). Lap eseye ***kache*** : he is trying to hide himself. Si ou konn kouri, fòk ou konn ***kache***. (prov.). Ou pa bezwen ***kache***; nou gen tan wè ou : you don't need to hide yourself; we have seen you. kachkou, kachkach n. : hide and seek game

kachte [kaʃte] kach-te v.tr. to seal (letter / lèt, envelop / anvlòp). || dekachte. ***kachte***yon lèt : to seal a letter

kadase [kadase] ka-da-se v.int. to cackle. s: kakaye. Poul la ap ***kadase***; li gen lè pral ponn. (kre)

kadre [kadre] ka-dre v.tr. to match (people / an palan de moun). Yo panse Maryo pa ***kadre*** dam nan. (kre). 2. **kadre** (chita ekonomikman) : well-off. Moun sa yo ***kadre***; yo gen tout sa yo bezwen. (kre)

kage [kage] ka-ge v.tr. to lean back, to recline. : kare (sou). Li ***kage*** sou bwa a. (kre). Pa ***kage*** chèz la. (kre)

kaka [kaka] ka-ka v.int/n. to shit, to defecate. s: poupou, watè, okabine. al ***kaka*** (al fè bezwen) : to go the bathroom. 2. **kaka** n. : shit; stool

kakaye [kakaje] ka-ka-ye v.int. to cackle. s: kadase

kale [kale] ka-le v.tr. to peel (retire po yon bagay). s: pliche. Lap ***kale*** zoranj lan ak yon kouto : he is peeling the orange with a knife. 2. to whip. s: fwete. Yo sot ***kale*** li; lap kriye. (kre). 3. to hatch (eggs / ze). Poul la ***kale*** tout ze yo: the chicken hatched all the eggs. 4. to shave one's head (tèt). 5. to produce abundantly (pwodui an gran kantite). kal (baton) n. : beating. kal n. : a pinch of. yon ti kal : a piece, a pinch of. Ban m ti kal : let me have a piece.

kalewès [kalewes] ka-le-wès v.int. to loaf, to laze (around). ***kalewès*** pa bay. (kre). Li ***chita*** ap ***kalewès*** tout lasentjounen. (kre)

kalkile [kalkile] kal-ki-le v.tr. to calculate. ***Kalkile*** total la: calculate the total. ***Kalkile*** pou wè konbyen sa ap vini : see how much that will add up to. kalkilatè, kalkilatris n. : calculator, adding machine. 2. to think. s: panse, reflechi. Kisa wap ***kalkile***? : what are you thinking about? kalkil (katyl) n. : worries. kalkil n. : arithmetic, basic math.

kalma [kalma] kal-ma v.tr/int. to calm down; to cool down. Manyè ***kalma*** ou : calm down; to be quiet (rete an silans, rete san fè bri). s: kalme. Van an ***kalma*** : the wind calmed down.

kalme [kalme] kal-me v.tr/int. to calm down; to cool off. s: kalma. Doulè a ***kalme*** : the pain is gone. Piki a ***kalme*** doulè a : the shot has deafened the pain.

kalonnen [kal n] ka-lon-nen v.tr. to stone, to throw stones at. s: lapide, kraze anba wòch, kraze ak kout wòch. Yo ***kalonnen*** chen an (ak wòch) : they stone the dog.

kalote [kalote] ka-lo-te v.tr. to slap (in the face). s: souflete, sabote, jifle. kalòt n. : slap

kanalize [kanalize] ka-na-li-ze v.tr. to canalize (water / dlo). 2. to channel. kanal (an palan de dlo) n. : canal. kanal n. : channel. fouye yon kanal : to dig a canal

kanni [kãni] kan-ni v.int. to mold (fungus), to mildew. s: fè limon. Tout kasav yo ***kanni***. (kre)

kanpe [kãpe] v.tr/int/n. to stand (sth.) up (mete yon bagay debou). 2. to stand up, to rise. s: mete debou, leve-kanpe. || chita. 3. to stop (rete). Nou fè yon ***kanpe*** : we stop, we take a break. kanpelwen n. : stink lotion. ***kanpe*** lwen (from). Li ouvè yon kanpelwen epi tout moun ***kanpe*** lwen. (kre). ***kanpe*** lwen l : keep away from it.

kapab [kapab] ka-pab aux. to be able (att), can. sh.f: **ka**. var: kab. Mwen pa ***kapab*** : I can't. Yo pa ***ka*** fè l : they can't do it. Ou ***kapab*** fè l pou kont ou? : can you do it by yourself?. Mwen pa ***ka*** di ou wi ou non : I can't tell you yes or no. kapasite n. : capacity. Konbyen galon li ***kapab kenbe*** : how many gallons can it hold?. Zwazo pa *kapab* sot nan bwa pou l mete pijon deyò sou nich li. (prov.)

kaponnen [kap n] ka-pon-nen v.tr. to intimidate; to frighten. var: kraponnen. . Li renmen *kaponnen* moun : he likes to intimidate people. kaponnay (kraponnay) n. : intimidation. kapon n. : coward. kapon (lach) : coward. kapon antere manman l. (prov.). 2. to fool (s.o). s: pete yon moun

kapote [kapote] ka-po-te v.tr. to overturn. s: chavire, chavire bouch anba. Kamyon an *kapote* nan mòn Tapyon. (kre). kapo n. : hood. kapowou n. : hubcar; kapòt (machin) n. : car roof. kapòt (chasè pipòp, chapo) : condom

kapte [kapte] kap-te v.tr. to pick up (messages / pran, anrejistre mesaj), to record (voice / vwa). Lap *kapte* vwa ou. (kre). 2. to listen to (a radyo, T.V broadcasting / tande yon emisyon radyo, televizyon). Li renmen *kapte* pòs kazo. (kre). 3. to impound , to catch (water / dlo). Si yo *kapte* sous Tounad, yap kapab wouze tout Tounad. (kre). 4. to rivet (s.o's attention / atansyon yon moun)

karakole [karakole] ka-ra-ko-le v.int. to caper, to frolic, to play (about). Bèf la pati; lap *karakole* nan savann nan. (kre)

kare [kare] ka-re v.tr/int. to square up. Ebenis lan ap eseye *kare* bwa a anvan l siye li. 2. to lean back, to recline. s: kage. Chita dwat; pa *kare* chèz la. (kre). 3. to give back (cough up). *Kare* m kòb mwen! : give me my money back! 4. to put face to face (- de opozan nan yon dyèl). Lap tann yo *kare* kòk yo pou l parye sou youn. (kre). 5. **kare** : straight forward, frank. Sovè se yon nèg ki *kare*; sa lap di a, li di l devan ou. (kre)

karese [karese] ka-re-se v.tr. to caress. s: kajole, bay karès, fè ti karès pou. 2. to pat (an palan de bèt). *karese* yon chen : to pat a dog. karesan : charming; affectionate. karès n. : caress. ipokrit karesan (moun kap mòde-soufle) : hypocrite. Lap *karese* mennaj li. (kre). Makak *karese* pitit li jouk li touye l. (prov.). 3. to pet (sex). s: peze, fè lanmou. Janjan jwenn yo ap *karese* nan koridò a. (kre)

karyonnen [karjõne] ka-ryon-nen v.tr/int. to ring (bell / klòch); to chime. Klòch la ap *karyonnen* lontan; gen lè gen yon maryaj. (kre)

kase [kase] ka-se v.tr/int. to break. Li *kase* l : he breaks it. Li *kase* : it is broken. 2. to slim down, to lose weight. s: desann, pèdi pwa. Li *kase* nèt apre rejim nan. (kre) 5. to break (bill / chanje biye lajan), to get change. Ou ka *kase* di dola sa a pou mwen souple? : Can you break this ten dollar bill for me please? 6. to turn. *Kase* volan an adwat : turn the steering wheel to the right. *kase* koub : to turn a corner. *kase* tèt tounen : to return, to go back (to a previous way). 7. to harvest (corn / mayi). Yap *kase* mayi a demen : they are going to harvest the corn tomorrow.

kata [kata] ka-ta v.tr/n. to play "kata" rhytm. 2. **kata** n. : type of drum. Pa *kata* sou mamit la (kre). 3. **kata** (chetif, an palan de ti moun) : undernourished

kawote [karote] ka-wo-te v.tr. to divide (land in quadrants). Li fasil pou wouze yon tè lè li fin *kawote*. (kre).

kaya [kaja] ka-ya v.int. to play (in water with the hands). Ann *kaya* pou n wè sa kap kite pou lòt. (kre). *kaya* nan yon rivyè. (kre)

kaye [kaje] ka-ye v.int/n. to clot, to curdle. Lèt la *kaye*. (kre). Yo mete lèt la *kaye*. (kre). Yo renmen bwè lèt *kaye*. Lè ou an devenn, lèt *kaye* kase tèt ou. (prov.). 2. to freeze over, to freeze up. s: jele, glase, fè glas, tounen glas. Dlo a ***kaye*** : the water freezes over. 3. **kaye** (pou ekri) n. : notebook. Ou gen yon ***kaye***? : do you have a notebook?

kenbe [kebe] ken-be v.tr/int. to catch. s: pran. Li ***kenbe*** yon gwo pwason yè : he caught a big fish yesterday. 2. to hold. ***Kenbe***! ***kenbe***! : hold it! 3. to hold (contain). Li ka ***kenbe*** senk galon : it can hold five gallons. 4. to hold on. Nou la; nap ***kenbe*** : we are holding on. 5. to capture (kaptire, pran). Yo ***kenbe*** li : they capture him. 6. to surprise (s.o doing sth.). s: siprann yon moun (ap fè yon bagay), bare (yon moun ap fè yon bagay). Yo ***kenbe*** yo; touledе sote. (kre). ***kenbe*** pwomès: to back to one's word. Ou pa ***kenbe*** pwomès ou : you don't to back to your word. 7. to endure (soufri)

kente [kete] ken-te v.tr. to succeed brilliantly (tests, exams / briye nan ekzamen). 2. to have a sequence of five cards (nan jwèt kat).

kesyone [kesjone] ke-syo-ne v.tr. to question (s.o), to ask question. s: poze kesyon, entewoje. Jounalis la ap ***kesyone*** temwen yo sou aksidan an. (kre)

keyi [keji] ke-yi v.tr. to pick (fruits / fri). Li monte pye kokoye a pou l al ***keyi*** kokoye. (kre). Li ***keyi*** mango a ak yon wòch. (kre). ***keyi*** pitimi : to harvest millet. ***keyi*** pwa : to harvest peas

kidnape [kidnape] kid-na-pe v.tr. to kidnap. ***kidnape*** yon moun : to kidnap someone. ***kidnape*** yon lidè : to kidnap a leader

kilbite [kilbite] kil-bi-te v.int. to stumble, to tumble. s: bite, fè yon bitad. Nou ka frape, nou ka ***kilbite*** men nou pap tonbe. (kre). lakilbit n. : gymnastics. fè lakilbit : to do gymnastics

kiltive [kiltive] kil-ti-ve v.tr. to farm, to cultivate, to grow. kiltivatè n. : farmer. kilti n. : culture. Kisa yo ***kiltive*** nan zòn sa a? ***kiltive*** legim : to grow vegetables

kimen [kim] ki-men v.int. to foam. s: fè kim. kim n. : foam. Savon sa a ***kimen*** anpil. (kre)

kite [kite] ki-te v.tr/int. to leave. Kilè ou te ***kite*** lakay ou? : when did you leave home? 2. to leave, to let. ***kite*** ale : to let go. ***Kite*** m trankil!: leave me alone! 3. to break (love relation). s: separe. 4. to break from a habit. Li ***kite*** fimen : he gave up smoking. 5. to give up. s: renonse. Yo ***kite*** sa tonbe : they give up. Se yo ki pou ***kite*** pou nou : they have to give up. 6. to abandon (abandone).

klake [klake] kla-ke v.tr. to crack (fingers / dwèt)

klaksonnen [klaks n] klak-son-nen v.tr. to honk, to honk at. s: sonnen. ***Klaksonnen*** machin lan pou yo ka deplase : honk the horn so that they can move. Mwen wè li sou yon kalte machin; li ***klaksonnen*** ban mwen. (kre). klaksòn n. : horn

klase [klase] kla-se v.tr. to file (document / dokiman). 2. to rank. Yo ***klase*** pami meyè ekip yo : they are among the best teams. Yo ***klase*** misye : they let him know where he belongs. 3. to put in order (pa òd). ***klase*** pa òd alfabetik (***klase*** an òd alfabetik) : to put in alphabetical order. klas n. : class; type

klere [klere] kle-re v.tr/int. to shine. Solèy la ap ***klere*** : the sun is shining. 2. to light (up). Lap ***klere*** ak yon flach. (kre). Solèy la ***klere*** pou tout moun : everyone has an opportunity. 3. to polish. Chany lan ***klere*** soulye yo. (kre). klè : clear. klète n. : brightness; beam

klete [klete] kle-te v.tr. to lock. s: take. || detake. kle n. : key. ***Klete*** pòt la : lock the door.

klimatize [klimatize] kli-ma-ti-ze v.tr. to air-condition. Yo ***klimatize*** chanm yo. (kre).

Chanm yo ***klimatize***. (kre). klima n. : climate

klipse [klipse] klip-se v.tr. to staple. ***Klipse*** papye sa yo : staple these papers.

klise [klise] kli-se v.tr. to wattle. || deklise. klisay, klisad n. : wattle (construction material). Yo kòmanse ***klise*** kay la. (kre)

klotire [klotire] klo-ti-re v.tr. to fence in. ***klotire*** yon teren : to fence in a field. kloti n. : fence

kloure [klure] klou-re v.tr. to nail. || dekloure. ***kloure*** sou yon chèz : to be nailed on a chair, not able to move from a chair. klou n. : nail

kòche [k ʃe] kò-che v.tr. to skin (animal / bèt), to flay. var: kwòche. Chen an pa janm deplase pandan yap ***kòche*** kabrit la. (kre)

kochte [koʃte] koch-te v.tr. to hook (door / pòt). || dekochte. Li ***kochte*** pòt la. (kre). 2. to dock (boat / bato). Batiman an ***kochte*** : the boat is docked.

kòde [k de] kò-de v.tr. to twist (rope / kòd). || dekòde. 2. to squirm. s: jigote, tòde. Lap ***kòde*** ak yon vant fè mal. (kre). kòd n. : rope

kofre [kofre] ko-fre v.tr. to collapse one's chest. Ou twò piti; pa leve gwo chay pou pa ***kofre*** ou. (kre). Yo ***kofre*** lestomak li ak kèk kout pwen : they collapse his chest with a few punches. 2. to overwork s: travay twòp, kraze, mouri anba travay. 3. to construct a frame (for concrete). kofray n. : framing (for concrete)

kokobe [kokobe] ko-ko-be v.tr/n. to cripple; to be crippled. s: paralize, enfim (att.). Fredi a ***kokobe*** tout manm li. (kre). Li ***kokobe*** apre aksidan an. (kre). 2. **kokobe** (moun paralize) n. : handicapped person

kolabore [kolabore] ko-la-bo-re v.int. to work together. s: travay ansanm. Fòk nou ***kolabore*** pou travay la ka mache. (kre). kolaboratè n. : co-worker

kolboso [kolboso] kol-bo-so v.tr. to drive in; to have a dent. Li ***kolboso*** chodyè a. (kre). Chodyè a sot tonbe; li ***kolboso***. (kre)

kole [kole] ko-le v.tr. to stick (glue), to paste; to be sticky. s: dekole. ***kole*** yon moun ak yon kesyon : to catch someone with a difficult question. 2. to get stuck. machin nan ***kole*** nan labou a : the car gets stuck in the mud. 3. to stick to (***kole*** sou, nan)

kolekte [kolekte] ko-lek-te v.tr. to collect. s: fè koleksyon, ranmase. Kilès kap ***kolekte*** yo? : who is collecting them? koleksyon n. : collection

kolonize [kolonize] ko-lo-ni-ze v.tr. to colonize. koloni n. : colony. kolon n. : settler. Kristòf Kolon : christopher Columbus. ***kolonize*** yon teritwa : to colonize a territory

kolore [kolore] ko-lo-re v.tr. to color. || dekolore. koulè n. : color. Ki koulè? : what color

kòltare [k ltare] kol-ta-re v.tr. to tar (seeds / plan). s: mete kòlta nan plan. Yo ***kòltare*** mayi a anvan yo plante l. (kre). kòlta n. : tar

kòlte [k lte] kòl-te v.tr. to button (clothes / rad). s: boutonnen. || dekòlte, deboutonnen. kòl n. : tie

kòmande [k mãde] kò-man-de v.tr. to command. s: pase lòd. Lap ***kòmande***; lap kontwole : he commands and controls. kòmandan n. : commander. kòmandan an chef : chief commander

kòmanse [k mãse] kò-man-se v.tr. to start, to begin. s: tanmen. || fini. Kilè wap ***kòmanse*** travay? : when are you going to start working?. kòmansman n. : beginning.

okòmansman : at the beginning, in the beginning
kòmante [k mãte] kò-man-te v.tr. to comment. s: fè kòmantè (sou). kòmantè n. : comment
komèt [komet] ko-mèt v.tr. to commit. ***komèt*** yon peche : to commit a sin
kominike [kominike] ko-mi-ni-ke v.tr/n. to communicate, to talk, to speak. s: pale (ak). 2. **kominike** n. official statement: kominikasyon n. : communication. Yo gen yon pwoblèm pou ***kominik***e akoz distans lan : they have a problem to communicate due to the distance.
kominyen [kominj] ko-mi-nyen v.int. to receive communion. kominyon n. : communion. Li sot ***kominyen*** men li pat di pè a tout peche l. (kre)
konbat [kõbat] kon-bat v.tr/int. to fight. s: batay, lite (kont). ***konbat*** yon maladi : to fight a disease. konba n. : fight; struggle. avyon konba : fighting aircraft
konble [k ble] kon-ble v.tr. to fill up (a whole / yon twou; a gap / yon vid). s: bouche, plen. || debouche. 2. to pile up, to gather. s: anpile. || gaye. Pa ***konble*** fatra la a : do not pile up trash here. 3. to crowd around. s: rasan- ble. Moun yo kòmanse ***konble*** la a pou pare lapli. (kre)
kondane [k dane] kon-da-ne v.tr. to condemn. kondanasyon n. : condemnation. ***kondane*** yon moun a mò : to sentence s.o to death. Yo ***kondane*** li a mò : he is sentenced to death. Apre jijman an, jij la ***kondane*** yo pou trantan prizon : they are sentenced to thirty years in prison after the trial.
kondi [k di] kon-di v.tr. to drive (car / machin). Ou konn ***kondi***? : do you know how to drive? 2. to lead, to conduct. s: dirije, mennen. ***kondi*** yon avèg : to lead a blind person. Ti gason an ap ***kondi*** avèg la : the boy is leading the blind. 3. to accompany, to go with. s: akonpaye, ale ak. ***Kondi*** m mete nan kafou a (kre). Kòmandan an fè de sòlda ***kondi*** yo. (kre)
konekte [konekte] ko-nek-te v.tr. to connect. s: ploge. || dekonekte, deploge. koneksyon n. : connection
kònen [k n] ko-nen v.tr/int. to honk (boat / bato). 2. to buzz (ears / zòrèy). Poukisa zòrèy mwen ap ***kònen*** konsa? (kre). Nou tande batiman an ***kònen***. (kre)
konèt [konet] ko-net v.tr. to know (s.o). s: konnen. Ou ***konèt*** li? : do you know him?
konfese [k fese] kon-fe-se v.int. to confess one's sins. konfesyon n. : confession. Si ou ***konfese*** peche ou, ou va jwenn padon. (kre)
konfime [kõfime] kon-fi-me v.tr. to confirm
konfòme [k f me] kon-fò-me v.tr. to conform. Bon sitwayen toujou ***konfòme*** yo a lalwa. (kre)
konfonn [k f n] kon-fonn v.tr.to confuse; to mistake. Yo ***konfonn*** li ak sè l la : they take her for her sister. konfizyon n. : confusion. Pa gen konfizyon : there is no confusion.
konfwonte [k fr te] kon-fwon-te v.tr. to confront, to stand face to face. s: fè fas ak. Lap ***konfwonte*** anpil pwoblèm kounyeya. (kre). konfwontasyon n. : confrontation
konfye [k fje] kon-fye v.tr. to trust (s.o), to put one's trust in (s.o). s: mete konfyans nan yon moun, fè yon moun konfyans. konfyans n. : trust
konjige [kõ ige] kon-ji-ge v.tr. to conjugate. s: fè yon konjigezon. ***konjige*** yon vèb : to conjugate a verb. konjigezon n. : conjugation

konkretize [k kretize] kon-kre-ti-ze v.tr. to put (question, idea) in concrete form

konn [k n] v.int. to be in the habit of. Yo te ***konn*** vini chak wikenn : they used to come every weekend. 2. to know (s.o, sth.). s: konnen. Ou ***konn*** repons lan? : do you know the answer? ***konn*** kijan : to know how

konnen [k n] kon-nen v.tr. to know (s.o, sth.). sh.f: **konn**. Li ***konnen*** leson an pa kè : she knows the lesson by heart. Li pa ***konnen*** ni *a* ni *b* nan koze a : he does not know anything about the matter. Tout moun fin ***konnen*** sekrè a : the secret sleeps out. Pèp la ***konnen*** vrè lidè yo : the people know the real leaders. ***konnen*** kijan : to know how

konpare [k pare] kon-pa-re v.tr. to compare. s: fè yon konparezon. ***konpare*** ak : to compare with. konparezon n. : comparison. Yo pa menm lè ou ***konpare*** yo : they are not the some when compared them.

konparèt [k par t] kon-pa-rèt v.int/n. to appear, to present oneself in court (nan tribinal). Yo gen pou yo ***konparèt*** nan tribinal : they have to appear in court. 2.

konparèt n. : coconut bread

konplete [k plete] kon-ple-te v.tr. to complete. konplè : complete. konplè (kostim) n. : suit

konplike [k plike] kon-pli-ke v.tr. to complicate. Li trè ***konplike*** : it is very complicated.

konplimante [k plimãte] kon-pli-man-te v.tr. to compliment, to congratulate. s: fè konpliman, felisite. konpliman n. : compliment; congratulation. Yo ***konplimante*** yo pou efò yo. (kre)

konplote [k plote] kon-plo-te v.int. to conspire, to plot. s: fè konplo (pou). konplo, konplotay n. : plot, conspiracy

konpòte [k p te] kon-pò-te v.tr. to behave. konpòtman n. : behavior. Yo ***konpòte*** yo trè byen : they behave well.

konpoze [k poze] v.tr/int. to mix (medicine / remèd, drink / bwason). Ak kisa bwason sa a ***konpoze***? (kre). 2. to take an exam (pran yon ekzamen. ***konpoze*** yon nimewo : to dial a number

konprann [k prãn] kon-prann v.tr. to understand. konpreyansyon n. : understanding. Mwen pa byen ***konprann*** : I don't get it. Ou ***konprann***? : do you understand? Non, mwen pa ***konprann*** : no, I don't understand. 2. to believe, to think (panse). Kisa yo ***konprann***? : what do they believe?

konsakre [k sakre] kon-sa-kre v.tr. to devote one's time to sth. Li ***konsakre*** vi li a Bondye : she dedicates her life to God.

konsanti [k sãti] kon-san-ti v.int. to consent; to agree. s: dakò. Li ***konsanti*** ke li koupab : he agrees that he is guilty. konsantman n. : constantly

konsène [k sene] kon-sè-ne v.tr. to regard; to concern. konsènan, anskikonsèn : concerning, about. Mennaj li ***konsène*** l anpil : she is showing a great concern for her boyfriend. Se pa bagay ki ***kon*****sène** ou! : that's not your business!

konsève [k seve] kon-sè-ve v.tr. to preserve. ***Konsève*** yo lè ou bezwen pou jwenn. (kre)

konseye [k seje] kon-se-ye v.tr. to advise. s: bay konsèy. | | dekonseye. konsèy n. : advice. konseyè n. : adviser. Kisa li ***konseye*** ou fè? : what does she advise you to do?

konsidere [k sidere] kon-si-de-re v.tr. to consider, to regard. konsiderasyon n. :

consideration. an konsiderasyon : in consideration

konsilte [k silte] kon-sil-te v.tr. to consult. 2. to have a check up (med.). s: fè yon konsiltasyon (med.). Li pa santi l byen; li pral ***konsilte*** yon medsen : she does not feel well; she is going to see a doctor. 3. to ascultate (ak sonn). konsiltasyon (med.) n. : check up

konsole [k sole] kon-so-le v.tr. to console. s: bay konsolasyon; jwenn konsolasyon, rekonfòte. konsolasyon n. : confort, consolation

konstate [k state] kons-ta-te v.tr. to verify (fact / fè). s: fè yon konsta. Yo voye chache jijdepè pou vin ***konstate*** krim nan (kre). konsta n. : certified report

konstipe [k stipe] kons-ti-pe v.tr. to constipate; to be constipated (att). Manje a ***konstipe*** li. (kre). Li ***konstipe***. (kre). konstipasyon n. : constipation

konstwi [k stwi] v.tr. to construct, to build. s: bati. konstriksyon n. : construct ion. Yap ***konstwi*** yon kay : they are building a house.

kontakte [k takte] v.tr. to contact, to get in touch with. s: antre an kontak ak, pran kontak ak. kontak n. : contact. Mwen pat fouti antre an kontak ak ou : I could not get in touch with you at all. Mwen pral ***kontakte*** ou demen : I am going to get in touch with you tomorrow. Na kenbe kontak : we will keep in touch.

kontamine [k tamine] kon-ta-mi-ne v.tr. to contaminate; to be contaminated (att). Dlo a ***kontamine*** : the water is contaminated.

kontanple [k tãple] kon-tan-ple v.tr. to contemplate. Lap ***kontanple*** bote l nan glas la. (kre). Anpil powèt renmen ***kontanple*** bote lanati. (kre)

kontante [k tãte] kon-tan-te v.tr. to satisfy (with); to be satisfied (with). s: rasazye, satisfè, satilfè. kontan : to be happy. ***kontante*** ak sa ou genyen : be happy with your lot. Sa ou genyen ou kontan konsa? : why are you so happy? Li pa kontan di tou : she is not happy at all. kontantman, lakontantman n. : happiness

konte [k te] kon-te v.tr. to count. Mwen ***konte*** sou ou : I count on you. Ou ***konte*** tou? : do you think that you are among the important ones?. ***konte*** de dis a ven : to count from ten to twenty; count from ten to twenty. 2. to include (enkli). Li ***konte*** tou : it is also included. kont n. : account. kont (sifi) : enough. kont (istwa) n. : story; riddle. kont (pale anpil, tire pye) n. : argument. kont prep. : against. Li kont : that's enough. Li gen yon kont nan bank sa a : she has an account with this bank. Yo gen kont ak li : they have an argument with him. Nou pa genyen anyen kont yo : we don't have anything against them. pou kont mwen (pou kò mwen) : by myself. pou kont yo (pou kò yo) : by themselves

kontinye [k tinje] kon-ti-nye v.tr. to continue, to go on. Ou mèt ***kontinye*** : you may go on. ***kontinye*** toudwa : go straight ahead. Bri a ***kontinye*** : the noise lingers on.

kontrarye [k trarje] kon-tra-rye v.tr. to vex, to upset. 2. to disturb. 3. to be disappointed. kontraryete n. : disturbance; disappointment. Pa vin ***kontrarye*** mwen! : do not disturb me! . Li ***kontrarye*** : he is disappointed.

kontre [k tre] kon-tre v.tr. to meet, to encounter. s: rankontre, jwenn (ak). rankont n. : meeting. Yo ***kontre*** nan chemen an : they meet each other on the road.

kontredi [k tredi] kon-tre-di v.tr. to contradict. s: dedi, demanti. Chak manti li bay, yo ***kontredi*** li (kre).

kontrekare [k trekare] kon-tre-kare v.tr. to oppose, to thwart (s.o). Li poko jwenn yon moun ki pou ***kontrekare*** l. (kre). Se sèl kòk kalite a ki te ka ***kontrekare*** pentad la. (kre)

kontwole [k twole] kon-two-le v.tr. to control. 2. to supervise (sipèvize), to oversee. 3. to verify (verifye), to check (tyeke). Kliyan ap achte machandiz epi misye pa ka ***kontwole***. (kre). Kote sipèvizè kap ***kontwole*** travay la? : where is the supervisor who is overseeing the work?. Lap kòmande epi lap ***kontwole*** : he commands and controls. Pèseptè a pral ***kontwole*** machandiz yo : the tax collector is going to check the goods. kontwòl n. : control. kontrolè n. : supervisor; inspector; overseer

konvèti [kõveti] kon-vè-ti v.tr/int. to convert. s: chanje. 2. to convert; to be converted to (religion / relijyon). s: repanti; janbe nan lòt relijyon. konvèsyon n. : conversion. Li ***konvèti***. (kre). Yo ***konvèti*** l. (kre)

konvoke [k voke] kon-vo-ke v.tr. to summon (to court). Sena a tap eseye konvoke premye minis lan. (kre)

konvwate [k vwate] kon-vwa-te v.tr. to desire, to lust after (s.o, sth.). konvwatiz n. : lust, coverteousness

koopere [koopere] ko-o-pe-re v.int. to cooperate, to work together. s: travay ansanm, travay nan tèt ansanm. kooperasyon n. : cooperation. fòk nou ***koopere*** pou nou ka rive. (kre)

kopye [kopje] ko-pye v.tr. to copy. s: fotokopye, fè diplikata (yon bagay). 2. to copy from (cheat). s: ***kopye*** sou, pran poul. Li tap ***kopye*** nan ekzamen an : he was cheating in the exam. kopi, fotokopi n. : copy.

kore [kore] v.tr. to hold in place. ***Kore*** machin nan ak yon blòk pou li pa glise. (kre). 2. to support (sipòte, bay sipò, bay jarèt). Prezidan di pou mesye yo ***kore*** dam yo (kre). Manje a ***kore*** l pou tout jounen an. (kre). Li santi l ***kore*** lè li fin manje (kre). Yo ***kore*** kay la ak kèk bon poto pou li pa tonbe. (kre).

koresponn [koresp n] ko-res-ponn v.tr. to correspond (to). 2. to match, to rival. s: matye (ak). . Yo pa ***koresponn*** : they don't match. 3. to confront s.o (regle ak yon moun). Mwen pral ***koresponn*** ak misye. (kre). korespo ndans n. : correspondence

korije [kori e] ko-ri-je v.tr/int. to correct. koreksyon n. : correction. ***korije*** yon ekzamen : to correct an exam. Pwofesè a ap ***korije*** ekzamen yo : the teacher is correcting the exams. 2. to break from a habit (kite yon abitid). Misye ***korije*** kounyeya; li konpòte l an moun de byen. (kre)

kostime [kostime] kos-ti-me to wear a suit. s: vèste. kostim n. : suit. Li ***kostime*** pou l ale nan maryaj la : he wears a suit to go to the wedding.

koube [kube] kou-be v.tr/int. to bend. s: koubi; ploye, pliye, plwaye, benn. koub n. : curve. Pa ***koube*** l : don't bend it. Misye ***koube***; li pa ka mache dwat. (kre). kase yon koub : to turn a corner, to make a turn. ***koube*** devan : to bow. koub n : curve

koubi [kubi] kou-bi v.tr. to bend. s: koube, ploye, plwaye, benn

kouche [kuʃe] kou-che v.tr/int. to make love (to / fè lanmou, bagay ak). 2. to go to bed with (***kouche*** ak). 3. to go to bed (al dòmi). A ki lè ou al ***kouche***? : what time do you go to bed?. Mwen al ***kouche*** a onzè : I go to bed at eleven. Yo al ***kouche*** bonè : they go to bed early. Yal ***kouche*** ak poul; yo leve ak pou l : they go bed early and get up early. 4. to lie down (alonje, ***kouche*** tou long). Pyebwa a ***kouche*** nan chemen an : the tree lays across the road. 5. to put to bed. Mete (yon moun) ***kouche*** : to put (s.o) to bed.

koud [kud] v.tr. to sew (cloth / rad). || dekoud. Tayè a ap koud yon chemiz. (kre). kouti n. : sewing, seam. koutiryè n. : dressmaker. 2. to stitch (med.). Yo ***koud*** kote li blese a. (kre)

koule [kule] kou-le v.tr/int. to flow. 2. to leak (pa gout). Gen yon dlo kap ***koule*** la a : there is a water leaking here. 3. to sink (boat / bato). Bato a ap ***koule*** : the boat is sinking. Yo ***koule*** bato a : they sink the boat. 4. to flank, to fail (exam). Yo ***koule*** nan ekzamen an : they fail the exam. Profesè a ***koule*** yo : the teacher failed them. ***koule*** beton : to pour concrete. ***koule*** tèt : to pour water on one's head

koupe [kupe] kou-pe v.tr/int/n. to cut. s: taye. ***Koupe*** l ak sizo a : cut it with the scissors. ***Koupe*** l an de : cut it in halves. Pa ***koupe*** l : don't cut it. 2. to make love (to), to have sexual relations (with) . 3. **koupe** n. : making love. 4. to be sharp (tool / an palan de zouti ki file). || dekoupe. Kouto sa a ***koupe*** anpil : this knife is very sharp. 4. to interrupt, to cut off. s: dekoupe. ***koupe*** pawòl nan bouch yon moun : to interrupt someone (while talking). 5. to dilute, to cut. s: dekoupe. Yo ***koupe*** penti a : they dilute the paint. 6. to cut (card / jwèt kat). Ou ***koupe***, pran yon zèl (kat). Se ***koupe*** dwèt! : its fingers linking good! ***koupe*** pye yon kote : to stop going to a place, to never again set foot (somewhere). Lontan, yo te konn vin la a souvan ; kounyeya, yo ***koupe*** pye. (kre). ***koupe*** tèt : to behead

koupi [kupi] ku-pi v.int. to crouch, to squat (down). s: akoupi

kouri [kuri] kou-ri v.int. to run. Yap ***kouri*** : they are running. Ann ***kouri***! : let's run! ***Kouri***! ***Kouri*** ! : run (hurry up)! kous n. : race. 2. to rush (prese), to hurry . Yo ***kouri*** vin ede li : they rush to her aid. Pran san ou; pa ***kouri*** : take your time; don't rush. 3. to drive fast, to speed. Li renmen ***kouri*** machin : he likes speeding. 4. to flow (water / dlo)

koute [kute] kou-te v.tr. to listen (to). s: tande. ***Koute*** byen : listen carefully. 2. to cost. s: vo. Konbyen li ***koute***? : how much does it cost? pri n. : cost

kouve [kuve] kou-ve v.tr. to warm eggs; to brood (hatch). Poul la ap ***kouve***. (kre)

kouvri [kuvri] kou-vri v.tr. to cover. Li ***kouvri*** kò l ak dra a : he covers himself with the sheet. || dekouvri. 2. to fill up (whole / bouche twou). s: konble. Yap ***kouvri*** twou a ak menm tè a. (kre). 3. to mate (an palan de bèt). Kòk la ***kouvri*** tout poulèt yo. (kre)

kouwapre [kuwapre] kou-wa-pre v.tr. to reprimand. var: kwapre. ***kouwapre*** yon moun : to reprimand someone

kowonpi [kor pi] ko-won-pi v.tr. to corrupt (morals), to corrupt (s.o); to become corrupted. Se yon ti moun ki ***kowonpi*** : that's a corrupted child. koripsyon n. : corruption

koze [koze] ko-ze v.tr/n. to chat, to talk. 2. **koze** n. : chat. ***Koze*** mande chita. (prov.). Se pa ***koze*** ki gade ou! : that's not your business!

krabinen [krabin] kra-bi-nen v.tr. to smash (beat). Toto sot ***krabinen*** Wobè anba kou. (kre)

krache [kraʃe] kra-che v.tr/n. to spit. 2. **krache** n. : saliva. Pa ***krache*** atè a : do not spit on the floor. ***krache*** san : to spit blood. anvan ***krache*** sèk : quickly. yon ti ***krache*** (yon ti kras) : a tiny bit

krake [krake] kra-ke v.tr. to crack. Gen yon bagay kap ***krake*** : something is cracking. krak! krak! (ono.). ti krik ti krak (pou ti krik ti krak)... : for anything... Ti krik ti krak (pou nenpòt ti bagay), li rele : she cries for anything.

krankannen [krãkãn] kran-kan-nen v.int. to burn to the steak (boule nèt, boule fè krankan, tounen lasini). Patat la ***krankannen*** nan dife a. (kre). Kay la ***krankannen***; pa rete anyen ladan l. (kre)

kraponnen [krap n] v.tr. to intimidate, to frighten, to threaten. var: kaponnen. 2. to fool (s.o). Pa kite yo ***kraponnen*** ou : do not let them fool you. pran nan kraponnay : to get deceived. kraponnay n. : intimidation

kraze [kraze] kra-ze v.tr/int/n. to smash. Li ***kraze*** vit la : he smashed the glass. Vit la fele; pa manyen l pou l pa ***kraze***. (kre). 2. to crush, to run over. yon machin ***kraze*** chat la : a car run over the cat. 3. to smash (beat / anba baton). 4. to make love (to). 5. to demolish (demoli). Yap ***kraze*** kay la jodiya (kre). 6. to exhaust; to be very tired (fatige anpil). s: mouri ak fatig, epize. Li tèlman travay, kò l ***kraze***. (kre). 7. to chew. s: mache, machinen. ***Kraze*** manje a anvan ou vale l : chew the food before swallowing it. 8. **kraze** (yon ti kras kòb) n. : a small amount of money. Lap travay pou yon ti ***kraze***. (kre)

krenn [kr n] v.int. to fear, to be afraid of (sth.). s: pè. Pa ***krenn*** anyen! : don't be afraid of anything! krent, lakrent n. : fear, dread

krepi [krepi] kre-pi v.tr. to roughcast (wall / mi). Mason an ap ***krepi*** mi an. (kre). krepisay n. : roughcasting

kreve [kreve] kre-ve v.tr. to puncture. Klou a ***kreve*** kawotchou a. (kre). 2. kreve : cooked (food / manje). Pwa a ***kreve***; ou mèt mete diri a. (kre). 2. to deflower (pran vijinite; pèdi)

kreye [kreje] kre-ye v.tr. to create; to invent (envante). s: fè. Bondye ***kreye*** syèl la ak tè : God created heaven and earth. kreyasyon (lakreyasyon) n. : creation. kreyati (lakreyati) n. : creature. Si ou ka detwi, fòk ou ka ***kreye*** : if you can destroy, you should be able to create. Li ***kreye*** yon non : he invented a name.

krible [krible] kri-ble v.tr. to riddle (s.o with bullets / yon moun ak bal). s: blende, mitraye

krisifye [krisifje] kri-si-fye v.tr. to crucify. s: kloure (yon moun) sou yon kwa. Yo te ***krisifye*** Jezi: Jesus was nailed on a cross. kwa n. : cross; burden. krisifi n. : crucifix

kritike [kritike] kri-ti-ke v.tr. to criticize. kritik n. : critic. ***kritike*** yon moun : to criticise someone

kriye [krije] kri-ye v.int/n. to cry. Sa pitit la genyen lap ***kriye*** konsa? : why is the baby crying? kriyadò n. : one who cries easily. Glann lakrimojèn li lach se sak fè l ***kriye*** pou ti krik ti krak (kre). 2. **kriye** (kri) n. : cry. Mwen tande yon kriye : I hear a cry. kri (sak kwit) : raw

kwape [kwape] kwa-pe v.tr. to rebuff, to repel, to shun. var: kouwapre. Li te vin ap pran pòz konnesè li epi yo ***kwape*** l. (kre)

kwaze [kwaze] kwa-ze v.tr. to cross. ***Kwaze*** bra ou : cross your arms. 2. to intersect (entèsekte, koupe). De wout yo ***kwaze*** : the two roads intersect. kwazman n. : crossing. 3. to meet (rankontre, jwenn ak). ***kwaze*** ak yon moun : to meet someone. Yo ***kwaze*** sou wout la : they meet each other on the road.

kwè [kwe] v.tr. to believe. ***kwè*** nan Bondye : to believe in God; believe in God. Si ou vle ***kwè*** m, ***kwè*** m : believe it or not. Granmoun pa ***kwè*** nan Tontonnwèl : Adults don't believe in Santa Claus. 2. to believe (think). s: panse. Nou pa ***kwè*** yap vin demen : we don't believe they are coming tomorrow. Mwen ***kwè*** sa : I think so.

kwense [kw se] kwen-se v.tr. to squeeze. Avanse; ou ***kwense*** mwen (kre). 2. to corner (sentre yon moun, sere boulon yon moun). 3. to corner (bare). Yo ***kwense*** rat la. (kre). kwen n. : corner

kwit [kwit] v.tr. to cook. ***kwit*** manje : to cook food. Ou konn ***kwit*** manje? : do you know how to cook? Manje a ***kwit*** : the food is cooked.

kwòche [kr ʃe] kwò-che v.tr. to skin (animal /bèt), to flay, to butcher. var. : kòche

kwoke [kroke] kwo-ke v.tr. to hook, to hang. s: pann; pandye. || dekwoke. kwòk n. : hook. Gade kote yo ***kwoke*** mayi yo! (kre). Li di li pa gen sèso pou l ***kwoke*** ou (kre). Men yon sèso pou ***kwoke*** chemiz la. (kre). Zen an ***kwoke*** nan gòj pwason an (kre). 2. to embrace, to hug. s: ambrase, bay yon akolad. Youn ***kwoke*** lòt nan ayewopò : they hug each other at the airport. 3. to make love (to). ***kwoke*** nan kòsay yon moun : to hang with s.o, to associate with someone. ***kwoke*** chòt yon moun : to oppose (s.o / kontrekare yon moun); to catch s.o with a difficult question (kole yon moun ak yon kesyon)

L

lage [lage] la-ge v.tr. to untie. s: demare. || mare. ***lage*** yon ne : to untie a knot. ***lage*** yon kòd : to untie a rope. 2. to let go, to liberate, to free. s: libere, delibere, kite ale. || kenbe; anprizone, mete nan prizon. ***Lage*** m! : let me go!. Yo pral ***lage*** prizonye yo : they are going to free the prisoners. 3. to drop. Pa ***lage*** l! : don't drop it! ***Lage*** l; map atrap li : drop it; I am catching it. ***lage*** bonm : to drop bombs. Ki kote pou mwen ***lage*** ou? : where should I drop you?. 4. to be over, to finish. Lekòl ***lage*** bonè jodiya : school is over early today. Lekòl ***lage*** : school is over. Lekòl ***lage*** (sa fini) : it's over now. A ki lè ou ***lage*** nan travay : what time do you finish working? 5. to loaf (vagabonde, tonbe nan vagabonday). Manpzèl ***lage*** kounyeya; lap antre lakay li byen ta. (kre). ***lage*** de gidon dèyè yon moun : to harass someone. Li ***lage*** de gidon dèyè ti dam nan e manpzèl pa renmen misye. (kre)

laji [laßi] la-ji v.tr. to widen, to make wider. s: elaji, fè yon bagay vin pi laj. || fèmen. Yap ***laji*** wout la ; li twò etwat. (Kre). laj : wide. lajè n. : width. Sa ou pèdi nan longè, ou tire l nan lajè. (kre). Ki lajè li ye? : how wide is it?

lakoz [lakoz] la-koz v.tr. to cause. s: koze. Sak ***lakoz*** sa? : what causes it?

lanbe [lãbe] lan-be v.tr. to lick. s: niche. Chavire chodyè yo pou chen pa ***lanbe*** yo. (kre). lang (ògàn) n. : tongue. lang (pale) n. : language.

lanse [lãse] lan-se v.tr. to abduct (kidnape). Yap ***lanse*** moun nan zòn sa a leswa. (kre). 2. to throb (bay elan). Li santi tèt li ap ***lanse*** tèlman li fè l mal. (kre). lans n. : handle. lans n. : casting.

lapide [lapide] la-pi-de v.tr. to stone. s: kalonnen (ak wòch, anba wòch, ak kout wòch).

lapriyè [laprije] la-pri-yè v.int/n. to pray. s: priye. Yo mete ajenou pou yo ***lapriyè*** :

they kneel down to pray. 2. **Lapriyè** (priyè) n. : prayer. ***Lapriyè*** chanje tout bagay. (kre)

lase [lase] la-se v.tr. to lace. s: mare yon lasèt. || delase. lasèt n. : lace. ***Lase*** soulye ou : lace your shoes.

lave [lave] la-ve. v.tr. to wash. lesiv, al fè lesiv). : to go to the laundry. Yap ***lave*** machin nan : they are washing the car. Ou te ***lave*** li? : did you wash it?. 2. to insult (ensilte, ***lave*** ak joure). Yo ***lave*** yo : they insult them.

lave-pase [lavepase] la-ve-pa-se v.int. to wash and iron. Ti fi ki pa konn ***lave- pase***, chita kay manman ou. (kre)

laye [laje] la-ye v.tr/n. to winnow. s: vannen. 2. ***laye*** (bichèt) n. : winnowing tray. Lè yap ***laye*** pitimi, tout poul yo pwoche pre li. (kre)

layite [lajite] la-yi-te v.tr. to display. s: etale. Gade jan li ***layite*** kò l. (kre)

legalize [legalize] le-ga-li-ze v.tr. to legalize. s: rann (yon bagay) legal. legal : legal. lwa, lalwa n. : law. lwa (vodou) : god, spirit

lemante [lemãte] le-man-te v.tr. to magnetize. leman. n. : magnet. Leman ***lemante*** fè : magnet attracts iron.

lese [lese] le-se v.tr. to let; to leave. : kite. ***Lese*** m trankil! : leave me alone! ***Lese*** m wè li! : let me see it! Yo apèn ***lese*** : they have just left. lesepase (pèmi) n. : permit

leve [leve] le-ve v.tr/int. to get up. || kouche. A kilè ou ***leve*** chak maten? : what time do you get up every morning? 2. to stand up (***leve***-kanpe), to rise. ***Leve***! : stand up! ***leve***-kanpe (gwoup)! : please rise! Solèy la ap ***leve*** : the sun is rising. Ya ***leve*** : they shall rise. 3. to raise. || bese. ***Leve*** men ou! : raise your hand! 4. to lift, to pick (up). || mete atè. ***Leve*** pye ou! : lift up your foot! ***Leve*** pye ou (prese)! : hurry up! Li twò lou; nou pa ka ***leve*** l : it is too heavy; we can't lift it up. ***leve*** fè : to lift weight. s: bat fè. 5. to bring up (child / ti moun), to raise. s: elve. Li ***leve*** ka Tounad : he was brought up in Tounad. 6. to raise from death (resisite). || mouri. Jezikri te ***leve***; li al nan syèl. (kre)

li [li] v.tr. to read. Lap ***li*** yon woman : she is reading a novel. ***Li*** panse yon moun : to read someone's mind. ***li*** yon liv : to read a book. aprann ***li***, ekri : to learn how to read and write. 2. **li** (pwonon) : he, she, it; him, her, it; his, her, its

libere [libere] li-be-re v.tr. to liberate, to free. s: delibere, lage. || fèmen, anprizone. libète n. : freedom. liberasyon n. : liberation

likide [likide] li-ki-de v.tr. to liquidate. s: vann a ba pri. likidasyon n. : sale. Yap ***likide*** machandiz sa yo. (kre). Gen yon likidasyon : there is a sale.

limen [lim] li-men v.tr. to light up, to switch on, to turn on (light, switch). || tiye, touye, etenn. ***Limen*** limyè a : turn on the light. limyè n. : light. limyè (anpoul) n. : light bulb

liminen [limin] li-mi-nen v.int. to light a candle and pray. Lap ***liminen*** nan pye yon sen. (kre)

limite [limite] li-mi-te v.tr. to limit. limit, limitasyon n. : limit

lise [lise] li-se v.tr/n. to. smooth (out). Wout la ***lise***; wap kouri sou li epi ou pa pran okenn chòck. (kre). Li sot ***lise*** cheve l. (kre). lis n. : list. 2. **lise**. secondary school, public High School. Jeremi ak Solini te elèv ***Lise*** Petyon. (kre)

listre [listre] lis-tre v.tr. to shine (polish). s; klere, sire. Chany lan sot ***listre*** bòt yo. (kre)

lite [lite] li-te v.int. to fight. s: batay, goumen. lit n. : fight; wrestling. litè n. : wrestler. Men de ti mesye ap ***lite***! : two boys are fighting! 2. to persevere. s: pèsevere, kenbe. 3. to struggle. s: batay, goumen (abs.). Yap ***lite*** pou demokrasi : they are fighting for democracy. ***lite*** kont : to fight, to struggle against. ***lite*** kont yon maladi : to fight a disease.

livre [livre] li-vre v.tr. to hand over, to deliver (s.o). Yo ***livre*** misye bay lapolis. (kre)

liyen [lij] li-yen v.tr. to give free rein. s: bay (yon moun) fil, lolo (yon moun). Pa okipe bouch dous la; se ***liyen*** lap ***liyen*** ou. (kre). 2. to pursue, to go after. Detektif la tap ***liyen*** misye depi lontan. (kre). 3. to tie (mare). Li ***liyen*** pake a byen ***liyen*** ak fisèl. (kre)

lobe [lobe] lo-be v.int. to play (in water with the hands). Tande ***lobe*** ti moun yo nan larivyè a. (kre). Li fè dlo a fè yon gwo bri lè lap ***lobe***. (kre)

lokalize [lokalize] lo-ka-li-ze v.tr. to locate, to localize; to be located, to be localized (att.). s: sitiye. ***lokalize*** yon andwa : to locate a place. Yap eseye ***lokalize*** andwa a : they are trying to locate the place. lokalite n. : local; place

lolo [lolo] lo-lo v.tr. to give a free rein. s: liyen, bay (yon moun) fil. 2. to try to pull someone's leg. s: eseye blofe yon moun. Li panse l ta ka ***lolo*** yo pou yo vote pou li; yo pran kòb la epi yo pa vote l. (kre). Se ***lolo*** m tap ***lolo*** ou. (kre)

lonje [l e] lon-je v.tr. to lengthen. along n. : extention (of rope, cord). Yap bezwen ***lonje*** kòd la; li twò kout. (kre). 2. to stretch out, to hold out. || ratresi. Gade jan cheve l ***lonje***! 3. to reach out; to stretch out, to hold out. ***Lonje*** men ou pran sa a pou mwen souple. (kre)

lonmen [l m] lon-men v.tr. to nominate. var: nonmen, nome. nominasyon n. : nomination. Prezidan an ***lonmen*** premye minis lan. (kre)

lonnen [l n] lo-nen v.tr. to measure (by ell, in 45 inches). Sovè ***lonnen*** twal la anvan l vann li. (kre) lonn n. : ell (measure / mezi)

lote [lote] lo-te v.tr. to divide up, to parcel out. Machann nan ***lote*** mango yo. (kre). lo n. : pile, a little pile

louvri [luvri] lou-vri v.tr. to open. var: ouvri, ouvè. || fèmen. ***Ouvè*** pòt la souple! : open the door please! Pa ***louvri*** l! : don't open it!

lwanje [lwã e] lwan-je v.tr. to praise. lwanj n. : praise

lwe [lwe] v.tr. to rent. Kay pou ***lwe*** : house for rent. Ki kote mwen ka ***lwe*** yon machin? : where can I rent a car? lwaye, lweyay n. n. : rent, renting. peye lwaye : to pay rent. konbyen ou peye lwaye? : how much do you pay for rent? ***lwe*** yon kay : to rent a house. Yap ***lwe*** li : it is for rent. Yap ***lwe*** li? : are they renting it? Konbyen yap ***lwe*** li? : how much are they renting it?

M

mabouya [mabuja] ma-bou-ya v.tr/n. to swing one's hips. Li renmen ***mabouya*** kò l lè lap mache. (kre). 2. to move (fè mouvman). 3. **mabouya** (animal) n. : lizard. Gade gwosè yon ***mabouya***! : what a lizard!

machande [maʃãde] ma-chan-de v.int. to bargain, to haggle. s: fè pri, fè jis pri yon machandiz. machann n. : seller, vendor. machandiz n. : merchandise, good. Machandiz ofri pa gen valè. (prov.). Li achte l san *machande*. (kre)

mache [maʃe] ma-che v.tr/int/n. to chew. s: machinen, kraze anba dan, moulen. Lap *mache* yon chiklèt. (kre). 2. to walk. Yap *mache* : they are walking. Fè yon *mache* : to take a walk, to go for a walk. fè yon *mache* (pale anpil, fè bri) : to talk loudly (group of people). 3. to work (mec.), to function. s: fonksyone, travay. Li pa *mache* : it does not work. Li *mache* kounyeya : it works now. 4. to succeed, to work out. Biznis lan ap *mache* trè byen. (kre). Kòman sa ap *mache*? : how is it working out? Sa pap *mache* : it won't work out. 5. to stroll. : pwonmennen, flannen. *mache*-di, *mache*-rakonte : to spread out word, to go around saying. Pa *mache*-di sa! : don't spread it out! keep it a secret! Yo *mache* di sa tout kote : they spread out the word. 6. **mache** n. : market. Bandi yo boule *mache* Salomon. (kre). Ann al nan *mache*! : let's go to the market place! 7. **mache** (bri) n. : noise (group of people talking loudly). Poukisa tout *mache* sa a? Why so much noise?

machinen [maʃin] ma-chi-nen v.tr. to chew. s: mache, kraze anba dan, moulen. *machinen* chiklèt : to chew gum. Yo renmen *machinen* chiklèt : they like chewing gum. machin n. : machine, machin (oto) n. : car

madichonnen [madiʃ n] ma-di-chon-nen v.tr. to curse. s: bay madichon, malediksyonnen. madichon n. : curse. Chat renmen *madichonnen* chen. (kre)

makakre [makakre] ma-ka-kre v.tr. to beat (s.o). s: kraze (yon moun) anba makak, bastonnen, bat (yon moun) byen bat, maspinen. kokomakak n. : club (stick). makak (animal) n. : monkey. Yo *makakre* prizonye yo. (kre)

make [make] ma-ke v.tr. to mark, to check (tyeke). *make* yon kaye : to mark a notebook; to write in a notebook. Pa *make* sa a! : don't check this one! 2. to write down (ekri). *Make* nimewo a : write down the number. *Make* l! : write it down! *Make* sa m di a (pa bliye sa m di a) : keep it in mind! makè n. : marker.

makiye [makije] ma-ki-ye v.tr. to wear make up, to put make up on one's face. | | demakiye. makiyaj n. : make up. Li pran yon bann tan pou l *makiye*. (kre)

makònen [mak n] ma-kò-nen v.tr/int. to tie together. s: mare ansanm, fè yon makòn. | | demakònen. Yo *makònen* sosis yo ansanm. (kre). Leyons fin *makònen* mayi yo. (kre). 2. to tangle. | | demakònen. makòn n. : bunch, a bunch of. Kabrit yo *makònen* youn ak lòt; se pou koupe kòd yo pou ka demakònen yo. (kre). makòn n. : bunch, a bunch of

malediksyonen [malediksj n] ma-le-dik-syon-nen v.tr. to curse. s: lage malediksyon sou, madichonnen. malediksyon n. : curse

malentèprete [mal teprete] mal-en-tè-pre-te v.tr. to misinterprete. s: pa entèprete (yon bagay) byen, fè yon move entèpretasyon. Ou *malentèprete* liv la : you misinterprete the book. malentèpretasyon n. : misinterpretation

maljije [mal i e] mal-ji-je v.tr. to misjudge. *maljije* yon moun : to misjudge someone

malkonprann [malk prãn] mal-kon-prann. v.tr. to misunderstand. s: pa byen konprann (yon bagay). *malkonprann* yon bagay : to misunderstand something. Ou *malkonprann* sa m sot di a : you misunderstand what I have said. malkonpreyansyon n. : misunderstanding

malkontwole [malk trole] mal-kon-two-le v.tr. to miscount. s: fè yon move kontwòl. Ou *malkontwole* lajan an. (kre)

malmanje [malmã e] mal-man-je v.tr. to eat poorly. manje n. : food. Ou gen dwa manje vant plen chak jou epi ou *malmanje* paske ou ka pa manje sa ou dwe manje. (kre)

malmennen [malm n] mal-men-nen v.tr. to mistreat. s: maltrete. Yo *malmennen* ti kòmè a, se erè paran l fè yo te mete l rete ak moun. (kre).

malpeye [malpeje] mal-pe-ye v.tr. to underpay. s: pa peye byen, pa peye anpil. Tout ouvriye yo ap plenyen paske yo *malpeye* yo nan faktori a. (kre)

malpwononse [malpron se] mal-pwo-non-se v.tr. to mispronounce. s: pwononse mal, pa pwononse byen. *malpwononse* yon non : to mispronounce a name. *malpwononse* yon mo : to mispronounce a word. pwononsiyasyon n. : pronunciation

maltrete [maltrete] mal-tre-te v.tr. to mistreat. s: malmennen, maspinen, pa trete byen. Mwen panse yo tap pran swen l epoutan se *maltrete* yo tap *maltrete* l. (kre). 2. to torture. s: tòtire, matirize, britalize.

malvize [malvize] mal-vi-ze v.tr. to aim poorly. Chasè a *malvize* pentad la se sak fè l pa pran l. (kre)

mamonnen [mam n] ma-mon-nen v.int. to mumble. s: manmòte, pale nan dan, manje mo. Li pa ka pale byen; se *manmòte* lap manmòte. (kre)

manche [mãʃe] man-che v.tr. to mount a handle (for tools). s: monte yon manch (pou zouti). || demanche. manch n. : handle. Li fin *manche* kouto a; ou mèt sèvi ak li kounyeya. (kre)

mandate [mãdate] man-da-te v.tr. to commission. s: gen yon manda, otorizasyon pou fè yon bagay. 2. to empower, to authorize. s: gen pouvwa pou, otorize pou. manda n. : commission. manda n. : warrant (for arrest / pou arete moun, pou prezante nan tribinal). san manda : unauthorized. Prezidan konstitisyonèl la *mandate* pou l gouvène peyi a pandan senk ane. (kre)

mande [mãde] man-de v.tr/int. to ask. *Mande* yo; mwen pa konnen : ask them; I don't know. *Mande* wa jwenn : ask and you will receive. *Mande* Bondye padon! (bliye sa!) : no way! forget it! demann n. : request. 2. to wander (*mande* dekiprevyen). Map *mande* poukisa : I wonder why. 3. to beg (for money, donation. mandyan n. : beggar. Pito ou *mande* pase ou vòlè. (kre). Pito ou travay pase ou *mande*. *mande* eskiz : to apologize. *mande* esplikasyon : to ask for explanation. *mande* Bondye limyè : to pray for guidance. *mande* padon : to beg for forgiveness. *mande* pèmisyon pou fè yon bagay : to ask permission to do something. *mande* plis : to ask for more. *mande* yon moun maryaj : to ask for someone in marriage. *mande* wout : to ask for direction. *mande* yon moun èd : to turn to someone's help. *mande* yon moun konsèy : to seek someone's advice, to consult someone. *mande* yon ogmantasyon : to ask for a raise

mangonmen [mãg m] man-gon-men v.tr/int. to complicate; to be complicated (att.). s: konplike. Li vin *mangonmen* pwoblèm nan : he complicates the issue. Se yon pwoblèm ki *mangonmen* : that's a complicated issue. yon pwoblèm ki *mangonmen* : a complicated issue. Sitiyasyon an *mangonmen* : the issue is complicated.

maniganse [manigãse] ma-ni-gan-se v.tr. to maneuver (in order to reach one's goal). s:

fè mannèv, manigans, magouy pou ka atenn yon bi. ***maniganse*** yon koudeta : to maneuver an overthrow, a coup.

manipile [manipile] ma-ni-pi-le vtr. to manipulate. s: fè (yon) manipilasyon. eseye kontwole yon moun endirèkteman . ***manipile*** yon moun : to manipulate someone. manipilasyon n. : manipulation. : Pèp la vin remake ke magouyè yo tap ***manipile*** l depi lontan. (kre)

manje [mã e] man-je v.tr/n. to eat. manjè n. : eater. ***manje*** a midi : to eat at noon time. ***manje*** aswè : to have supper. ***manje*** dan : to grind one's teeth. ***manje*** mang : not able to find anything to eat. ***manje*** maten (dejene) : to eat breakfast. ***manje*** mo : to mumble word. ***manje*** nan plizyè jaden : to eat at different places; to steal (vòlè). ***manje*** nan yon restoran : to eat at a restaurant. 2. **manje** n. : food. ***manje*** ou renmen se li ki gonfle ou. (prov.). ***manje*** ranje (poisonous food). ***manje*** vant deboutonnen, ***manje*** vant plen : to eat a lot. ***manje*** zong : to bite one's nails

manke [mãke] man-ke v.tr. to miss (rate). Yo ***manke*** bis la : they miss the bus. Yo ***manke*** sot tonbe : they almost fall down. 2. to lack (pa gen ase). ***manke*** esperyans : to lack experience. ***manke*** lajan, kòb : to lack money. ***manke*** konpetans : to lack ability. ***manke*** kouraj : to lack courage. ***manke*** poli-tès : to be impolite. ***manke*** yon fèy (pèdi yon fèy) : to have a screw lose. ***manke*** (yon moun) dega, respè : to insult someone, to disrespect someone

manmòte [mãm te] man-mò-te v.int. to mumble. var: mamòte. s: mamonnen, manje mo. Ou pa ka tande sa lap di a tèlman *lap* ***manmòte***. (kre)

mansyone [mãsjone] man-syo-ne v.tr. to mention. s: site. Yo te ***mansyone*** non ou : they have mentioned your name. ***mansyone*** yon bagay nan jounal : to mention sth. in the newspaper. ***mansyone*** non yon moun nan yon testaman : to mention someone's name in a will

manti [mãti] man-ti v.tr/n. to lie. s: bay ***manti***, di sak pa vre. Li bay ***manti*** anpil : he lies a lot. 2. **manti** (mantò) n. : lie. mantè (mantèz) n. : liar. Ou nan ***manti*** (wap bay ***manti***, ou ***manti***) : you are lying. Se pa ***manti*** : it is true. Se ***manti*** : it is not true. Twou ***manti*** pa fon. (prov.). bay yon moun ***manti*** : to lie to someone. ***manti*** kou sa kap pati : to lie alot. touye yon moun ak ***manti*** : to lie a lot to someone. Li sot touye m ak ***manti*** men m konnen se blofè li ye.

manyen [mãj] man-yen v.tr. to touch; to feel. s: touche. Pa manyen : don't touch. Pa ***manyen*** mwen! : don't touch me! 2. to harm (magic / pa pouvwa majik) . 3. to feel (by touching / tate, palpe). Pa ***manyen*** mwen! : don't touch me!

mare [mare] ma-re v.tr. to tie. || demare, delage, lage. ***Mare*** l sere : tie it hard. Li se yon moun ki ***mare*** anpil : he is not an active person. ***Mare*** koli a byen : tie up the package well. ***mare*** yon bèt : to tether an animal. ***mare*** yon vòlè : to bind a thief. ***mare*** min (fwonse sousi, ***mare*** sèt min) : to frown

Poukisa ou ***mare*** figi ou konsa? : why are you so mad?. Si ou anmègde misye, li ka ***mare*** ou; se marasa li ye. (kre)

marinen [marin] ma-ri-nen v.tr/int. to embrace, to hug. s: anbrase, bay yon akolad (ak yon moun). Yo ***marinen*** ansanm tèlman youn te kontan wè lòt (kre). 2. to encircle. s: viwonnen. Kabrit la ***marinen*** kò l nan pye sitwon an. (kre)

marye [marje] ma-rye v.tr/int. to marry. 2. to get married. Yo te plase anvan yo ***marye***. They were leaving together before they got married. Yap ***marye*** jodiya : they are getting married today. maryaj n. : marriage. maryaj biznis : bisnis marriage. fè maryaj damou : to marry for love. ***marye*** ak yon moun rich : to marry a rich person. ***marye*** ak yon vyewo : to marry an old man. ***marye*** devan pè, pastè : to marry in church (religious marriage). 3. to be linked together (antre youn nan lòt). 4. to match (matye).

masakre [masakre] ma-sa-kre v.tr. to massacre. 2. to slaughter, to kill (touye, tiye pa kantite). ***masakre*** anpil moun alafwa : to slaughter. 3. to beat (***masakre*** ak baton, anba baton, kraze anba baton).

mase [mase] ma-se v.tr. to massage. ***mase*** ak lwil : to massage with oil. s: bay masay, fè masay, rale (ak lwil). Vin ***mase*** janm lan pou li! (kre)

maske [maske] mas-ke v.tr. to wear a mask . s: pote yon mas, mete yon mas. || demaske. mas n. : mask. Fò ou ***maske*** pou antre nan bann nan. (kre). Tan an ***maske***. (kre)

masonnen [mas n] ma-son-nen v.tr. to mason. masonn n. : stucco. mason (bòs) n. : mason. mason (lòj) n. : free mason, free masonry. Yap kòmanse ***masonnen*** kay la lòt semèn. (kre).

maspinen [maspin] mas-pi-nen v.tr. to crush. 2. to beat (bat, kraze ak baton, anba baton). maspinay n. : beating. Li pa ka mache tèlman yo ***maspinen*** l nan prizon an. (kre)

mate [mate] ma-te v.tr. to bounce. ***mate*** yon boul : to bounce a ball. Pa ***mate*** boul la la a : don't bounce the ball in here.

matirize [matirize] ma-ti-ri-ze v.tr. to torture, to martyr. s: fè pase mati, maltrete, britalize. mati n. : torture, suffering. ***matirize*** yon moun (fè yon moun pase mati) : to torture someone

matrake [matrake] ma-tra-ke v.tr. to beat (club). s: kraze anba makak, kraze anba baton. Yo te konn ***matrake*** prizonye yo. (kre)

matye [matje] ma-tye v.tr. to match. s: koresponn. ***matye*** de bagay : to match two things. match (espò) n. : match. ***matye*** koulè : to match colors. Yo pa ***matye*** : they don't match.

mawon [mar] ma-won v.int. to evade. La polis ap chache l; li ***mawon***. (kre). 2. to play hookie (fè lekòl bisonyè). Yo voye l lekòl epi l ***mawon***. (kre). 3. ***mawon*** (koulè) : brown (color). 4. **mawon** (sovay): wild, savage (animal). chat ***mawon*** : wild cat

mawonnen [mar n] ma-won-nen v.tr. to hug, to embrace. 2. to tangle. s: antòtye, makònen. ||detòtye, demakònen

meble [meble] me-ble v.tr. to furnish. ***meble*** yon kay : to furnish a house. mèb n. : furniture. yon kay ***meble*** : a furnished house.

medaye [medaje] me-da-ye v.tr. to award a medal (to). Yo ***medaye*** chanpyon yo. (kre). meday n. : medal. medaydò : goal medal. meday ajan : silver medal. meday bronz : bronze medal

medite [medite] me-di-te v.tr. to meditate. s: reflechi, panse (sou). ***medite*** sou yon bagay : to meditate on something. meditasyon n. : meditasyon

mefye [mefje] me-fye v.tr. to mistrust. ***mefye*** yon moun : to mistrust someone. || fye, fè (yon moun) konfyans

megri [megri] me-gri v.int. to lose weight. s: vin mèg, pèdi pwa, desann. | | gwosi, vin gwo. mèg : slim, skinny Li vin ***megri*** : he lost weight.

melanje [melã e] me-lan-je v.tr. to mix, to blend. s: fè yon melanj, mele. melanj n. : mixture. Pa ***melanje*** yo : don't mix them.

mele [mele] me-le v.tr/int. to mix, to blend. s: melanje. 2. to interfere, to implicate, to be involved. Li ***mele*** nan konplo a : he is involved in the plot. Li ***mele*** (li nan pwoblèm) : he is in trouble. 3. to tangle (makònen, antòtye). | | demele, demakònen, dezantòtye. 4. to associate (with). s: asosye, frekante, siye (ak). 5. to embarrass (s.o). Danm nan fè espre l ansent pou te ka ***mele*** misye. (kre).

menase [menase] me-na-se v.tr. to threaten. s: fè menas. menas n. : threat. ***menase*** moun : to threaten people. Li ***menase*** l yon kout wòch. (kre). Avèg pa janm ***menase*** ou kout wòch. (prov.)

mennen [mene] men-nen v.tr. to lead. s: kondi, dirije. ***mennen*** yon avèg : to lead a blind. 2. to bring (pote). ***mennen*** kanpay : to campaign. ***mennen*** ankèt : to investigate. ***mennen*** ankèt sou yon krim : to investigate a crime. ***mennen*** yon machin : to drive a car. ***mennen*** yon moun nan fèt : to bring someone to a party. ***mennen*** yon mouvman : to lead a movement. ***mennen*** yon vi an woz : to lead a good life. byen ***mennen*** : to do well. Lap byen ***mennen*** : he is doing well. Lap mal ***mennen*** : he is not doing well (he does not have success).

mentni [metni] ment-ni v.tr. to maintain, to keep. ***mentni*** yon moun nan prizon : to keep someone in jail

meprize [meprize] me-pri-ze v.tr. to despise, to scorn; to look down on s.o. mepri n. : scorn; contempt. Li renmen ***meprize*** moun. (kre). Map pale ak li epi l ***meprize*** m; li fè kòmsi li pa tande. (kre). meprizan : aloof

merite [merite] me-ri-te v.tr. to deserve, to merit. merit n. : merit. ***merite*** respè : to deserve respect. ***merite*** yon kado : to deserve a gift. 2. to be worth (vo, mande). Sa ***merite*** reflechi : it is worth thinking. 3. to need (bezwen), to require (mande). Chemiz sa a ***merite*** lave : this shirt needs to be washed. ***Merite*** pa mande. (prov.)

mete [mete] me-te. v.tr. to put. s: foure. | | wete, retire. Kote ou te ***mete*** liv la? : where did you put the book?. ***Mete*** l la : put it away. 2. to take time to do sth. (pran tan pou fè yon bagay). Konbyen wap ***mete*** pou fè li? : how long will it take you to do it? 3. to start to. s: pran, tonbe. Wè li wè chen an, li ***mete*** kouri : upon seeing the dog, she started running. Pa ***mete*** dlo nan lèt la : don't dilute the milk. ***mete*** yon moun nan esklavay : to enslave someone. ***mete*** agraf nan yon kòsay : to hook a blouse. ***mete*** ajenou : to kneel down. ***mete*** ajenou nan pye yon sen : to bow before a saint. ***mete*** ajenou devan yon moun : to kneel before someone. ***mete*** aksan sou yon vwayèl : to accentuate a vowel. ***mete*** apse sou klou : to complicate a matter. ***mete*** bouch nan yon koze : to step in, to meddle in someone's business. ***mete*** chapo : to wear a hat. ***mete*** chapo (chase pipòp, kapòt) : to use a condom. ***mete*** de moun an kontak : to bring two people into contact. ***mete*** deyò : to leave, to take off. ***mete*** dife nan yon bagay : to set something on fire. ***mete*** dlo nan diven ou! : be cool! cool down! ***mete*** espwa sou yon moun : to count on someone, to lean on someone. ***Mete*** fanm sou ou! : act bravely as a woman! ***Mete*** gason sou ou! : act bravely as a man! ***mete*** fen nan yon bagay : to put an end to something. ***mete*** kanson pou bèl twal : to show off. ***mete*** kouvè (ranje kouvè) : to set the table. ***mete*** lanmidon nan rad : to put starch in clothes. ***Mete*** l atè : put it down. ***Mete*** l bo fenèt la : put it by the window. ***mete*** yon bagay de kote : to put something away. ***Mete*** liv sa yo de kote : put these books away. ***mete*** losyon nan nen chen : to cast pearl before swine. ***Mete*** l sou kabann lan : put it on the bed. ***Mete*** l sou tab la : put it on the table. ***mete*** men : to help with the work. ***mete*** ola nan yon bagay : to put an end to something. ***mete*** ola nan yon lagè : to declare a cease fire. ***mete*** o nivo : to level. ***Mete*** ou pre! : get ready! ***mete*** padsi : to wear a raincoat. ***mete*** pase genyen : to exaggerate. ***mete*** pen devan kochon to cast pearl before swine. ***mete*** presyon sou yon moun : to put pressure on someone. ***mete*** pye nan dlo (fè yon soti, al kay ougan) : to consult a voodoo priest. ***Mete*** revèy la sou size pou l sonnen : set the alarm clock for six o'clock. ***mete*** yon etikèt sou : to label, to put a label. ***mete*** verite sou tanbou : to tell the whole truth. ***mete*** vi yon moun an danje : to endanger someone's life. ***mete*** yon bagay an pratik : to put something into practice. ***mete*** yon bagay nan plas li : to put something where it belongs. ***mete*** yon bèt sovay nan kaj : to cage a wild animal. ***mete*** yon boksè k.o : to knock down a fighter (boxer). ***mete*** ji glase : to chill juice. ***mete*** yon machin an mouvman : to start a car (oto); to set a machine going (tèlke machin faktori). ***mete*** yon malad kouche : to put a patient to bed. ***mete*** yon moun alabri de yon danje : to isolate someone from a danger. ***mete*** yon moun anba kòd : to arrest someone; to handcuff someone (minote). ***mete*** yon moun an retrèt : to retire someone. ***mete*** yon moun nan yon konplo : to let someone into the plot. ***mete*** yon sekrè deyò : to reveal a secret. ***mete*** yon ti moun kouche : to put a child to bed. ***mete*** yon ti moun dèyè chèz : to punish a child. ***mete*** yon vòlè nan prizon : to jail a thief. ***mete*** yon vyann nan frizè : to freeze meat. ***Mete*** zòrèy ou an twonpèt! : listen carefully!

metrize [metrize] me-tri-ze v.tr. to master. metriz n. : mastery (of sth.). metriz (degre) n. : master' degree. ***metrize*** yon lang : to master a language, to have command of a language.

mikte [mikte] mik-te v.tr. to moisten. ***Mikte*** chemiz la anvan ou pase l. (kre)

mezire [mezire] me-zi-re v.tr. to measure. s: pran mezi yon bagay. 2. to try on (clothes / vètman). s: eseye, seye. Mwen bezwen ***mezire*** chemiz sa a : I need to try this shirt on. ***Mezire*** sa a : try this one. pran mezi rad : to measure off cloth. mezi n. : measure

milite [milite] mi-li-te v.int. to militate . ***milite*** kont : to militate against. Li tap ***milite*** ak pèp la. (kre). militan n. : militant. militè n. : the military (lame). militè n. : serviceman, soldier

miltipliye [miltiplije] mil-ti-pli-ye v.tr. to multiply (by / pa). s: fè yon miltiplikasyon. ***Miltipliye*** dis pa dis (10 x 10) : multiply ten by ten (10 x 10). miltiplikasyon n. : multiplication

minen [min] v.tr. to dig, to mine. s: fouye dèyè min. : mine. min (esplozif) n. : explosive

minimize [minimize] mi-ni-mi-ze v.tr. to minimize. Pa janm ***minimize*** kapasite yon moun. (kre)

minote [minote] mi-no-te v.tr. to handcuff. var: menote. minòt, menòt n. : handcuff. Yo ***minote*** l de bra deyò do. (kre)

mitije [mitiße] mi-ti-je v.tr. to botch. s: rabache. yon travay ***mitije*** : a botched job

mitraye [mitraje] mi-tra-ye v.tr. to machingun, to riddle with bullets. s: mitraye, blende. mitrayèz n. : machine gun, tommy-gun. Zenglendo yo ***mitraye*** kay li. (kre)

miyonnen [mij n] mi-yon-nen v.tr. to pamper, to caress. s: dolote, karese. ***miyonnen*** yon ti moun : to pamper a child

mize [mize] mi-ze v.tr/int. to stake (gamble / nan jwèt aza). Li ***mize*** tout kòb li nan jwèt yo. (kre). mizadò n. : slowpoke 2. to delay (fè reta, pran tan); to stay late (rete lontan). 3. to dawdle, to dally (pèdi tan nan fè yon bagay). ***mize*** nan wout : to dawdle on the way. Pa ***mize***! : don't take long!

mobilize [mobilize] mo-bo-li-ze v.tr. to mobilize (troops / twoup, etc.). Tout dizyèm depatman an te ***mobilize*** pou reklame retou premye prezidan konstitisyonèl la o pouvwa. (kre). mobilizasyon n. : mobilization. Te gen mobilizasyon nan tout dizyèm depatman an. (kre). Twoup lòt bo dlo yo tap ***mobilize*** pou lagè a. (kre). mobilizasyon n. : mobilization

mòde [m de] mò-de v.tr. to bite. Li ***mòde*** lang li pandan lap manje : he bites his tongue while eating.

modènize [mod nize] mo-dè-ni-ze v.tr. to modernize; to bring up to date. ***modènize*** yon kay : to modernize a house. ***modènize*** yon zòn : to modernize an area. modèn : modern. modènizasyon n. : modernization

modi [modi] mo-di v.tr. to curse. || beni. Figye se yon bwa ki ***modi***. (kre)

modifye [modifje] mo-di-fye v.tr. to modify, to change, to alter. s: fè modifikasyon , chanjman nan yon bagay, chanje. ***modifye*** yon plan : to modify , to altar a plan. modifikasyon n. : modification, alteration

moke [moke] mo-ke v.tr. to mock; to make fun of. s: pase (yon moun) nan rizib, pase nan betiz; chare. mokè n. : mocking

moleste [moleste] mo-les-te v.tr. to harass. ***moleste*** yon moun : to harrass someone

monopolize [monopolize] mo-no-po-li-ze v.tr. to monopolize, to have the monopoly of sth. s: gen monopòl yon bagay. Se sèl yomenm ki ***monopolize*** komès sa a (kre). monopòl n. : monopoly

monte [m e] mon-te v.tr/int . to put sth. up, to assemble. || demonte, depatya. 2. to go up (ale anlè). var: moute. || desann. ***monte*** yon eskalye : to go up the stairs. 3. to raise (price / pri). || desann. Pri tout bagay ***monte*** : everything has risen in price. 4. to climb, to climb on (grenpe). 5. to endow with magical power (an palan de pouvwa majik yon moun gen sou li). 6. to board, to get on (vehicle / veyikil). || desann. ***monte*** yon otobis : to get on a bus. ***monte*** yon avyon : to board an airplane. ***monte*** sou yon chwal : to mount a horse. ***monte*** cheval : to ride horses. ***monte*** cheval malentespri : to do things the wrong way, never do something right. ***monte*** grad yon moun : to elevate someone in rank. ***monte*** kòlè (kolè) yon moun : to anger someone. ***monte*** nan grad : to rise in rank. ***monte*** nan yon asansè (elevatè) : to ride in an elevator, to ride in a lift. ***monte*** nan yon machin : to get in a car. ***monte*** nan planèt : to orbit a planet. ***monte*** sou yon nechèl : to step on a ladder. ***Monte*** sou chèz la : get on the chair.

Monte sou do mwen (jwèt) : get a ride on my back. *monte* sou do yon moun (pale yon moun mal) : to talk behind someone's back. *monte* sou pouvwa (pran pouvwa) : to ascend to power. *monte* sou yon move pant (file yon move koton) : to take a risk. *monte* yon barikad : to construct a barricade. *monte* sou yon bisiklèt : to get on a bike. *monte* yon bisiklèt : to ride a bike. *monte* yon bouton (nan rad) : to sew on a button. *monte* yon drapo : to fly a flag, to hoist a flag. *monte* yon grandou, *monte* kap : to fly a kite. *monte* yon koudeta : to plan an overthrow. *monte* yon pyès teyat : to put on a play. 7. to climb (grenpe)

monte-desann [m tedesã̃n] mon-te-de-sann v.int/n. to go back and forth. s: ale-vini, fè ale-vini, fè vayevyen. Depi maten an lap *monte-desann* nan katye a : he has been going back and forth in the neighborhood since this morning. 2. **monte-desann** n. : going back and forth. Poukisa tout *monte-desann* sa yo? (kre). Twòp *monte-desann*! (kre)

montre [m tre] mon-tre v.tr. to show, to point out (lonje dwèt sou). Ou ka *montre* m wout la? : can you show me the way? s: endike. 2. to teach, to show (how / anseye, bay esplikasyon, montre kijan). *Montre* m kòman pou m fè li : teach me how to do it. *montre* yon moun li ak ekri (alfabetize yon moun) : to teach someone how to read and write. *montre* yon talan : to demonstrate a talent

montwaze [m twaze] mon-twa-ze v.tr. to mortize (board / planch, log / bwa). Chapant lan fin *montwaze* bwa sa yo. (kre). montwaz n. : mortise

mòtifye [m tifje] mò-ti-fye v.tr. to feel sorry (for doing or not doing sth.). s: regrèt, regrete. Li *mòtifye* dèske l te devwale sekrè a : she feels sorry for revealing the secret.

motive [motive] mo-ti-ve v.tr. to motivate. *motive* yon moun : to motivate someone. motivasyon n. : motivation

mouche [muʃe] mou-che v.int/n. to blow one's nose. Men yon mouchwa pou *mouche* nen ou. (kre). mouchwa n. : hankerchief. 2. **mouche** (misye, msye) n. : man. *mouche* sa a : this man, this guy

moulen [mul] v.tr/n. to grind. s: woule (nan *moulen*), pase nan *moulen*. 2. **moulen** n. : mill. moulen van : windmill

mouri [muri] mou-ri v.int. to die. s: al bwachat, ale nan peyi san chapo, fè vwal pou peyi san chapo. an dèy : in mourning. *Mouri* poul ou! : be cool! *mouri* nan yon aksidan : to die in an accident. Yo *mouri* nan yon aksidan machin : they died in a car accident. *mouri* ak grangou : to starve; to die of starvation. *mouri* ak yon swaf : to be dying for a drink, to be very thirsty. *mouri* bon mò : to die of natural causes. *mouri* kòm ewo : to die like heroes. **mouri** nan kabann : to die in bed. *mouri* nwaye : to drown. *mouri* pwatrinè : to die of tuberculosis. s: *mouri* touse, *mouri* tebe, *mouri* ak maladi ti kay. *mouri* rich : to die rich. 2. to die out, to stop (engine / motè). Motè a *mouri*; li pa mache : the engine stops; it is not working.

mouvmante [muvmãte] mouv-man-te v.tr. to shake, to agitate; to put in motion; to wiggle. s: fè mouvman. mouvman n. : movement

mouye [muje] mou-ye v.tr. to wet; to get wet. || seche, cheche. *Mouye* wòb la : wet the dress. Lapli *mouye* yo : they got wet in the rain. Wòb la *mouye* : the dress is wet. 2. to whip. s: fwete, kale. Li *mouye* chwal la epi l pase zepon l. (kre)

move [move] v.int. to pout. s: boude, fache. Li pa pran kontak lè li *move*. (kre). 2. to get mad, angry. Li ***move*** kou yon kong; li pa pale ak pesonn : he gets mad; he does not talk to anyone. ***move*** tan : bad weather. Yo anonse ***move*** tan; pa rete deyò lontan. (kre)

naje [na e] na-je v.int. to swim. Ou konn ***naje***? : do you know how to swim? aprann ***naje*** : to learn how to swim. Ou ***naje*** byen : you swim well. ***naje*** nan yon rivyè : to swim in a river. ***naje*** nan yon pisin : to swim in a swimming pool. ***naje*** nan lanmè : to swim in the sea. najè n. : swimmer. alanaj : swimming, by swimming

nasyonalize [nasjonalize] na-syo-na-li-ze v.tr. to nationalize. ***nasyonalize*** yon endistri : to ***nationalize*** an industry. nasyon n. : nation

natiralize [natiralize] na-ti-ra-li-ze v.tr. to naturalize. ***natiralize*** Ayisyen : to become a naturalized Haitian. natiralizasyon n. : naturalization

navige [navige] na-vi-ge v.tr/int. to sail (ship / bato). 2. to float, to stay on water. navigasyon n. : navigation, sailing. navigatè n. : navigator, sailor. navigab : navigable (of water). Lanmè a bèl, ***navige*** men fèt atansyon. (prov.)

neglije [negli e] ne-gli-je v.tr. to neglect. 2. to be neglectful of (sth.), to neglect to do sth. Pa ***neglije*** sa : don't neglect it. neglijan : careless, neglectful. neglijans n. : negligence. Li se yon moun ki neglijan : he is a careless person

negosye [ne-go-sye] v.tr. to negociate. negosiyasyon n. : negotiation. Li pap ***negosye*** : he is not going to negociate.

netralize [netralize] ne-tra-li-ze v.tr. to neutralize. s: rann net. ***netralize*** yon peyi : to neutralize a country. net : neutral. onet : in the neuter. pwonon net : neuter pronoun. rete net (pa pran okenn pozisyon) : to remain neutral.

netwaye [netwaje] ne-twa-ye v.tr. to clean. s: fè netwayaj, pwòpte, fè pwòpte. | | sal. : clean. ***netwaye*** yon kay : to clean a house. ***Netwaye*** pwason an : clean the fish. netwayaj n. : cleaning. nèt (pwòp). nèt (konplètman) : completely.

neye [neje] ne-ye v.int. to drown. s: nwaye. Se dlo dousman ki ***neye*** moun : still water is deep.

niche [niʃe] ni-che v.tr. to lap, to lick. s: lanbe. ***niche*** pye yon moun : to lick someone's boots. ***niche*** dwèt: to lick one's finger. ***niche*** lang : to lick one's lips. Li ***niche*** tout dwèt li : he licks his fingers.

nimewote [nimerote] ni-me-wo-te v.tr. to number. ***Nimewote*** paj yo : number the pages. Yo pa ***nimewote*** : they are not numbered. nimewo n. : number. nimewo (boul, lotri) n. : lottery ticket. Nimewo sa a ap soti kanmenm. (kre)

nonmen [n m] non-men v.tr. to nominate. var: lonmen, nome. ***nonmen*** yon jij : to nominate a judge. non n. : name. non : no. Ki non ou? : what is your name? Mwen di non! : I say no!

notarye [notarye] no-ta-rye v.tr. to notarize. ***notarye*** yon dokiman : to notarize a document. Dokiman sa a poko ***notarye*** : this document is not notarized yet. notè n. : public notary

note [note] no-te v.tr. to note; to take note (pran nòt, make). pran nòt : to take note. ***Note*** l nan kaye a : write it down in the notebook. ***Note*** sa m di a (kre). 2. to notice (remake, apèsi, wè). nòt n. : note. nòt n. : grade. Ki nòt pwofesè a ba ou? : what grade did the teacher give you? Ou tap pran nòt? : were you following?

nouri [nuri] nou-ri v.tr. to nourish; to feed (bay manje). Pitit sa a pa byen ***nouri*** : this child is not well nourished. nouriti, lanouriti n. : nourishment

nwasi [nwasi] nwa-si v.tr. to blacken, to darken, to make darker. nwa (koulè) : black. nwa (ras nwa) n. : black. ***nwasè*** (tenèb) n. : darkness. mache nan nwasè : to walk in darkness. Li sot ***nwasi*** cheve l. (kre). Cheve l ***nwasi***. (kre)

nwaye [nwaje] nwaye v.int. to drown. s: neye. Si ou pa konn naje, pa benyen nan dlo fon pou pa ***nwaye*** (kre). Dayiva pa ***nwaye*** nan dlo. (kre)

nwi [nwi] v.tr. to bother. var: nui. s: anwiye, annuiye, enmède, enmègde, anmède. Pa ***nwi*** m! : don't bother me! leave me alone. Sa ou ***nwi*** kò ou konsa a, se yon vè kap pike ou? (kre). Pa ***nwi*** kò ou! (pa bay tèt ou pwoblèm!) : don't bother! Ou pa bezwen ***nwi*** kò ou! : don't worry! Li kontinye ap ***nwi*** m : she keeps on bothering me. Poul ki ***nwi*** kò l twòp kraze ze nan vant li. (prov.)

nye [nje] v.tr. to deny. Nou pa ***nye*** sa : we don't deny it.

O

obeyi [obeyi] o-be-yi v.tr. to obey. | | dezobeyi. ***obeyi*** yon moun : to obey someone, to be obedient to someone. obeyisan : obedient; dutiful. obeyisans n. : obedience. ***Obeyi*** paran ou : obey your parents.

oblije [obliße] o-bli-je v.tr. to oblidge, to compel. var: bije, sètoblije. s: fòse (fè yon bagay, yon moun fè yon bagay). ***oblije*** yon moun fè yon bagay : to force, to compel someone to do something. Ou pa ***oblije*** fè l : you are not forced to do it. obligasyon n. : obligation. obligatwa : mandatory

obsève [obseve] ob-sè-ve v.tr. to observe. s: fè yon obsèvasyon; mete an pratik. ***obsève*** yon moun kap fè yon bagay : to observe someone doing something. Sa fè lontan depi yap ***obsève*** sa : they have been observed it since a long time. Yo ***obsève*** Saba. (kre). ***obsève*** yon bagay : to observe something. ***obsève*** yon moun de prè : to observe someone at close hand. ***obsève*** lalwa : to adhere to the laws. fè ***obsève*** lalwa : to enforce the law. obsèvasyon n.: observation

òdone [done] ò-do-ne v.tr. to give order. s: pase lòd, bay lòd. 2. to ordain (priest / pè). s: sakre. òdonans n. : prescription

ofri [ofri] o-fri v.tr. to offer, to make an offer. s: fè yon òf. òf n. : offer. ***ofri*** an sakrifis : to offer up (sacrifice). ***ofri*** yon rekonpans : to offer a reward. Konbyen ou te ***ofri*** pou li? : how much did you offer? Machandiz ***ofri*** pa gen valè. (prov.)

òganize [ganize] ò-ga-ni-ze v.tr. to organize. | | dezòganize. òganizasyon n. : organization. Yo finalman ***òganize*** yo : they finally settle. ***òganize*** yon fèt : to organize a party, to give a party. byen ***òganize*** : well organized. mal ***òganize*** : unorganized

ogmante [ogmãte] og-man-te v.tr. to increase. s: bay yon ogmantasyon, ajoute, mete sou. | | diminye, redui, retire, wete. Lap eseye wè nan ki mezi patwon yo te ka ***ogmante*** kòb anplwaye yo. (kre). ogmantasyon n. : increase; raise. Li mande yon ogmantasyon : he asks for a raise.

okabine [okabine] v.tr/n. to defecate, to shit. s: poupou, watè, kaka

òkestre [kestre] o-kes-tre v.tr. to orchestrate. òkès n. : orchestra.

okipe [okipe] o-ki-pe v.tr. to pay attention (to). s: fè ka (yon moun) Li pa ***okipe*** m lè map pale ak li : she doesn't pay attention to me when I am speaking to her. 2. to be busy. Ou ***okipe***? : are you busy? 3. to take care of (pran swen). Kilès kap ***okipe*** li (pran swen li)? : who is taking care of her? Pa ***okipe*** yon moun kou chen : to ignore someone, not paying attention to someone. s: meprize, vag sou yon moun. Li pa ***okipe*** m kou chen : she ignores me. Li ***okipe*** ak yon kliyan : she is busy with a customer. okipasyon n. : occupation; duty

òne [one] ò-ne v.tr. to adorn, to decorate. òneman n. : ornament

onore [onore] o-no-re v.tr. to honor. || dezonore. onore yon moun : to honor someone. ***onore*** Bondye : to honor God. Wap viv lontan si ou ***onore*** paran ou. (kre). onè n. : honor. merite onè : to deserve honor

opere [opere] o-pe-re v.tr. to undergo surgery; to operate (on). s: fè yon operasyon; sibi yon operasyon. operasyon n. : operation. operatè n. : operator. Yo pral ***opere*** malad la : they are going to operate on the patient.

oryante [orjãte] o-ryan-te v.tr. to orientate (towards). 2. to direct (dirije). oryantasyon n. : orientation. Li te pèdi epi l jwenn yon moun kap ***orayante*** li. (kre)

ospitalize [ospitalize] os-pi-ta-li-ze v.tr. to hospitalize (s.o). s: etène, entène; kouche lopital. || egzeyate, ekzeyate, bay (yon malad) egzeyat. Li gen yon semèn depi li ***ospitalize***. (kre). lopital n. : hospital

otorize [otorize] o-to-ri-ze v.tr. to authorize, to give (s.o) permission to do sth. s: bay otorizasyon (pou fè yon bagay). otorite n. : authority. otorite (Leta) n. : official. otorizasyon n. : authorization. Kilès ki te ***otorize*** ou antre? : who gave you permission to get in?

ouvè [uve] ou-vè v.tr. to open. var: ouvri, louvri. || fème, fèmen. Yo ***ouvè*** bonè : they open early. Li ***ouvè*** : it's opened. Mwen vle ***ouvè*** yon kont : I want to open an account. ***Ouvè*** pòt la pou mwen souple : open the door for me please. ***ouvè*** (frekan) : fresh, to be fresh. Li ***ouvè*** (li frekan) : he is fresh. ouvèti n. : opening. ***ouvè*** yon moun anba baton : to give someone a beating

oze [oze] o-ze v.tr. to dare. s: penmèt, pèmèt, azade. Pa ***oze*** fè sa! : don't dare do it!

P

padone [padone] pa-do-ne v.tr. to forgive. var: padonnen. s: grasye, fè gras, fè pa. || pini. ***Padone*** peche nou : forgive us for our sins. padon (gras) n. : forgiveness. Padon! : excuse me!

pafime [pafime] pa-fi-me v.tr. to perfume; to wear perfume (losyonnen). pafen n. : perfume. Li sot ***pafime*** vit machin nan . (kre). Li ***pafime*** tout kò l. (kre)

pake [pake] pa-ke v.tr/n. to park. s: pakin, estasyone, gare, remize. pakin n : parking. Li pa ka jwenn yon kote pou l ***pake*** : she can't find a parking lot. Kote ou te ***pake***? : where did you park? 2. **pake** (koli) n. : parcel

pakin [paki] pa-kin v.tr/n. to park. s: estasyone, pake, gare. ***Pakin*** la a! : park the car here! 2. **pakin** n. : parking (lot, space). Ou jwenn yon ***pakin***? : do you find a parking lot? chache yon ***paking*** : to look for a parking lot, a parking space

pakouri [pakuri] pa-kou-ri v.int. to travel, to cover (distance); to travel up and down.

pakou n. : distance covered, trip. Yo *pakouri* sis kilomèt : they travel six kilometers.

pale [pale] pa-le v.int/n. to talk. ***pale*** anpil : to talk a lot. ***pale*** pouryen : to waste one's time talking. ***Pale*** avè yo : talk to them. ***pale*** nan zòrèy : to whisper. ***pale*** sou lang : to lisp. Ann ***pale*** serye! : let's talk business! let's be serious! De kisa yap ***pale***? : what are they talking about? ***pale*** de yon bagay : to talk about something. ***pale*** de yon moun : to talk about someone. Kreyòl ***pale***, kreyòl konprann : spoken Creole is understood. Li jis ap ***pale*** men li pap fè anyen : his bark is worse than his bite. Li pa ka ***pale***, se manmòte lap manmòte : he can't talk; he is just mumbling. Liv sa a ap ***pale*** de vèb kreyòl Ayisyen : this book is about Haitian Creole verbs. Ou ***pale*** twòp : you talk too much. Pa ***pale*** sa! : keep it a secret! don't tell it to anyone! Yo ***pale*** de li anpil : he is very famous. 2. **pale** n. : talk. ***chita***-pale : to sit down and talk. ***chita***-pale (koze) n. : talk. 3. to report, to tell. Mwen pral ***pale*** manman m : I am going to report it to my mother.

palpe [palpe] pal-pe v.tr. to palpate, to feel. s: manyen, tate. Doktè a ***palpe*** toulede tete l pandan lap fè ekzamen an. (kre)

palpite [palpite] pal-pi-te v.int. to beat (hear / kè). s: bat (an palan de kè). Kè l ***palpite*** plis lè li wè mennaj li (kre). palpitasyon n. : palpitations. Plis kafe ou bwè, se plis kè ou ***palpite***. (kre)

panche [pãʃe] pan-che v.int. to lean, to slant. Kay la ***panche***; fò yo kore l ak kèk bon bwa. (kre). Li ***panche*** tèt li pou l tande sa nap di. (kre)

pandye [pãdje] pan-dye v.tr/int. to dangle (pann), to hang (kwoke). Wòb la ***pandye*** nan pyebwa a. 2. to idle, to hang out. Se pa jodi a li ***pandye*** kò l la a; se pa anyen serye lap regle. (kre)

panike [panike] pa-ni-ke v.int. to panic. panic. n. : panic. Yo kòmanse ***panike*** lè yo pran nouvèl ke lap retounen. (kre)

pann [pãn] v.tr/int/n. to hang (s.th., s.o). Yo ***pann*** bò kochon an pou li ka degoute (kre). 2. to hang, to dangle. s: pandye. ***pann*** tèt (+pro) : to hang oneself. Li ***pann*** tèt li : he hung himself. 3. **pann** (grès) n. : fat. Kochon an te gra anpil; yo jwenn anpil ***pann*** lè yo touye l. (kre)

panse [pãse] pan-se v.int/n. to think, to meditate. s: reflechi, medite (sou), kalkile. 2. **panse** n. : thought, thinking. ki sak nan ***panse*** ou? : what do you have in mind? Sa pa te nan ***panse*** m : I was not thinking about it. Ma ***panse*** sou sa : I will think about it. Kisa ou ***panse***? : what do you think? A kisa wap ***panse***? : what are you thinking about? what do you have in mind? Pa ***panse*** anpil : don't think too much. 2. to think (believe). Mwen ***panse*** sa : I believe so. 3. to bandage (med.). Enfimyè a sot ***panse*** blesi a. (kre). pansman n. : bandage

pantan [pãtã] pan-tan v.int. to give a sudden movement, startle. s: sote, espante. fè yon moun ***pantan*** : to startle someone. Li ***pantan*** nan rèv la. (kre)

paralize [paralize] pa-ra-li-ze v.tr. to paralize; to become paralized (vin paralize), to be paralized (att.). Aksidan an ***paralize*** l. (kre). Li ***paralize*** apre aksidan an : he is paralized after the accident.

pare [pare] pa-re v.tr. to catch. Map voye l, ***pare*** ou pou atrap li : I am throwing it; get ready to catch it. 2. to dodge (blow / kou), to fend off, to deflect. 3. to get ready (to be ready). Manje a ***pare*** : the food is ready. Pare ou! Nou ***prale*** : get ready! We are leaving. Ou *pare*? : are you ready? Nou poko *pare* : we are not ready yet.

parèt [paret] pa-rèt v.int. to appear; to come out. Li *parèt* vin wè sak genyen. (kre). || disparèt. Machin sa a fèk parèt : this is brand new car. Mòd sa a fèk *parèt* : this is a new design. Modèl sa a fèk *parèt* : this a new model.

parye [parje] pa-rye v.tr. to bet. s: fè pari, fè paryaj. *parye* sou : to bet on. Konbyen kòb wap *parye*? : how much money do you want to bet? Anpil moun te *parye* sou kòk kalite a. (kre). pari, paryaj n. : bet.

pase [pase] pa-se v.tr/int. to hand (sth. to s.o / yon bagay bay). 2. to stop by (fè yon kout pye yon kote). Li *pase* isit la souvan : he stops by often. 3. to iron (rad). Yo pral *pase* rad sa yo : they are going to iron these clothes. 4. to go through (pase nan). Yo *pase* nan pòt sa a : they go through this door. 5. to pass (exam / nan ekzamen). Yo *pase* nan bakaloreya : they pass the Baccalaureate exam. 6. to experience (esperyanse, sibi). Lap *pase* mati : he is experiencing difficulties. Mwen *pase* bagay sa yo deja : I have gone through these things. 7. to sieve, to sift (nan paswa). *Pase* farin nan anvan ou fè labouyi a. (kre). 8. to purge (med.). Metsin nan kontinye ap *pase* li. (kre). 8. to show (movie, / fim). Yap *pase* fim sa a aswè a : they are showing this movie tonight. Kisa yap *pase* aswè a? : what are they showing tonight? 9. to happen. Sak *pase*? : what happen? what's going on? 10. to spend time. Yo *pase* yon bon moman ak nou : they have spent a good time with us. *pase* nan betiz : to make fun of. s: *pase* nan jwèt, *pase* nan derizyon , *pase* nan rizib. *pase* yon moun nan betiz : to make fun of someone

pasyone [pasjone] v.tr. to have a passion for. pasyon n. : passion. Li *pasyone* de mizik klasik : she has a passion for classical music.

pati [pati] pa-ti v.tr/int/n. to escape. s: sove, pran lafuit. 2. to take off, to leave. s: ale. Nap *pati* talè : we are leaving in a while. 3. to fly, to take off. s: vole, pran vòl. Avyon an pral *pati* : the plane is going to take off. 4. **pati** n. : part; side (kote); share (moso); political party. Se *pati* F.N.C.D a ki te voye Aristid monte. (kre). Yon *pati* pa jwenn, lòt pati gonfle. (kre). Yo sot apante tè a pou ba li *pati* pa l. (kre). se *pati* sa a kap fè ou mal la? (kre). 5. to depart (mete deyò; ale, vole). 6. to escape. s: kraze rak, sove, bwaze. Toulede *pati* : they both escaped

patinen [patin] pa-ti-nen v.int. to slip, to slid. patinay n. : skid. Machin nan ap *patinen* nan labou a. (kre). Nap gade moun kap *patinen* sou glas nan televizyon an.(kre). patinay n. : skid

patisipe [patisipe] pa-ti-si-pe v.tr. to participate. pran pa nan yon bagay. *patisipe* nan yon konkou : to participate in a competition. patisipasyon n. participation. Patisipasyon se youn nan twa wòch dife gouvèlman lavalas la. (kre). Yo te *patisipe* nan konplo a : they were involved in the plot.

patwone [patrone] pa-two-ne v.tr. to sponsor. Nouvèl sa a te *patwone* pa yon magazen (kre). patwon (chèf) n. : boss. patwon (modèl) n. : model

pave [pave] pa-ve v.tr. to pave (sidewalk / twotwa). Yo kòmanse *pave* bò sa a. (kre)

pe [pe] to be quiet (att.). *pe* bouch ou! : be quiet! je wè, bouch *pe* ! : keep it a secret (don't talk about it!)

pè [pe] to be afraid (att.). fè yon moun pè : to scare someone

pèdi [pedi] pè-di v.tr/int. to lose. || jwenn, twouve. Ki kote ou *pèdi* li? : where did you lose it? 2. to get lost; to be lost. ***pèdi*** konesans : to lose consciousness. 3. to deflower (***pèdi***, pran vijinite)

pèmèt [pemet] pè-mèt v.tr. to allow, to let. var: penmèt. s: bay pèmisyon; fasilite. Yo pa ***pèmèt*** yo kite : they are not allowed to leave. 2. to dare. s: azade. Pa janm ***pèmèt*** ou ankò! (kre). Ou byen ***pèmèt*** (ou byen anpil)! (kre). pèmisyon n. : permission

penche [peʃe] pen-che v.tr. to pinch. s: penchenk, pichkannen, bichkannen. Li ***penche*** l pou l fè li siy. (kre). Pa ***penche*** m! (kre)

penpenyen [p p j] pen-pen-yen v.int. to struggle, to try to make ends meet. s: lite, bat dlo pou fè bè. Se ***penpenyen*** lap ***penpenyen*** pou l ka viv : he is trying to get ends meet.

pentire [p tire] pen-ti-re v.tr. to paint. penti n. : paint; penti (tablo) : painting. Li konn ***pentire*** byen : he paints well.

penyen [p j] pen-yen v.tr. to comb one's hair. peny n. : comb. | | depenyen, degaye cheve, tèt. Lap ***penyen*** tèt li : she is combing her hair. Pijon an ap ***penyen*** kò l. (kre)

peple [peple] pe-ple v.tr. to populate. pèp n. : people. popilasyon n. : population. popilas n. : crowd. Ras poul sa a ***peple*** anpil (kre). Moun sa yo ***peple*** anpil. (kre)

peri [peri] pe-ri v.int. to perish. Bato a ***peri*** nan mitan lanmè (kre). Tout machandiz yo ***peri***. (kre)

pèse [pese] pè-se v.tr. to pierce. Li sot bay ***pèse*** zorèy li : she just had her ears pierced.. Ak kisa wap ***pèse*** twou a? (kre). Rat la ***pèse*** sak pistach la. (kre). Depi zòrèy ***pèse***, li ka pote nenpòt zanno. (prov.)

pèsekite [pesekite] pè-se-ki-te v.tr. to persecute. ***pèsekite*** yon moun (rann yon moun san somèy) : to persecute someone. Ti bway la gen lontan depi lap ***pèsekite*** yo. (kre). pèsekisyon n : persecution. Li gen yon bagay kap ***pèsekite*** l. Li gen yon pèsekisyon dèyè l. (kre)

pèsiste [pesiste] pè-sis-te v.int. to persist. Mwen di l non se pa vre epi lap ***pèsiste***. (kre)

pete [pete] pe-te v.tr/int/n. to blow up, to burst. Li ***pete*** : it blows up. Li ***pete*** kriye : she bursts into tears. Apse a ***pete***. (kre). 2. to fart (fè yon ***pete***, fè yon van. Lontan lè gran moun ***pete*** sou ti moun se ti moun ki te konn di padon. (kre). 3. pete (van) n. : fart. 4. to puncture. s: kreve. Klou a ***pete*** kawotchou a : the nail punctured the tire.

petri [petri] pe-tri v.tr. to knead. s: peze (yon bagay) nan men. Pa ***petri*** pat la. (kre)

peye [peje] pe-ye v.tr. to pay. Kilè wap ***peye*** m? : when are you going to pay me? Konbyen kòb yo fè ou ***peye***? : how much did they charge you? Ta kou l ta wap ***peye*** konsekans lan : sooner or later, you will pay the price. peyman n. : payment

peze [peze] pe-ze v.tr/int. to weight. Espekilatè a ap ***peze*** kafe a. (kre). Konbyen ou ***peze***? : how much do you weight? 2. to squeeze, to press (nan men). Li ***peze*** l nan men li : she squeezes it in her hands. bannann ***peze*** : fried plantain. . 3. to pet (sexual / fè lanmou, karese). Janjan jwenn yap ***peze*** nan koridò a. (kre)

pibliye [piblije] pi-bli-ye v.tr. to publish. ***pibliye*** yon liv : to publish a book. Yo poko ***pibliye*** dat maryaj la. (kre). 2. to spread out (word, news). Nouvèl la ***pibliye*** : the word spreads out. piblisite (reklam) n. : commercial, advertisement. piblikasyon n. : publication

pichkannen [piʃkãn] pich-kan-nen v.tr. to pinch. var: bichkannen, penche, penchenk, zongle. Li ***pichkannen*** kò l lè li tande sa. (kre)

pike [pike] pi-ke v.tr. to stab, to prick. s: ponyade, frennen, fwennen. Pandan li tap bay gagann nan bann nan, yo ***pike*** l. kre). 2. to sting. Li gen yon vè kap ***pike*** l (kre). 3. to kill (by magical mean / touye ak maji). Li mouri san malad; gen lè se ***pike*** yo pike l. (kre). 4. to pounce, to swoop (plane, plonje). Gade jan li ***pike*** nan dlo a. (kre). 5. to transplant seedlings / plan). Yap rache diri sa yo pou yal ***pike*** lòt kote. (kre). 6. to goad (djige, digonnen). Si wap ***pike*** chwal, li ka ba ou kout pye. (kre). Li pran yon bwa pou l ***pike*** nich gèp la. (kre). ***pike*** dèyè yon moun (suiv, pati dèyè): to follow, to pursue (s.o everywhere). Tout kote manman l fè li ***pike*** dèyè l : he follows his mother everywhere.

pile [pile] pi-le v.tr. to step on (mete pye sou, pilonnen). Lè ou ***pile*** moun, fò ou di padon; tè a pa dous konsa. (kre). 2. to crush. (kraze). ***Pile*** pitimi pa gen zanmi, se kan l kwit li gen zanmi. (kre). ***Pile*** epis la nan ti pilon an. (kre). pilon n. : mortar

pilonnen [pil n] pi-lon-nen v.tr. to step on. s: mete pye sou, pile. Lè lap mache lap gade lesyèl se sak fè ***pilonnen*** bagay la. (kre)

pilote [pilote] pi-lo-te v.tr. to pilot, to fly. ***pilote*** yon avyon : to fly an airplane. 2. to drive. s: kondi. ***pilote*** yon kamyon : to drive a truck. pilòt n. : pilot

pini [pini] pi-ni v.tr. to punish. s: bay yon pinisyon; sibi yon pinisyon. || grasye, fè gras, fè pa, padone. pinisyon n. : punishment. Yo tap pale nan klas; pwofesè a ***pini*** yo. 2. to challenge; to defy (enemy / bay defi). Mwen ***pini*** ou repete sa ou sot di a ! (kre)

pipi [pipi] pi-pi v.int/n. to urinate. s: fè pipi, pise, rinen. ***Pipi*** kenbe l (li bezwen pipi). 2. **pipi** n. : urine. Li lave lestomak li, tèt li ak ***pipi*** pou grip la ka desann. (kre)

pire [pire] pi-re v.tr/n. to squeeze (extract juice). s: prije. ***Pire*** tout chadèk yo pou fè ji a (kre). 2. **pire** (sòs pwa) n. : peasouper

pirifye [pirifje] pi-ri-fye v.tr. to purify (blood / san; water / dlo). pirifikasyon n. : purification

pise [pise] pi-se v.int/n. to urininate. s: pipi, fè pipi, rinen. 2. **pise** n. : urine

pito [pito] pi-to v.tr/adv. to prefer. s: prefere, vle. Kilès ladan yo ou ***pito*** : which one do you prefer? 2. **pito** adv. : rather. ***Pito*** nou mouri debou pase pou n mache ajenou toutan. (kre). Yo ta ***pito*** ale : they would rather go.

piye [pije] pi-ye v.tr. to loot. s: fè piyay (nan yon bagay), balize. Yo ***piye*** kay la : they looted the house. piyay n. : pillage. piyay (sak pa chè) n. : bargain. Se yon piyay (li pa chè menm) : it is a good bargain.

plafonnen [plaf n] pla-fon-nen v.tr. to construct a ceiling. s: konstwi yon plafon, mete yon plafon. plafon n. : ceiling. Yo kòmanse ***plafonnen*** kay la : they start constructing the ceiling.

plake [plake] pla-ke v.tr/n. to stand on one's hands. Gade misye kap ***plake*** nan mi an! (kre). 2. to attach. Yo ***plake*** foto yo nan panno a (kre). 2. **plake** (jip long byen sere) n. : a long and tight. skirt. ***Plake*** ale ak li (***plake*** a fè l byen / kre). Li renmen mete ***plake***. (kre)

plane [plane] pla-ne v.tr/int. pawn. s: ale nan plàn, pote yon bagay nan plàn, nan brikabrak, mezondafè, mete yon bagay nan plàn. Afè l pa bon; ata mèb yo li ***plane***. (kre). plàn (mezondafè, brikabrak) n. : junk shop. 2. to pounce, to swoop (plonje, plonje sou).

Gade yon malfini kap *plane*! (kre). 3. to float (flote, rete anlè)

planifye [planifje] pla-ni-fye v.tr. to plan. ***planifye*** yon vwayaj : to plan a trip. plan, planifikasyon n. : plan. plan (pou plante) n. : seedlings

plante [plãte] plan-te v.tr. to plant. ***plante*** yon tè : to plant a field. Kisa yap ***plante*** la a? : what are they planting? Lapli fin tonbe, yap ***plante*** : they are planting after the rain. plan n. : seedlings. plan (planifikasyon) n. : plan. plant n. : plant

plase [plase] pla-se v.int. to live together (as man and wife). s: etabli, viv nan plasay. Yo gen lontan depi yo ***plase***. (kre). plasay n. : common law marriage

plati [plati] pla-ti v.tr. to flatten. s: fè yon bagay vin plat; retire van nan. | | awondi; gonfle, bay van. Li ***plati*** boul la : he has flattened the ball. plat (sak pa won) : flat. plat (asyèt) n. : plate

plè [ple] v.tr/n. to please. s: fè plezi. | | deplè, pa fè plezi. Li fè tout bagay pou li ***plè*** paran li : he does everything to please his parents. 2. **plè** (blesi) n. : wound

plede [plede] ple-de v.tr. to argue (diskite). Toutan yap ***plede*** they are always arguing. 2. to plead (case / ka, koz). ***plede*** pou (yon moun) : to defend s.o). Avoka a ap ***plede*** pou li. (kre). 3. to deny (sth. true / nye yon bagay ki vre). Rizèz, yo kenbe ou epi wap ***plede***! (kre)

plen [pl] v.tr. to fill up. s: ranpli. | | vide; vid. ***Plen*** tank lan : fill up the tank. Tank lan ***plen*** : the tank is filled up. manje vant ***plen***: to eat a lot. s: manje vant deboutonnen.Yo sot manje vant ***plen*** : they have eaten alot. Kou boutèy ***plen***, bouchon jwenn. (prov.). Kou vant chat ***plen***, tèt rat anmè. (prov.)

plenn [ple n] v.tr. to impregnant (of animal / an palan de bèt). 2. to grown, grumble; to moan. Tèt la fè l mal; lap ***plenn***. (kre)

plenyen [pl j] plen-yen v.int. to complain. Yo toujou ap ***plenyen*** : they are always complaining. plent n. : complaint

pliche [pliʃe] pli-che v.tr. to whip. s: kale, taye, fwete. Yo sot ***pliche*** l; se sak fè lap kriye konsa. (kre). 2. to peel. s: kale. Lap ***pliche*** patat la ak yon kouto. (kre)

plimen [plim] pli-men v.tr. to pluck (zwazo). s: deplimen. Lap ***plimen*** yon pijon (kre). Kote yap ***plimen*** kodenn, poul pa rete. (prov.). 2. to make love (to)

plise [plise] pli-se v.tr. to pleat (clothes / rad). pli n. : wrinkle

pliye [plije] pli-ye v.tr. to fold. Ede m ***pliye*** dra a. (kre). | | depliye. 2. to bend (koube). Wozo konn ***pliye*** men li pa kase fasil. (kre)

ploge [ploge] plo-ge v.tr. to plug. s: adapte (nan kouran). | | deploge. Wè si radyo a ***ploge***. (kre). plòg n. : plug. 2. to dance tighly intertwined (danse kole). Yo ***ploge*** lè yap danse bolewo a. (kre)

plonbe [pl be] plon-be v.tr. to do a filling, to fill (tooth / dan). Dantis la sot ***plonbe*** dan an pou li. (kre). 2. to seal (with lead / ak plon). Lap ***plonbe*** fè tiyo a. (kre). plon n. : lead

plonje [plõ e] plon-je v.tr/int. to plunge. Yo ***plonje*** l nan dlo a. (kre). Li ***plonje*** nan pisin nan. (kre). plonjon n. : dive. fè yon plonjon : to dive

plòtonnen [pl t n] plò-ton-nen v.tr. to wind, to wrap. Gade jan yon koulèv ***plòtonnen*** kò l nan raje a. (kre)

poli [poli] po-li v.tr. to polish

ponktye [p ktje] ponk-tye v.tr. to punctuate (with). s: itilize ponktiyasyon. ponktiyasyon n. : punctuation. Li ekri yon paragraf san ke li pa ***ponktye*** : she writes a paragraph without any punctuation.

ponn [p n] v.tr. to lay egg (s). ***ponn*** yon ze : to lay an egg. fè yon moun ***ponn*** (bay yon moun yon rèz) : to deceive someone. Li konnen ke l pa tap vini epi l fè yo rete ap tann li; li fè yo ***ponn***. (kre)

ponpe [p pe] pon-pe v.tr/int. to pump (air / lè; gas / gaz). 2. to jump (sote, voltije)

ponyade [p jade] pon-ya-de v.tr. to stab. s: bay yon kout ponya, pike, frennen, fwennen. Yo ***ponyade*** l nan batay. (kre). ponya n. : dagger

ponyen [p j] pon-yen v.tr/n. to grasp, to grab (sth. from s.o). Li ***ponyen*** bagay la nan men mwen : he grabs it from me. ponyen n. : handful

posede [posede] po-se-de v.tr. to possess, to own, to have. s: genyen. 2. to be possessed (by the devil / gen move lespri). Li ***posede***; lwa pran li. (kre)

poste [poste] pos-te v.tr. to post (afiche). 2. to mail (letter / lèt). s: voye pa lapòs, voye pa vwa postal. Wap ***poste*** lèt sa a? : are you going to mail this letter? lapòs n. : post office. faktè n. : mailman

pote [pote] po-te v.tr. to carry; to bring (vin ak). sh. f: **pot** (not use at the beginning of a sentence). Mwen ***pote*** ou sou do m epi ou di ou pile pwason. (prov.). ***pote*** yon fado, yon kwa : to carry a burden. ***Pote*** li pou mwen lè wap vini : bring it for me when you are coming. Li twò lou; mwen pa ka ***pote*** l : it is too heavy; I cannot carry it. ***Pote*** l la a : bring it there. ***pote***-vini : to bring. ***pote*** l vini la a : bring it here.

potelaviktwa [potelaviktwa] po-te-la-vik-twa v.tr. to win the victory. viktwa n. : victory

poteke [poteke] po-te-ke to lease (land / tè); to mortgage. Malpoulik ***poteke*** tè a nan men l pou katran. (kre)

poudre [pudre] pou-dre v.tr. powder. Lap ***poudre*** nan glas la. (kre). poud. n. : powder. poudriye n. : compact

poupou [pupu] pou-pou v.int/n.to defecate, to shit. s: kaka, watè, tata, okabine. al ***poupou*** : to go to the bathroom. ale lasèl, al fè bezwen. 2. **poupou** n. : shit; stool

pouri [puri] pou-ri v.tr. to rot. Zoranj lan ***pouri*** (kre). 2. to corrupt; to spoil. s: gate (an palan de ti moun). Se li ki ***pouri*** ti moun yo ki fè yo malelve konsa. (kre). Dan ***pouri*** gen fòs sou bannann mi. (prov.)

pouse [puse] pou-se v.tr/n. to push; to shove back (bourade). pousad (bourad) n. : push. ***Pouse*** pòt la : push the door. Pa ***pouse*** m! ; don't push me! 2. to provoke (eksite, chofe yon moun pou fè yon bagay). Se ou kap ***pouse*** yo pou yo batay? (kre) 3. **pouse** n. : push. Fè yon ti ***pouse*** l : give it a push. 4 **pouse** (move bagay) n. : spell (sth. that pushes s.o to do sth. wrong). Li gen lè gen yon ***pouse*** dèyè l. (kre)

pousuiv [pus iv] pou-suiv v.tr. to follow, to pursue. var: pousiv, pousib. s: suiv, rapousuiv, rapousib, pati dèyè. Chen an ***pousuiv*** li tout kote l fè. (kre)

poze [poze] po-ze v.vr/int. to alight (bird / zwazo). Ranmye a ***poze*** sou branch bwa a. (kre). 2. to place (mete). Yo kòmanse ***poze*** blòk yo. (kre). 3. to settle (liquid / likid). Kite te a ***poze***; li gen ma. ***poze*** kesyon : to ask questions. ***poze*** tèt, ***poze*** san (+pro): to calm down

pran [pr] v.tr. to take. ***Pran*** sa a pou mwen souple! : take this for me please! ***pran*** responsablite : to take responsibilities. Mwen te ***pran*** nouvèl la : I heard the news. 2. to make love (to). 3. to catch (kenbe). Li ***pran*** yon pwason : he catches a fish. 4. to capture. s: kenbe, kaptire, poze lapat sou. Yo ***pran*** vòlè a : they capture the thief. ***pran*** (yon moun) ak de bra : to welcome s.o with opened arm. s: byen pran ka, byen resevwa (+pro). ***pran*** yon randevou : to make an appointment

pratike [pratike] pra-ti-ke v.tr. to practice. s: fè pratik, antrene. Yap ***pratike*** anvan match la: they are practicing before the game. pratik n. : practice. pratik (kliyan) n. : regular customer

preche [preʃe] pre-che v.tr. to preach. ***preche*** nan dezè : to talk to death ears. ***preche*** Levanjil : to preach the Gospel. Prèch n. : preaching. predikatè n. : preacher

prefere [prefere] pre-fe-re v.tr. to prefer. s: pito, vle. preferans n. : preferance. Kilès ladan yo ou ***prefere***? : which of them do you prefer?

prepare [prepare] pre-pa-re v.tr/int. to prepare. ***prepare*** manje : to prepare food. 2. to get ready; to be ready. s: pare. ***Prepare*** ou (mete ou pre)! Nou prale talè : get ready! We are leaving in a while. Mwen fin ***prepare*** m : I am ready. Manje a ***prepare*** : the food is ready. preparasyon n. : preparation.

prese [prese] pre-se v.tr/int. to press. Pote rad sa yo nan dray pou yo ***prese*** yo. (kre). 2. to be in a hurry. Poukisa ou ***prese*** konsa? : why are you in a hurry? Mwen pa ***prese*** : I am not in a hurry. Li toujou ***prese*** : she is always in a hurry. 3. to hurry (up). s: fè vit, depeche. ***Prese***! Nou prale : hurry up! We are leaving.

presize [presize] pre-si-ze v.tr. to specify. s: espesifye. presizyon n. : precision. Yo pat ***presize*** sa yo bezwen. (kre)

preskri [preskri] pres-kri v.tr. to prescribe. preskripsyon n. : prescription. Doktè ***preskri*** l medikaman. (kre)

pretann [pretã] pre-tann v.tr. to pretend. s: fè kòmsi. 2. to claim. Yo ***pretann*** ke se nan reyinyon an yo vini epoutan se espyonay yo te vin fè. (kre)

prete [prete] pre-te v.tr. borrow (from / nan men yon moun); to lend (prete yon moun). Li sot ***prete*** lajan pou l peye dèt la. (kre). Chodyè ***prete*** pa bouyi pwa sèk. (prov.). ***prete*** sèman : to take an oaf, to swear in. Prezidan Aristid te ***prete*** sèman 7 fevriye 1991. (kre)

prevwa [prevwa] pre-vwa v.tr. to foresee. s: wè sa kap rive, sak gen pou fèt. Yo ***prevwa*** move tan. (kre)

prezante [prez te] pre-zan-te v.tr. to present; to introduce (s.o to s.o). s: fè yon prezantasyon. prezantasyon n. Presentation; introduction. Prezidan ap ***prezante*** premye minis lan : the president is introducing the prime minister.

prezève [prezeve] pre-zè-ve v.tr. to preserve. s: konsève

prezide [prezide] pre-zi-de v.tr. to preside over, to preside at (a meeting / yon reyinyon); to chair (meeting / reyinyon). prezidan n. : president.

prije [priße] pri-je v.tr. to squeeze, to extract (juice). s: pire. Pa ***prije*** tout zoranj yo. (kre)

priye [prije] pri-ye v.tr/int. to pray. s: lapriyè. priyè n. : prayer. ***priye*** Bondye : to pray God. 2. to request, to ask (mande). ***priye*** yon moun fè yon bagay : to ask someone to do something. Tanpri! : please!

pwente [pw te] pwen-te v.tr. to point at (at); to aim (at). Li *pwente* zam nan sou yo. (kre). pwent n. : point. pwenti : sharp-pointed

pwodui [prod i] pwo-dui v.tr/n. to produce; to yield. 2. to produce (bring about). 3. to produce (create / kreye; make / fabrike). 2. **pwodui** n. : product; produce. *pwodui* agrikòl : agricultural produce. *pwodui* de bote : cosmetics. *pwodui* chimik : chemicals. pwodiksyon n. : production

pwofetize [profetize] pro-fe-ti-ze v.tr. to prophesy, to foretell. s: di sak gen pou rive. prophecy. Pwofèt la tap *pwofetize*. (kre). Se lapwofesi kap akonpli. (kre)

pwofite [profite] pwo-fi-te v.int. to profit. pwofi n. : profit

pwograme [programe] pwo-gra-me v.tr. to program. s: chaje ak pwogram, boure ak pwogram. Li *pwograme* pou wikenn nan. (kre). *pwograme* yon òdinatè (konpitè) : to program a computer. pwogram n. : program. Ki pwogram ou aswè a? : what are you up to tonight?

pwogrese [progrese] pwo-gre-se v.int. to progress. Lasyans ap *pwogrese*. (kre). fè pwogrè : to make progress, to improve. pwogrè n. : progress.

pwojte [proßte] pwoj-te v.tr. to project, to plan, to plan to do sth. Nou *pwojte* vwayaj la pou lòt semèn : we are thinking of traveling next week. 2. to schedule (meeting / reyinyon). pwojè n. : project. fè pwojè : to make plans

pwokire [prokire] pwo-ki-re v.tr. to have, to possess (sth.), to own. s: genyen, posede

pwolonje [prolõße] pro-lon-je v.tr. to extend (date / dat). Yo *pwolonje* dat peyman an pou li. (kre)

pwomèt [promet] pwo-mèt v.tr. to promise. var: pwonmèt. s: fè pwomès. pwomès n. : promise. Pwomès se dèt : it is one to promise and the other to perform. kenbe pwomès : to keep one's promise. Li pa kenbe pwomès li : he breaks his promise. *pwomèt* yon moun yon bagay : to promise someone something.

pwonmennen [pr m n] pwon-men-nen v.int. to stroll, to take a walk, to go out for a walk. s: fè yon pwomnad. Ann al *pwonmennen* ak yo! : let's take them out for a walk! *pwonmennen* nan machin (fè yon pwomnad nan machin) : to go for a drive, to go for a ride. Ann al *pwonmennen* sou bisiklèt! : let's go for a bicycle ride. pwomnad n. : stroll, walk. Mwen pral fè yon pwomnad ak ou : I am going to take you out for a walk.

pwononse [pron se] pro-non-se v.tr. to pronounce, to say, to utter (word / mo). pwononsiyasyon n. : pronunciation. malpwononse yon mo : to mispronounce a word

pwopaje [propa e] pwo-pa-je v.tr. to spread (out). s: gaye, simaye. Nouvèl la *pwopaje* : the news spreads out.

pwopoze [propoze] pro-po-ze v.tr. to propose. s: sijere, fè yon sijesyon. Se dizyèm depatman an ki te pou *pwopoze* konsil yo. (kre). *pwopoze* yon kandida : to propose, to put forward a candidate

pwòpte [propte] pwòp-te v.tr/n. to clean (up). s: netwaye, fè pwòpte. || sal. pwòp : clean. 2. **pwòpte** n. : cleaning, cleanliness. Apre Bondye se *pwòpte* : cleanliness is next to godliness. Yap *pwòpte* kay la : they are cleaning the house.

pwostène [prostene] pwos-tè-ne v.tr. to bow. s: koube, bese tèt (pou priye, pou adore).

Yo *pwostène* yo devan Bondye. Yo pral *pwostène* yo pou yo priye. (kre)

pwoteje [proteʒe] pro-te-je v.tr. to protect. s: bay (yon moun) pwoteksyon. pwotektè n. : protector. pwoteksyon n. : protection. Yo sou pwoteksyon lapolis : they are under police protection. Li toujou la pou l *pwoteje* nou : he is always there to protect us.

pwoteste [proteste] pro-tes-te v.tr. to protest. pwotestasyon n. : protest. *pwoteste* kont yon bagay : to protest against something, to make a protest against something. Dizyèm depatman an pat rete chita; li te *pwoteste* kont zak malonnèt yo apre trant septanm 91. (kre)

pwouve [pruve] pwou-ve v.tr. to prove (fact / fè, reyalite), to give proof. s: jwenn prèv; bay prèv. prèv n. : proof. Kòman wap fè *pwouve* sa? : how are you going to prove it? Yo *pwouve* sa yo ka fè : they prove what they can do.

pwovoke [provoke] pro-vo-ke v.tr. to provoke. s: eksite, pouse, chofe yon moun pou fè yon bagay. pwovokasyon n. : provocation. 2. to give rise to; to cause

pyafe [pjafe] pya-fe v.int. to go on a spree. s: banboche, pran plezi. Yo pral *pyafe* pou montre kontantman yo. (kre)

pyange [pjãge] pyan-ge v.int. to live from hand to mouth. Li pa gen okenn travay kounyeya, se *pyange* lap *pyange*. (kre)

pyese [pjese] pye-se v.tr. to patch. Pantalon an gen anpil twou; lap *pyese* l. (kre). Lanmou pa konn dèyè *pyese* : love is blind. pyès n. : patch. pyès (kay) : room. pyès (machin) n. : part

R

rabache [rabaʃe] ra-ba-che v.tr. to botch. Yo *rabache* travay la : they have done the work carelessly. Se yon travay *rabache*. (Kre). Li pa konn leson an; se *rabache* lap *rabache* l. (kre)

rabat [rabat] ra-bat v.tr. to overcast (raw seam / woulèt rad). s:fè woulèt rad. Tayè a ap *rabat* pye pantalon an. (kre)

rabi [rabi] ra-bi v.tr. to undercook (manje). Pa dekouvri manje a pou l pa *rabi*. (kre). Bannann nan *rabi*; li pa byen kwit (kre). 2. **rabi** (manke kwit) : uncooked. 3. **rabi** (pachiman) : not well washed. 4. **rabi** (rachitik) : stunted

rablabla [rablabla] ra-bla-bla v.int. to blabber. Li chita lap *rablabla* depi lontan; se pa anyen serye lap di. (kre)

raboure [rabure] ra-bu-re v.tr. to plow (tè). Yap *raboure* tè a anvan yo kòmanse plante. (Kre). Gade jan kochon an *raboure* la a! (kre). 2. to shove. Kilès ki *raboure* rad yo konsa? (kre)

rache [raʃe] ra-che v.tr. to uproot, to pull up. s: derasinen, dechouke. Dlo a *rache* pyebwa a. (kre). 2. to tear out (paper / papye). Pa *rache* paj liv la. (kre). 3. to extract (tooth / dan). Dantis la sot *rache* dan an pou li (kre). 4. to cut up, to chop. (koupe an moso). Yap *rache* vyann nan : they are cutting up the meat. rach n. : ax

rachte [raʃte) rach-te v.tr. to save, to rescue. s: sove, epaye. Li toujou la pou l *rachte* nou nan danje. (kre)

radada [radada] ra-da-da v.int. to ramble (speech).

radote [radote] ra-do-te v.int. to talk nonsense. radòt n. : nonsense. Li pap di anyen serye; se ***radote*** lap ***radote***. (kre)

rafine [rafine] ra-fi-ne v.tr. to refine . rafine petwòl : to refine oil. ***rafine*** sik : to refine sugar. rafinri n. : refinery

rafle [rafle] ra-fle v.tr. to raffle. s: fè yon raf. raf n. : raffle. Yap ***rafle*** radyo a. (kre)

rafrechi [rafreʃi] ra-fre-chi v.tr/n. to refresh. 2. **rafrechi** n. : cool herb drink. ***rafrechi*** memwa (+pro) : to refresh one's memory. rafrechisan : refreshing. rafrechisman n. : refreshment

rajeni [raßeni] ra-je-ni v.int. to look younger. jèn (fè jèn) n. : fasting. jèn (jenn moun) : young. jenès n. : youth. jenès (pwostitiye, bouzen, awonna) n. : prostitute

rakle [rakle] ra-kle v.int. to give a death rattle. Malad la ap ***rakle***; moun kòmanse pèdi espwa. (kre). bay yon ***rakle*** baton : to give a beating.

rakonte [rak te] ra-kon-te v.tr. to tell. s: di. ***rakonte*** yon istwa : to tell a story. Si chen ***rakonte*** ou sa l wè, wap pè mache nan nwit. (kre)

rakwoche [rakroʃe] ra-kwo-che v.tr. to hang up (phone / telefòn). || dekwoche. Poko ***rakwoche***; mwen pral pale ak li. (kre)

ralanti [ralãti] ra-lan-ti v.tr/int. to slow down. s: al dousman. || akselere, ale pi vit. ***Ralanti***; ou ale twò vit : slow down; you go too fast.

rale [rale] ra-le v.tr/int. to pull. s: tire. Yap ***rale*** kòd la : they are pulling the rope. ***Rale*** pòt la : pull the door. Boulanje a ap ***rale*** pat (bisuit) la (Kre). ***Rale*** l desann : pull it down. 2. to massage (ak lwil). s: mase, friksyonnen. Yo sot ***rale*** janm yo pou li. (Kre). 3. to hobble. Li pa ka mache dwat; se ***rale*** lap ***rale*** sou pye. (kre). Ti bebe a kòmanse ***rale*** . (kre). ***Rale*** kò ou bay moun pase! : get out of the way! ***Rale*** kò ou (soti kò ou) ! : move! 4. **rale**: shrunken, drawn (face / figi). Figi l ***rale*** nèt apre fyèv la. (kre)

rame [rame] ra-me v.tr. to row. ram n. : row. Lap ***rame*** pou kannòt la deplase. (kre)

ranbouse [rãbuse] ran-bou-se v.tr. to refund, to pay back; to get one's money back. Li te fin achte aparèy la men li pa renmen l; yap ***ranbouse*** l kòb la. (kre)

randui [rãd i] ran-dui v.tr/n. to coat. Mason yo ap kòmanse ***randui*** panno yo demen. (kre). 2. **randui** n. : coat, coating

ranfòse [rãf se] ran-fo-se v.tr. to reinforce; to strengthen. Sa vin ***ranfòse*** sa l di a : that backs up his statement. ranfò n. : reinforcement

ranje [rãße] ran-je v.tr/n. to fix (ajiste; repare); to repair (repare). || deranje. Yap ***ranje*** machin nan : they are fixing the car. ***Ranje*** l : fix it. 2. **ranje** n. : row. Yo chita nan premye ***ranje*** : they seat in the first row. manje ***ranje*** : poisonous food. ***ranje*** manje : to poison food

rankontre [rãk tre] ran-kon-tre v.tr. to meet. s: kontre (ak), jwenn (ak). rankont n. : meeting. fè yon move rankont : to come against sth. unpleasant. ***rankontre*** yon moun : to meet someone. Nou ***pral rankontre*** yo : we are going to meet them. Ki kote ou ***rankontre*** bèl ti grenn sa a? : where have met this beautiful one? Mwen ***rankontre*** l sou wout la : I run across her.

ranmase [rãmase] ran-ma-se v.tr. to pick up (pran), to gather (sth. / sanble); to collect (kolekte). ***ranmase*** ak pèl : to shovel up. Si ou gaye, gen pèl ki pou ***ranmase*** ou! (kre)

rann [rãn] v.int. to vomit. s: vomi, vonmi, rechte. Li ***rann*** tout sa li sot manje a (kre). ***rann***

gaz : to burp, to belch. ***rann*** kont : to realize. ***rann*** kont (bay yon esplikasyon, di dekiprevyen) : to give an account (of sth.). ***rann*** vè : to pass worms. s: jete vè. ***rann*** yon moun vizit : to visit someone

ranni [rãni] ran-ni v.int. to neigh. Chak bourik ***ranni*** nan patiraj li. (kre)

ranplase [rãplase] ran-pla-se v.tr. to replace, to substitute, to serve as a substitute for. Yo voye yon lòt pwofesè vin ***ranplase*** li. (kre)

ranpli [rãpli] ran-pli v.tr. to fill up. s: plen. 2. to fill in (space / espas), to complete (form / papye, dokiman)

ranpòteviktwa [rãp teviktwa] ran-pò-te-vik-twa v.int. ....s: soti viktorye. viktwa n. : victory

ranse [rãse] ran-se v.int. to triffle, to toy. 2. to joke. s: betize, radote. Yo konnen ak kilès pou yo ***ranse*** (kre). rans n. : nonsense. ransè n. : joker. 3. to waste time, to dally (pèdi tan nan fè yon bagay). Ou rete ap ***ranse***; ou pa fè travay la. (kre)

rantre [rãtre] ran-tre v.tr/int. to return, to come back (from a trip / sot nan yon vwayaj). s: vini, antre. Yo ***rantre*** sot Nouyòk semèn pase . (kre). 2. to get inside, to come inside (vin andedan). ***Rantre***! Sispann jwe deyò a (kre). Di ti moun yo ***rantre*** : tell the kids to come inside. 3. to put sth. inside (mete yon bagay andedan). ***Rantre*** rad yo; lapli pral tonbe : put the clothes inside; it's going to rain.

ranvèse [rãvese] ran-vè-se v.tr. to overthrow. s: jete, dechouke (yon gouvèlman, gouvènman). ***ranvèse*** yon prezidan : to overthrow a president. ranvèsman n. : overthrowing

ranvwaye [rãvwaje] ran-vwa-ye v.tr. to send away. Akoz siklòn nan, yo ***ranvwaye*** lekòl. (kre)

rape [rape] ra-pe v.tr. to snatch. s: rale (yon bagay nan men yon moun). Se konsa ou ***rape*** l nan men mwen! (kre)

raple [raple] ra-ple v.int. to remember, to remind, to recall. s: sonje, chonje. Mwen pa ***raple*** m : I don't remember.

rapòte [rãp te] ra-pò-te v.tr. to profit, to be of benefit. Sa pap ***rapòte*** nou anyen : that will bring us nothing, it won't be in our advantage. 2. to report. Yo ***rapòte*** sa lapolis : they report it to the police. rapò n. : report

rapousuiv [rapus iv] ra-pou-suiv v.tr. to follow, to pursue. var: rapousib. Lapolis ap ***rapousib*** yo : the police is after them.

rasanble [rasãble] ra-san-ble v.int. to get together, to gather, to rally . s: fè yon rasanbleman, reyini. rasanbleman n. : rally

rasazye [rasazye] ra-sa-zye v.tr. to satisfy. s: satisfè, kontante, jwenn satisfksyon

rasi [rasi] ra-si v.int/n. to get stale. Bisuit ***rasi*** fè bon soup. (kre). 2. **rasi** (ti moun ki pa devlope, ti ***rasi***) : underdeveloped (child). Li sanble yon ti ***rasi***. (kre)

rate [rate] ra-te v.tr. to miss. s: manke. Yo ***rate*** otobis la : they miss the bus. ***rate*** yon okazyon : to miss an opportunity. Se yon okazyon pou pa ***rate*** : you should not miss this opportunity.

ratifye [ratifje] ra-ti-fye v.tr. to ratify. Prezidan an soumèt kèk pwojè de lwa bay sena a men yo pa vle ***ratifye*** yo. (kre). ratifikasyon n. : ratification

ratresi [ratresi] ra-tre-si v.tr/int. to shorten, to shrink. s: vin kout. || alonje, vin pi long; fè yon bagay vin pi long. ***ratresi*** kou yon brik savon : to shrink a lot. Si ou lave wòb sa a, lap ***ratresi*** : if you wash this dress, it will shrink.

ravaje [rava e] ra-va-je v.tr. to ravage. s. fè ravaj. Se ***ravaje*** maladi sa a ap ***ravaje*** moun. (kre). 2. to loot, to steal. s: piye, balize. Vòlè ***ravaje*** jaden an yèswa. (kre). ravay n. : ravage

rayi [raji] ra-yi v.tr. to hate. s: deteste, degoute, pa vle wè. || renmen, admire, apresye. ***Rayi*** chen, di dan l blan. (prov.). rayisab : hateful

raze [raze] ra-ze v.tr/int. to shave. s: fè bab. Li bezwen yon razwa pou l ***raze*** : he needs a razor to shave. 2. to make love (to)

reachte [reaʃte] re-ach-te v.tr. to buy again. || revann. Jilyen ***reachte*** tè a nan men Dyelifèt. (kre)

readapte [readapte] re-a-dap-te v.tr. to readapt. Li difisil pou yon moun ki kite peyi l lontan vin ***readapte*** a tout bagay lè li retounen. (kre)

reaji [rea i] re-a-ji v.int. to react. var: reyaji. s: fè yon reyaksyon. reyaksyon n. : reaction. Kòman yo te ***reaji***? : How did they react?

rebat [rebat] re-bat v.tr. reshuffle (cards / kat). Kat la mal bat fòk ou ***rebat*** li. (kre). 2. to beat (up) again. Li sot ***rebat*** pitit la. (kre)

rebati [rebati] re-ba-ti v.tr. to rebuild, to reconstruct. s: rekonstwi. ***rebati*** yon kay : to rebuild a house

rebay [rebaj] re-bay v.tr. to give again. || repran. Yo ***rebay*** nouvèl la. (kre)

rebele [rebele] re-be-le v.int. to rebel. s: fè rebèl kont, dezobeyi. Li pa vle obeyi lòd paran l; li ***rebele*** kont yo. (kre). rebèl n. : rebel. rebèl : rebellious

rebite [rebite] re-bi-te v.tr. to repel. Manje a ***rebite*** l; li manje l twòp. (kre). rebitan : reppelling

rebondi [reb di] re-bon-di v.int. to bounce. Wòch la al ***rebondi*** nan mi an. (kre)

rebwaze [rebwaze] re-bwa-ze v.tr. to reforest. || debwaze. rebwazman n. : reforestation. Tout peyi a bezwen ***rebwaze*** pou lapli ka tonbe. (kre)

rebwè [rebwe] re-bwè v.tr. to drink again. s: bwè ankò. ***Rebwè*** se nòs. (prov.)

rechofe [reʃofe] re-cho-fe v.tr. to reheat, to heat again

rechouke [reʃuke] re-chou-ke v.tr. to rehire (s.o who was fired). || dechouke

rechte [reʃte] rech-te v.int. to vomit. s: rann, vomi, vonmi. Tout sa l manje li ***rechte*** l. (kre). 2. to reject (pa asepte). Yo ***rechte*** demann li te fè a. (kre)

redesann [redesan] re-de-sann v.int. to go down again. || remonte

redi [redi] re-di v.tr/int. to retell, to tell again. 2. to pull (rale); to tug (rale ak fòs). 3. to slave away (travay di), to work hard. s: bourike. ***redi*** anba yon chay : to try to carry something heavy. 4. **redi** : severe (face / figi). Gade jan figi l ***redi*** apre lafyèv la. (kre)

redistribiye [redistribije] re-dis-tri-bi-ye v.tr. to distribute again. s: refè yon redistribisyon , distribiye yon bagay ankò. ***Redistribiye*** papye sa yo. (kre). redistribisyon n. : redistribution

redouble [reduble] re-dou-ble v.tr/int. to pass (a car) again. 2. to eat three times. 3. to fall again (rain / lapli). s: retonbe. 4. to repeat a grade three times (school / redouble, triple yon klas)

redui [red i] re-dui v.tr. to reduce. s: fè yon rediksyon, diminye, wete, retire nan yon bagay, dedui (sou, nan). || ogmante. rediksyon n. : reduction

reentegre [re tegre] re-en-te-gre v.tr.to reinstate; to restore someone to his position. Yo ***reentegre*** nan lame a kèk militè ke yo te retrete (kre). reentegrasyon n. : reinstatement

refè [refe] re-fe v.tr/int. to redo, to do (sth.) over. s: refèt, fè yon bagay ankò. 2. to recover (from illness / apre yon maladi)

refere [refere] re-fe-re v.tr. to refer (to / a). s: fè referans (a). referans n. : reference

refèt [refe t] re-fèt v.tr. to redo, to do (sth.) over. s: refè, fè yon bagay ankò

refijye [refi je] re-fi-jye v.int/n. to take refuge. 2. **refijye** n. : refugee. Yo pa konn ki kote li al ***refijye*** l. (kre). Sèvis imigrasyon ap wè nan ki mwayen yo ka ede ***refijye*** yo. (kre). Yo se ***refijye*** : they are refugees

refize [refize] re-fi-ze v.tr. to refuse. s: derefize. || vle. refi n. : refusal

reflechi [refleʃi] re-fle-chi v.int. to think, to reflect; to ponder. s: fè yon refleksyon sou, panse, ekzanminen, ekzamine. Mwen pral ***reflechi*** sou sa : I am going to think about it.

reflete [reflete] re-fle-te v.tr. to reflect. reflè n. : reflection

refòme [ref me] re-fò-me v.tr. to reform; to change. refòm n. : reform; change

refwadi [refwadi] re-fwa-di v.tr. to cool off. Motè a pa cho ankò; li ***refwadi***. (kre). refwadisman n. : chill. pran yon refwadisman : to catch a chill

regade [regade] re-ga-de v.tr. to concern. Sa pa ***regade*** ou! : that's not your business!

regle [regle] re-gle v.tr. to settle, to arrange. Tout afè l ***regle*** : everything is settled. 2. to get even with. Mwen pral ***regle*** avè l. (kre). 3. to count (money / kòb). ***Regle*** kòb la anvan ou ale. (kre). regleman n. : settlement; regulation.

regrete [regrete] re-gre-te v.int. to feel sorry. s: regrèt, mòtifye. regrè n. : sorrow

regwoupe [regrupe] re-gwou-pe v.int. to regroup. gwoup n. : group

rejete [reßete] re-je-te v.int. to renounce voodoo. s: renonse a tout sa ki an rapò ak vodou. Lè mouvman rejèt la, yo te mande pou tout moun ***rejete***. rejèt (kanpay kont vodou) n. : campaign against voodoo

rejwi [rejwi] re-jwi v.int. to rejoice, to cheer; to be delighted. rejwisans n. : rejoicing; festivities

rekile [rekile] re-ki-le v.int. to go back, to back up. fè bak, tyoule. || avanse, fè avan, vin devan

reklame [reklame] re-kla-me v.tr. to claim, to insist on. reklamasyon n. : claim

rekloure [reklure] re-klu-re v.tr. to nail again. klou n. : nail

rekòlte [rek lte] re-kòl-te v.tr. to harvest. s: mwasone. rekòt n. : harvest. Li gen ven rekòt kafe : he is twenty years old. Sa ou plante se li ou va ***rekòlte***. (kre)

rekòmande [rek m de] re-kò-man-de v.tr. to recommend. s: fè yon rekòmandasyon, bay yon rekòmandasyon. rekòmandasyon n. : recommendation. Yo ***rekòmande*** l yon bon doktè. (kre). lèt ***rekòmande*** : registered letter. ***rekòmande*** yon lèt : to send a letter registered mail

rekòmanse [rek m se] re-kò-man-se v.tr/int. to start again, to start over, to begin again. var: rekoumanse. s: kòmanse ankò. Kilè wap ***rekòmanse*** travay? : when are you going back to work?

rekonèt [rekonet] re-ko-nèt v.tr. to recognize. Mwen pat fouti ***rekonèt*** ou : I could not recognize you at all. Na (nou va) ***rekonèt*** yo sou sa yap fè : we will know them by what they do.
rekonfòte [rek f te] re-kon-fò-te v.tr. to comfort. s: konsole. rekonfò n. : comfort.
rekonpanse [rek pase] re-kon-pan-se v.tr. to reward. s: bay yon rekonpans; jwenn yon rekonpans. rekonpans n. : reward
rekonpoze [rek poze] re-kon-po-ze v.tr. to do a make up exam, to take an exam (over). s: refè yon ekzamen, repran yon ekzamen
rekonsilye [rek silje] re-kon-si-lye v.int. to become reconciled. Yo te fache men kounyeya yo ***rekonsilye***. (kre). rekonsilyasyon n. : reconciliation
rekonstwi [rek stwi] re-kons-twi v.tr. to reconstruct, to rebuild. s: rebati. rekonstriksyon n. : reconstruction
rekonte [rek te] re-kon-te v.tr. to recount, to count again. s: konte ankò
rekopye [rekopje] re-ko-pye v.tr. to recopy, to copy over.
rekoud [rekud] re-koud v.tr. to sew again, to sew (sth.) over
rekoupe [rekupe] re-kou-pe v.tr. to cut again
rekouvri [rekuvri] re-kou-vri v.tr. cover again
rekrite [rekrite] re-kri-te v.tr. to recruit. s: fè yon rekritman. rekritman n. : recruitment
rekwit [rekwit] re-kwit v.tr. to cook again
rele [rele] re-le v.tr. to call; to be named (att.). ***Rele*** yo : call them. Ki jan ou rele? : what is your name? 2. to yell (fè bri). 3. to cry (kriye). Poukisa ti bebe a ap ***rele*** konsa? : why is the baby crying? rèl n. : cry
reli [reli] re-li v.tr. to reread, to read again
relye [relje] re-lye v.tr. to connect (of road / an palan de wout ki konekte)
remake [remake] re-ma-ke v.tr. to notice. s: apèsi, wè. remak n. : notice
remedye [remedje] re-me-dye v.tr. to remedy. remèd n. : cure. Yap eseye wè nan ki mwayen yo kapab ***remedye*** sitiyasyon an. (kre)
remèsye [remesje] re-mè-sye v.tr. to thank. remèsiman n. : thank
remèt [remet] re-mèt v.tr. to give back, to return. ***remèt*** lajan : to pay back; to refund. Si ou prete, fò ou ***remèt***. (kre)
remete [remete] re-me-te v.tr. to put again. Pa ***remete*** l : don't put it again.
remize [remize] v.tr. to park (in a garage). s: estasyone, pake, pakin, gare. remiz n. : garage. Al ***remize*** machin nan.(kre)
remonte [rem te] re-mon-te v.tr/int. to boost. Li sot bwè yon fòtifyan pou ***remonte*** l. (kre). 2. to go up again. || redesann. 3. to put together again (parts / pyès)
remye [remje] re-mye v.tr. to plow. s: raboure, vire (tè). Yap ***remye*** tè a avan yo kòmanse plante. (kre)
renmen [r m] ren-men v.tr. to like, to love. || pa renmen, rayi, deteste, degoute, pa vle wè. Yo ***renmen*** : they have a love affair. Kijan ou ***renmen*** li? : how do you like it?. Kilès ladan yo ou ***renmen***? : which one do you like? Mwen pa ***renmen*** sa a : I don't like this one.
renonse [ren se] re-non-se v.tr. to renounce; to give up (bay legen, kite)
renouvle [renuvle] re-nou-vle v.tr. to renew. Li gen pou l ***renouvle*** lisans li : he has to

renew his license.

rense [rese] ren-se v.tr. to rinse. Poko ***rense*** rad yo. (kre)

reòganize [re ganize] re-ò-ga-ni-ze v.tr. to reorganize

reouvè [reuve] re-ou-vè v.tr. to reopen, to open again. | | refèmen

repanti [repãti] re-pan-ti v.int. to convert (religion / relijyon). s: konvèti. repantans n. : repentance

repare [repare] re-pa-re v.tr. to repair, to fix. s: fè yon reparasyon (nan yon bagay), ranje. reparasyon n. : repairing

reparèt [reparet] re-pa-rèt v.int. to reappear, to appear again. s: parèt ankò

repase [repase] re-pa-se v.tr. to review, to go over. s: revize. Elèv yo ap ***repase*** pou ekzamen an : the students are reviewing for the exam. 2. to pass by again (pase yon kote ankò). Mwen wè yo ***repase*** la a ankò : I see them passing by again. 3. to iron (hair / cheve). Matilda sot ***repase*** cheve Ina. (kre)

repati [repati] v.int. to leave again, to take off again

repèse [repese] re-pè-se v.tr. to pierce again

repete [repete] re-pe-te v.tr. to repeat. ***repete*** apre yon moun : to repeat after someone. 2. to rehearse, to practice. s: fè yon repetisyon. repetition n. : rehearsal. Yap ***repete*** pou konsè a : they are rehearsing for the concert

replane [replane] re-pla-ne v.tr. to pawn sth. again.Li sot pran mont lan nan plàn epi li al ***replane*** l (kre). plàn (brikabrak) n. : junk shop

replante [replãte] re-plan-te v.tr. to plant again. Yo ***replante*** mayi a. (kre)

replen [repl] re-plen v.tr. to refill, to fill up again

replike [replike] re-pli-ke v.int. to talk back. replik n. : talking back. Li renmen ***replike*** ak moun. (kre). Ti moun pa ***replike*** ak granmoun. (kre)

repliye [replije] re-pli-ye v.tr. to fold (sth.) again

replonje [replõ e] re-plon-je v.tr/int. to replunge, to plunge again

reponn [rep n] re-ponn v.tr. to answer. Tout pale lap pale a, pesonn pa ***reponn*** li. (kre). ***Reponn*** telefòn nan : answer the phone. repons n. : answer. jwenn yon repons : to find an answer. 2. to correspond to. Sa pa reyèlman ***reponn*** a bezwen yo. (kre)

repouse [repuse] re-pou-se v.tr. to turn s.o away. 2. to push again (pouse ankò)

repoze [repoze] re-po-ze v.int. to relax, to take a break. s: pran repo, pran yon kanpo, fè yon kanpe. repo n. : break. Depi maten an yap travay; yo pa janm ***repoze***. (kre)

repran [reprã] re-pran v.tr/int. to retake, to take again, to take back. | | rebay. Li ***repran*** sa l te ban mwen an : she takes back what she gave me. 2. to start again, to start over. s: rekòmanse

reprann [reprãn] re-prann v.int. to improve, to feel better (health / sante). 2. to go back to one's regular duty. Kilè wap ***reprann*** travay ou? : when are you going back to work?

reprezante [reprezãte] re-pre-zan-te v.tr. to represent. Yo voye yo al ***reprezante*** Ayiti. (kre) reprezantasyon n. : representation. reprezantan n. : delegate

reprimande [reprimãde] re-pri-man-de v.tr. to reprimand

repwoche [reproʃe] re-pwo-che v.tr. to blame. s: fè (yon moun) repwòch, blame, blanmen. Se pa de ***repwoche*** paran li ***repwoche*** l. (kre). s: fè yon moun. repwòch. repwòch n. : reproach; blame

repwodui [reprod i] re-pwo-dui v.tr. to reproduce. s: fè yon repwodiksyon. repwodiksyon n. : reproduction. Li bay ***repwodui*** foto a. (kre)

repyese [repjese] re-pye-se v.tr. to patch again

resevwa [resevwa] re-se-vwa v.tr. to receive. 2. to welcome. Yo ***resevwa*** l ak de bra. Kilè ou te resevwa li? : when did you receive it? 3. to serve food and drink to guests (sèvi envite manje ak bwason)

resi [resi] re-si v.int/n. to succeed (in doing sth.). Yo ***resi*** jwenn yon repons : they finally get an answer. Yo te ***resi*** ale : they finally left. 2. **resi** n. : receipt. Lè li fin peye, yo ba li yon ***resi***. (kre). Kote ***resi*** a? : where is the receipt?

resite [resite] re-si-te v.tr. to recite. resitasyon n. : recitation. Lap ***resite*** leson an. (kre). Lap ***resite*** yon powèm : she is reciting a poem.

respekte [respekte] res-pek-te v.tr. to respect. s: gen respè pou. | | derespekte, manke respè. Ou pa ***respekte*** pesonn : you have respect for no one. respè n. : respect. Bwè dlo, ***respekte*** vè. (prov.)

respire [respire] res-pi-re v.tr. to breathe. respirasyon n. : breathing.

restore [restore] res-to-re v.tr. to restore. s: repare, fè reparasyon nan (moniman). Yap ***restore*** Sitadèl la. (kre). ***restore*** yon moniman: to restore a monument. restorasyon n. : restoration

retabli [retabli] re-ta-bli v.int. to recover (health / sante). s: refè

retande [retãde] re-tan-de v.tr. to hear again. Mwen ***retande*** nouvèl la : I hear the news again.

rete [rete] re-te v.tr/int. to live (abite). Nou ***rete*** lwen ak isit la : we live far from here. 2. to remain. Yo ***rete*** bouch fèmen : they remain silent. 3. to stop (estope). ***Rete*** machin nan : stop the car. ***Rete***! Mwen pa nan jwèt! : stop it! I am not playing! ***Rete*** ak lapè! : May peace be with you!

retire [retire] re-ti-re v.tr. to take out, to remove. s: wete. | | mete. ***Retire*** soulye ou : take your shoes off. ***Retire*** kò ou sou mwen! : get away from me!

retni [retni] ret-ni v.tr/n. to retain; to memorize. s: kenbe yon bagay nan tèt, konnen yon bagay pa kè. Li ***retni*** leson an : she memorizes the lesson. 2. **retni** n. : remainder

retounen [retun] re-tou-nen v.int. to return, to come back. s: tounen. Map ***retounen*** talè : I will be right back. ***Retounen*** kounyeya! : come back right away!. retou n. : return

retransmèt [retrasmet] re-trans-mèt v.tr. to retransmit; to rebroadcast

retrase [retrase] re-tra-se v.tr. to retrace. tras n. : trace

revann [revãn] re-vann v.tr. to resell, to sell again. | | reachte

reve [reve] re-ve v.tr. to dream. Wap ***reve***? : are you dreaming?. rèv n. : dream. fè yon rèv : to have a drem. gen yon rèv : to have a dream, to dream about sth.

reveye [reveje] re-ve-ye v.tr/int. to wake up. Ou ***reveye*** bonè : you wake up early. A ki lè ou ***reveye***? : what time do you wake up? revèy n. : clock. revèy (sèvis revèy) n. : revival

revize [revize] re-vi-ze v.tr. to review. s: fè yon revizyon, repase. Yap ***revize*** pou ekzamen an : they are reviewing for the exam. revizyon n. : review

revni [revni] rev-ni v.int. to regain consciousness. Li te kouche san pale ak pesonn; li ***revni*** kounyeya (kre)

revoke [revoke] re-vo-ke v.tr. to fire (from work). s: kase; dechouke (yon moun nan yon travay). Yo ***revoke*** de anplwaye: they fired two employees. revokasyon n. : dismissal; revocation

revòlte [rev lte] re-vòl-te v.int. to revolt. s: soulve, leve kont. revòl n. : revolt. revolisyon n. : revolution

reyalize [rejalize] re-ya-li-ze v.tr. to realize. 2. to carry out, to accomplish. s: akonpli. reyalizasyon n. : accomplishment

reye [reje] re-ye v.int. to reign. rèy n. : kingdom. wa n. : king. rèn n. : queen. wayòm n. : kingdom. prens n. : prince. prensès n. : princess

reyini [rejini] re-yi-ni v.int. to gather, to get together; to rally. s: rasanble. Yo ***reyini*** devan palè pou manifeste. (kre). reyinyon n. : meeting

rezève [rezeve] re-zè-ve v.tr. to reserve. s: fè yon rezèvasyon. Plas sa a ***rezève*** : this seat is reserved. ***rezève*** yon plas : to reserve a seat. rezèvasyon n. : reservation

reziyen [rezij] re-zi-yen v.tr. to resign oneself. Yo ***reziyen*** yo paske yo pa gen lòt chwa. (kre)

rezone [rezone] re-zo-ne v.int. to reason. Li ***rezone*** byen. (kre). rezonnman n. : reasoning

ri [ri] v.int/n. to laugh. ***ri*** yon moun : to laugh at someone. pete yon ekla ***ri*** : to have a belly laugh. s: ***ri*** kò pèdi, ***ri*** kòlèt debraye, ***ri*** vant deboutonnen, ***ri*** jòn, rikannen. 2. **ri** n. : street. Nan ki ***ri*** ou rete? : what street do you live on?

rikannen [rikãn] ri-kan-nen v.int. to have a belly laugh. s: ri vant deboutonnen, ri kò pèdi, ri kòlèt debraye. Sak pase wap ***rikannen*** konsa? (kre)

rinen [rin] ri-nen v.tr/int. to ruin. 2. to urinate. s: pipi, pise, fè pipi

riske [riske] ris-ke v.tr. to risk. s: pran yon ris. ris n. : risk. Se vi ou wap ***riske*** : you are risking your life. Se yon ris : it's a risk.

ritme [ritme] rit-me v.tr. to mark with a rhythm; to cadence

rive [rive] ri-ve v.int. to arrive, to get to a place. s: debake. Ki lè ou panse nap ***rive***? : what time do you think we will get there? Nap ***rive*** talè : we will get there shortly. Twò vit pa ***rive***. (prov.). 2. to reach (touche, jwenn). 3. to happen (pase). Ki sak ***rive*** yo? : what happen to them?

S

sable [sable] sa-ble v.tr. to. to sandblast. fèy sable : sand paper

sabote [sabote] sa-bo-te v.tr. to slap (in the face). s: bay yon (moun) sabò, kalote, souflete, jifle. sabò n. (slap)

saka [saka] sa-ka v.tr. to winnow (slowly / vannen tou dousman). Li fin ***saka*** pitimi an. (kre)

sakaje [sakaße] sa-ka-je v.tr. to shake. s: bay sakad, souke, sekwe. sakad n. : jolt, jerk. Chwal la ***sakaje*** l; li kouri ak li twòp. (kre). 2. to plunder, to sack. Vòlè ***sakaje*** kay la yèswa. (kre)

sakre [sakre] sa-kre v.tr. to ordain (priest / pè; pastor / pastè). 2. **sakre** : sacred. yon andwa ***sakre*** : a sacred place

sakrifye [sakrifje] sa-kri-fye v.tr. to sacrify. sakrifis n. : sacrifice.

sal [sal] v.tr. to dirty. s: tòchonnen. || pwòpte, netwaye. salte n. : dirt. 2. **sal** : dirty. || pwòp, nèt. Li ***sal*** : it is dirty.

sale [sale] sa-le v.tr. to salt (excessively). 2. to insult (joure, ensilte). 2. **sale** : salty. manje a ***sale*** : the food is salty. sèl (manje) n. : salt. sèl (pou bèt) n. : saddle. sèl (sèlman) : only

salope [salope] sa-lo-pe v.tr. to dirty. s: sal, tòchonnen. salòp n. : immoral person. salòp (lach) n. : coward. n. : salòp (papwòp) n. : slowpoke

sanble [sãble] san-ble v.tr. to seem. Li ***sanble*** l pral fè lapli : it seems that it's going to rain. 2. to look alike, to resemble. ***sanble*** tèt koupe, ***sanble*** kou de gout dlo (ak): to look very alike. Marasa yo ***sanble*** tèt koupe : the twins look very alike.

sangle [sãgle] san-gle v.tr. to girth. || desangle. sang n. : cinch. ***Sangle*** chwal la byen pou chay la pa tonbe. (kre)

santi [sãti] san-ti v.tr. to smell (nan nen). ***Santi*** l : smell it. 2. to feel. Ou ***santi*** l? : do you feel it? Mwen pa ***santi*** l : I don't feel it. ***santi*** fò : to have a strong smell. sant n. : smell, smelling. sant (lokal) n. : center. Gen yon bagay ki ***santi*** la a : something smells in here.

santralize [sãtralize] san-tra-li-ze v.tr. to centralize. || desantralize. sant n. : center. sant n. : smell, smelling

santre [sãtre] san-tre v.tr. to center (on); to adjust (lens). ***Santre*** boul la pou li fè gòl la. (kre)

satisfè [satisfe] sa-tis-fè v.tr. to satisfy. var: satispè, satilfè. s: jwenn satisfaksyon (satispaksyon), rasazye, kontante. satisfaksyon (satispaksyon) n. : satisfaction. Satisfè ak sa ou genyen : be happy with your lot.

satouyèt [satujet] sa-tou-yet v.tr. to tickle. var: satiyèt. Pa ***satouyèt*** li : don't tickle her.

savonnen [savõn] sa-von-nen v.tr. to soap. savon n. : soap. 2. to reprimand

se [se] to be (see ***se*** and ***ye***). Li ***se*** yon kalbas gran bouch : he is a big mouth.

seche [seʃe] se-che v.tr. to dry. var: cheche. || mouye. Mete rad yo nan solèy pou yo ***seche***. sèk : dried

sede [sede] se-de v.tr. to yield, to give (bay). 2. to lend (prete). || remèt. 3. to give up. s: kite

sedui [sed i] se-dui v.tr. to seduce. sediksyon n. : seduction. Lap eseye ***sedui*** ti fi a : he is trying to seduce the girl.

segonde [segõnde] se-gon-de v.tr. to second, to assist s.o. Pastè a gen yon dyak ki ***segonde*** l. (kre)

sekle [sekle] se-kle v.tr. to weed. var: sakle. Yo pral ***sekle*** tè a demen. (kre)

sekouri [sekuri] se-kou-ri v.tr. to rescue, to help. var: sekoure. s: pote sekou, delivre, ede. sekou n. : help. Anmwe sekou! : help! ***sekouri*** yon moun : to rescue someone

sekwe [sekwe] se-kwe v.tr. to shake. s: souke. ***Sekwe*** l byen anvan ou ouvè li : shake it well before opening it.

sele [sele] se-le v.tr. to seal (document / dokiman), to stamp. 2. to saddle (horse / chwal).

| | desele. sèl (pou bèt) : n. : saddle. sèl (pou manje) n. : salt

selebre [selebre] se-le-bre v.tr. to celebrate. s: fete. selebrasyon n. : celebration

sèmante [semãte] sè-man-te v.int. to swear. s: fè sèman, jire. 2. to pledge fidelity (s.o). Moun pa ***sèmante*** lè loraj ap gwonde (kre). sèman n. : oaf. prete sèman : to take an oaf

sènen [s n] sè-nen v.tr. to hem in. s: kwense. 2. to try to capture (s.o, an animal). sèn (pwason) n. : trawl (fishing). sèn (sou sèn) n. : stage

senpatize [sepatize] sen-pa-ti-ze v.int. to sympathize (with / ak). Yo ***senpatize*** ak nou: they sympathize with us.

senplifye [s plifje] sen-pli-fye v.tr. to simplify. s: rann pi senp. senp : simple. ***senplifye*** yon fraksyon : to simplify a fraction, to reduce a fraction to its lowest term

sentre [s tre] sen-tre v.tr. to grip (around) the waist. senti, sentiwon n. : belt. senti n. : waist. Sentiwon an pa ka ***sentre*** li. (kre). 2. to fit closely (clothes / rad). 3. to corner (kwense, sènen)

senyen [s j] sen-yen v.tr. to bleed. 2. to cut the throat of, to bleed (animal). s: degagannen, degòje. Se pa de bri kochon an fè lè yo tap ***senyen*** l lan. (kre). senyen kou bèf : to bleed a lot. san n. : blood. san (nimewo) : one hundred

separe [separe] se-pa-re v.tr. to separate, to divide; to share. Al ***separe*** yo; men yap batay. (kre). ***separe*** manje : to dish out food. 2. to break (love affairs). Yo ***separe*** apre twa mwa maryaj. (kre). separasyon n. : separation, division; share

sere [sere] se-re v.tr. to hide (sth. / kache yon bagay). 2. to be tight (att. / an palan de sak pa lach). | | lache. Li twò ***sere*** : it is too tight. Pa gen anyen map ***sere*** : I have nothing to hide. Sa Bondye ***sere*** pou ou lavalas pa ka bwote l. (prov.). 3. to store (sth. / mete nan depo). 4. to save (money / lajan etc.). s: ekonomize

sèvi [sevi] sè-vi v.tr/int. to serve (food, drink / manje, bwason). 2. to worship (adore). ***sèvi*** Bondye : to worship God. ***sèvi*** ak : to use, to make use of. s: itilize, anplwaye. 3. to be of use (sèvi ak, itilize). Nou poko sèvi ak sa a : we have not used this one yet. sèvis (itilizasyon) n. : use. sèvis (lwa, vodou) n. : voodoo ceremony. sèvisdadorasyon n. : worshiping. sèvitè n. : servant. desèvis : on duty. rann yon moun yon sèvis : to do someone a favor

sevre [sevre] v.tr. to wean, to stop nursing (a young child). Manman an ***sevre*** l; li pa ba li tete ankò (kre). 2. to abandon, to desert (s.o). s: kite. Piga ou ***sevre*** nou; toujou kenbe kontak ak nou. (kre)

seye [seje] se-ye v.tr. to try, to test. s: eseye, teste. 2. to try on. s: eseye, mezire. 3. to attempt (tante, pran chans)

sezi [sezi] se-zi v.tr/int. to grasp, to seize (poze lapat sou yon bagay). 2. to startle. s: espante, pantan. 3. to be shocked (choke). Nouvèl la fè l ***sezi*** : she is shocked by the news.

sibi [sibi] si-bi v.int. to experience (go through / viv yon bagay, pase). Li te ***sibi*** sa wap pase kounyeya : he has experienced what you are going through. 2. to suffer (abs.). s: soufri, pase, pase kalamite. Se yon moun ki ***sibi*** anpil mati. (kre)

sibvansyone [sibvãsjone] sib-van-syo-ne v.tr. subsidize. s: sipòte pa leta. Se leta ki ***sibvansyone*** pwojè a. (kre). sibvansyon n. : subsidy

sifoke [sifoke] si-fo-ke v.int. to choke. var: sivoke. s: trangle, toufe

sijere [si ere] si-je-re v.tr. to suggest. s: bay yon sijesyon. sijesyon n. : suggestion. Kisa ou *sijere*? : what do you suggest?

sikile [sikile] si-ki-le to circulate. sikilasyon n. : circulation. sikilasyon (trafik) : trafic. sikilasyon (depatman trafik) : motor vehicule

sikre [sikre] si-kre v.tr. to sweeten, to make sweeter. s: adousi. sik n. : sugar. Kafe a pa *sikre*; li anmè. (kre)

simante [simãte] si-man-te v.tr. to cement. siman n. : cement. 2. to consolidate

simaye [simaje] si-ma-ye v.tr/int. to spread out, to scatter. s: gaye, simen. Nouvèl la gen tan *simaye* : the news spreads out.

simen [sim] si-men v.tr. to sew (seeds / semans). *simen* latèrè : to cause trouble, to commit crimes. Yap *simen* latèrè tout kote : they are causing trouble everywhere.

sipèvize [sipevize] si-pè-vi-ze v.tr. to supervise. sipèvizè n. : supervisor. sipèvizyon n. : supervision

sipliye [siplije] si-pli-ye v.tr. to beg (s.o to do sth.). s: priye yon moun pou fè yon bagay. siplikasyon n. : entreaty

sipòte [sip te] si-pò-te v.tr. to support. 2. to support (financially / finansyèman). 3. to support, to back up. s: epole. *sipòte* yon kandida : to support, to back up a candidate. 4. to bear, to endure. Se li ki konnen sa lap *sipòte*. (kre). pa ka *sipòte*, pa *sipòte* : to hate, to detest. s: deteste, pa ka wè. *sipòte* pa leta : to subsidize. s: sibvansyone. sipò n. : support; back up

sipoze [sipoze] si-po-ze v.tr. to suppose, to have to (be supposed to). s: dwe. ***Sipoze*** li pa vini, kisa wap fè? : what will you do if he doesn't come? sipozon (admeton) : suppose that.. Ou pa *sipoze* fè sa : you are not supposed to do that. sipozisyon n. :

siprann [siprãn] si-prann v.tr. to surprise, to come upon (s.o), to surprise (s.o). Lanmò pa di kilè lap *siprann* ou. (kre). 2. to catch in the act. s: kenbe, bare (yon moun ap fè yon bagay)

siprime [siprime] si-pri-me v.tr. to cancel (anile). 2. to stunt (growth / kwasans). Yo *siprime* pèn de mò nan konstitisyon 87 la. (kre). Wap fòme, fò ou pa manje bagay si pou pa *siprime* ou. (kre)

sire [sire] si-re v.tr. to shine, to polish; to wax (ak plakbòl). s: klere. Mwen bezwen plakbòl pou *sire* soulye yo : I need to polish the shoes. 2. **sire** (sal) : shiny with dirt

sispandi [sispadi] sis-pa-di v.tr. to hand (up); hanging; to suspend; suspending

sispann [sispan] sis-pann v.tr/int. to stop (doing sth.), to quit. s: rete, kite (fè yon bagay). Li *sispann* fimen : he quits smoking. Lapli a *sispann* tonbe : the rains stops. Bri a *sispann* : the noise stops. ***Sispann***! : stop it!

sispèk [sispek] sis-pèk v.tr. to suspect. 2. **sispèk** : suspicious. Detektif la *sispèk* li. (kre). Li yon ti jan *sispèk* tou. (kre). 2. to notice (apèsi). s: note, remake, wè. Mwen pat *sispèk* sa : I did not notice that.

site [site] si-te v.tr/n. to cite; to mention (mansyone). *site* non yon moun : to call someone's name, to mention someone's name. Yo sot *site* non ou : they have called your name. Reponn prezan lè yo *site* non ou. (kre). 2. **site** (vil) n. : city.

sitire [sitire] si-ti-re v.tr. to tolerate. s: tolere. sitirans n. : pampering. sitirè (sitirèz) n. :

permissive

sitiye [sitije] si-ti-ye v.tr. to locate. 2. to be located (att). s: lokalize.

siveye [siveje] si-ve-ye v.tr. to watch, to keep an eye on. s: gade, voye je sou. Map vini; ***siveye*** sa a pou mwen souple : I will be back; please, watch this for me. siveyan n. : monitor. siveyans n. : supervision, watching

sivilize [sivilize] si-vi-li-ze v.tr. to civilize. sivilizasyon n. : civilization. ***sivilize*** yon pèp. (kre) yon pèp ***sivilize***. (kre)

sivoke [sivoke] si-vo-ke v.int. to choke, to suffocate. var: sifoke. s: trangle, toufe. Manje a ***sivoke*** li. (kre)

siyale [sijale] si-ya-le v.tr. to signal. s: fè siyal, bay siyal. siyal n. : signal. ***Siyale*** m lè ou pre. (kre)

siye [sije] si-ye v.tr/int. to saw (bwa, planch). Se pa nenpòt nèg ki ka ***sije*** kajou sa a. (kre). 2. to associate (with / asosye ak). s: frekante. Mwen pa ***siye*** ak moun sa yo. (kre). 3. to wipe. Li rale yon mouchwa pou l ***siye*** je li. (kre). Ba li yon sèvyèt pou ***siye*** kò l. (kre). ***siye*** ponpe... : no matter what..., come what may... ***Siye*** ponpe, fòk ou ale : you have to go no matter what. ***siye*** bèk sou yon moun (manke yon moun dega, respè) : to insult someone. Fè kwa sou dyòl gòch ou pou pa janm ***siye*** bèk ou sou mwen ankò! (kre). Pa penmèt ***siye*** bèk ou sou pitit la! (kre). si (pou ***siye***) n. : saw. si (pa dous) : sour. si (sèten) : sure. si (konjonksyon) : if

siyen [sij] si-yen v.tr. to sign. ***Siyen*** non ou la a : sign your name here. siyati n. : signature. bay fo siyati : to falsify signature. ki siyati ou (kijan ou ***siyen***)? : what is your last name? ***siyen*** yon dokiman : to sign a document

siyifi [sijifi] si-yi-fi v.tr. to mean. s: vle di. Ki sa mo sa a ***siyifi***? : what does this word mean? Li pa ***siyifi*** anyen : it doesn't mean anything. siyifikasyon n. : meaning

sizonnen [siz n] si-zon-nen v.tr. to season. Li sot ***sizonnen*** vyann nan. (kre)

solidarize [solidarize] so-li-da-ri-ze v.tr. to show solidarity (with), to make common cause. solidarite n. : solidarity. solidè : interdependent. Yo ***solidarize*** ak nou nan bon kòm nan move tan. (kre). solid : solid

solisyone [solisjone] so-li-syo-ne v.tr. to solve, to resolve. s: rezoud, jwenn yon solisyon (pou yon pwoblèm). ***solisyone*** yon pwoblèm : to solve a problem. solisyon n. : solution. jwenn yon solisyon : to find a solution

sonde [s de] son-de (med.) v.tr. to auscultate (ak sonn). 2. to examine (patient / malad). Doktè a pral ***sonde*** malad la : the doctor is going to examine the patient. sonn n. : stethoscope. 3. to probe, to measure dept (mezire pwofondè dlo)

sonje [s e] son-je v.int. to remember, to recall; to remind. var: chonje. s: raple. Mwen pa ***sonje*** : I don't remember. Fè m ***sonje*** : remind me. Wè jodi, ***sonje*** demen. (prov.)

sonnen [s n] son-nen v.tr/int. to ring. Klòch la ap ***sonnen*** : the bell is ringing. Telefòn nan ap ***sonnen*** : the phone is ringing. son n. : sound. 2. to buzz (ears / zòrèy). s: kònen. 3. to honk (at). s: klaksonnen. Men lap ***sonnen*** ou : he is honking at you.

soryante [sorjãte] so-ryan-te v.tr. to set by the compass; to take a direction (towards)

sote [sote] so-te v.tr/int. to jump (over). s: voltije, vole. ***sote*** kòd : to skip rope. Ti moun yo ap ***sote*** kòd (kre). Chwal la ***sote*** bayè a : the horse jumps over the gate. 2. to startle.

s: espante, pantan. Li *sote* nan rèv la. (kre). 3. to explode (pete, eklate). Si ou manyen esplozif sa a, li ka *sote*. (kre) *sote* sou yon moun : to fling at someone. 4. to leap. Gade krikèt yo kap *sote*. (kre). *sote* mo : to skip word. *sote* tèt (koupe tèt) : to behead.

soti [soti] so-ti v.tr. to go out. sh. f: **sot**. Ann *soti*! : let's go out! Map *soti*; voye je sou ti moun yo pou mwen : I am going out; keep an eye on the children for me. 2. to come out. Mwen mete l epi l *soti* : I put it in and it comes out. Mwen fin ranje l epi li *soti* ankò : I fix it but it comes out again. 3. to get out. *Soti*! : get out! *Soti* kò ou nan chemen an! : get out of the way! *Soti* kò ou la! : get out of here! Ann *soti* pou nou al pran yon ti van! : let's go out for some fresh air! 4. to win (lottery / an palan de lotri). Ki nimewo ki *soti*? : what is the winning number? Li *soti* (sot) nan lotri : he wins the lottery. 5. to become. s: devni, tounen. Mwen gen tan wè sa wap *soti*. (kre)

soude [sude] sou-de v.tr. to solder, to weld. soudi n. : soldering, welding. Plonbye a ap *soude* fè tiyo a. (kre)

soufle [sufle] sou-fle v.tr/int. to blow. Lapli ap tonbe; gwo van *soufle* sou kay la men li pa tombe (kre). Van an ap *soufle* fò : the wind is blowing hard. 2. to whistle (nan bouch, ak yon souflèt). *soufle* yon souflèt : to blow a whistle. Ti moun pa *soufle* sou gran moun. (kre)

souflete [suflete] sou-fle-te v.tr. to slap (in the face). s: kalote, sabote, jifle. souflèt (sabò) n. : slap. souflèt (pou soufle) n. whistle

soufri [sufri] sou-fri v.int. to suffer. Gen fanm ki *soufri* anpil lè yap akouche. (kre). soufrans n. : suffering, pain. soufrisken, ti *soufri* : hungry kid. 2. to endure (kenbe)

souke [suke] sou-ke v.tr. to shake. s: sekwe. Pa *souke* li : don't shake it. *souke* l byen : shake it well.

soulaje [sula e] sou-la-je v.tr. to relieve. s: bay yon soulajman; jwenn yon soulajman, abreje. soulajman n. : relief. Remèd la *soulaje* li. (kre)

soule [sule] su-le v.int. to make tipsy. Pa bwè twòp kremas pou li pa *soule* ou. (kre)

souliye [sulije] sou-li-ye v.tr. to underline. ***Souliye*** mo sa yo : underline these words. liy n. : line

soulve [sulve] soul-ve v.tr. to lift up (a little). s: leve, soutni. Ede m *soulve* tab la (kre). *soulve* kont : to revolt. s: revolt, leve kont

soumèt [sumet] sou-mèt v.tr/int. to submit (sth. to s.o / pote bay). 2. to calm down (trankilize)

soupe [supe] sou-pe v.tr/n. to have supper, to eat supper. 2. **soupe** n. : supper. A ki lè nap *soupe* aswè a? : what time are we going to have supper tonight? Li pa janm twò ta pou chat *soupe*. (prov.)

soupoudre [supudre] sou-pou-dre v.tr/n. to sprinkle, to sugar (cake / gato, etc). Yo fin *soupoudre* gato yo. (kre). 2. **soupoudre** (vyann) n. : lard

souri [suri] sou-ri v.tr/n. to smile. Fè yon *ti souri*! : smile! 2. **souri** n. : smile

souse [suse] sou-se v.tr. to suck. Se pa tout chen ki gen yon zo pou *souse* : not every dog has a bone to suck. s: tete. Lap *souse* dwèt li: he is sucking his finger. to well up (water / an palan de dlo). sousèt: sucking

soutni [sutni] sout-ni v.tr. to support. s: sipòte (finansyèman). 2. to hold up,to support (kenbe, bay sipò. 3. to lift up (a little) bretèl yo *soutni* pantalon an. (kre). 4. to sustain.

5. to hold up. s: kenbe, bay sipò

souzestime [suzestime] sou-zes-ti-me v.tr. to underestimate

sove [sove] so-ve v.tr. to save, to rescue. 2. to escape, to run away. s: chape, bwaze, pati, pran lafuit. ***sove*** lavi yon moun : to save someone's life. sovè n. : savior

suiside [s iside] sui-si-de v.int. to commit suicide. suisid n. : suicide

suiv [s iv] v.tr. to follow. ***Suiv*** mwen; map montre ou wout la : follow me; I will show you the way. 2. imitate. s: kopye sou (yon moun)

swaye [swaje] swa-ye v.tr. to nurse, to attend (patient / malad). swen n. : care

swe [swe] v.int. to perspire, to sweat. var: sue. swè n. : perspiration. ***swe*** kou kokobe : to perspire a lot

swente [sw te] swen-te v.int. to wet one's paints. 2. to ooze, to seep

swete [swete] swe-te v.tr. to wish, to hope (espere). Mwen ***swete*** sa : I hope so. Mwen ***swete*** ou bòn chans : I wish you luck. Mwen ***swete*** ou bòn ane : I wish you a happy new year. swè n. : wish. swè (kap koule) n. : perspiration

swife [swife] swi-fe v.tr. to tallow. ***swife*** yon ma : to grease a pole. monte yon maswife : to climb up a greased pole. swif n. : tallow

T

tabli [tabli] ta-bli v.tr. to establish, to settle

tache [taʃe] ta-che v.tr. to attach; to fasten (belt / senti, sentiwon). | | detache. 2. to stain. Kafe a ***tache*** chemiz la. (kre). tach (pou akonpli) n. : task. tach (ki kole sou yon bagay) n. stain, spot. tach (palmis) n. : covering of the palm heart

tade [tade] ta-de v.int. to delay; to be late (att). s: mize, fè reta

take [take] ta-ke v.tr. to luck; to latch. s: klete, fèmen ak kle. | | detake. Pa bliye ***take*** pòt la : don't forget to luck the door.

takinen [takin] ta-ki-nen v.tr. to tease. Li renmen ***takinen*** moun. (kre). Ase ***takinen*** pitit la. (kre)

talonnen [tal n] ta-lon-nen v.tr. to follow closely, to tail. s: mache pye kou pye dèyè (yon moun). 2. to harass (moleste)

tande [tãde] tan-de v.tr/n. to hear, to listen (to). s: koute. Mwen pa ***tande*** ou : I don't hear what you say. Eske tout moun ***tande*** m? : can everybody hear me? Kote ou ***tande***? : are you death? Map ***tande*** mizik la : I am listening to the music. Mwen ***tande*** yon tire : I hear the discharge of a gun. ***Tande*** byen! : listen carefully! chita-tande n. : talk, conversation. ***tande*** (zòrèy) n. : ear drum. Si ou desann fon anba dlo, ***tande*** zòrèy ou ka pete. (kre). 2. to obey (obeyi). Fò ou ***tande*** lè granmoun pale ak ou! (kre)

tanmen [tãm] tan-men v.tr/int. to start, to begin. s: kòmanse, amòse. Kanpay-dalfabetizasyon an te sipoze ***tanmen*** nan mwa jiyè : the literacy campaign was supposed to start in july.

tann [tãn] v.tr.to wait (for). Kisa wap ***tann***? : what are you waiting for? ***Tann*** mwen : wait for me. Si nap rete ***tann*** toutan, nap tounen pwatann. (kre). ***Tann***! : wait!. 2. to spread (clothes / rad). ***Tann*** dra a la a. (kre)

tannen [tãn] tan-nen v.tr. Kòdonye a ap ***tannen*** po a. (kre)

tanpe [tɑ̃pe] tan-pe v.tr. to brand. Yo *tanpe* chwal yo ak menm etanp. (kre). etanp n. : punch (horseshoe)

tanpere [tɑ̃pere] tan-pe-re v.int. to calm down. s: kalme, kalma. Siklòn nan *tanpere* kounyeya. (kre)

tanpete [tɑ̃pete] tan-pe-te v.int. to storm, to rage. tan : n. weather. tanpèt n. : storm

tanponnen [tɑ̃p n] tan-pon-nen v.tr. to dampen (with sponge / ak eponj). Lap *tanponnen* kote li te frape a. (kre). tanpon n. : sponge cloth

tante [tɑ̃te] tan-te v.tr. to attempt. *tante* chans (+pro) : to try one's luck. *Tante* chans ou! : try your luck! tantasyon n. : temptation

tape [tape] ta-pe v.tr. to type. 2. to slap. tap n. : slap

tata [tata] ta-ta v.int/n. to defecate, to shit. s: poupou, kaka, watè, okabine. 2. **tata** n. : shit, spool

tate [tate] ta-te v.tr. to feel (touch). s: manyen, touche

tatonnen [tat n] ta-ton-nen v.int. ta-ton-nen v.tr. to hesitate, to advance (tentatively)

tawode [tawode] ta-wo-de v.tr. to pierce, to tap

taye [taje] ta-ye v.tr. to cut. *Taye* l ak sizo a : cut it with the scissors. 2. to make love (to). 3. to whip (fwete, kale). *taye* cheve, taye tèt : to cut one's hair. imaj *taye* : idol

teke [teke] te-ke v.tr. to hit, to collide (slightly). 2. to hit (marble / mab). tèk! (ono). tèk n. : hitting

telefone [telefone] te-le-fo-ne v.tr. to telephone, to call, to make a phone call. s: rele nan telefòn, fè yon kout fil. *telefone* aletranje : to call overseas. *Telefone* m! : give me a call! telefòn n. : telephone, phone. telefòn piblik : public phone. Ki nimewo telefòn ou? : what is your telephone number? Pran telefòn nan! : pick up the phone! Rakwoche telefòn nan! : hang up the phone!

telegide [telegide] te-le-gi-de v.tr/n. to operate by remote control. Lap *telegide* jwèt la pou l ale kote l vle. (kre). 2. **telegide** n. : remote control. Ou ka pran *telegide* a pou mwen? : can you hand me the remote control

televize [televize] te-le-vi-ze v.tr. to televise. televizyon n. : television, T.V. Yap *televize* pwogram nan. (kre). nan televizyon : on television (T.V)

tetemwaye [temwaje] te-mwa-ye v.tr. to give evidence (about sth.). s: bay yon temwayay, temwayaj; fè yon temwayay, temwayaj. temwen n. : eyewitness. temwayaj n. : evidence; testimony. 2. to show good will, gratitude. s: fè yon temwayaj. Li vin *temwaye* sa Bondye fè pou li. (kre)

tenbre [t bre] ten-bre v.tr. to stamp (put a stamp on). tenm n. : stamp. Lè ou fin *tenbre* lèt la, poste li. (kre). *tenbre* yon lèt : to stamp a letter

tenpla [t pla] ten-pla v.tr. to calm down (of people / moun). Tout pale moun yo ap, pale a, li pa monte, li pa desann; li rete *tenpla*. (kre). rete *tenpla* : to stand still

tentize [t tize] ten-ti-ze v.int. to joke. s: ranse. Pap *tentize*! : don't joke!

tenyen [t j] ten-yen v.tr. to put out, to extinguish. s: tiye, touye, etenn (an palan de dife). 2. to turn off. s: etenn, tiye, touye. 3. to wink (eye / je)

teste [teste] tes-te v.tr. to test, to try. s: fè yon tès, seye, eseye. tès. n. : test, testing. *Teste* l pou wè si li mache : test it to see if it works.

tete [tete] te-te v.tr/n. to suck. s: souse. bay *tete* : to breast feeding. 2. **tete** (sen) n. :

breast. ***Tete*** pa janm twò lou pou mèt li. (prov).

tigaye [tigaje] ti-ga-ye v.tr. to wheedle, to persuade. s: eseye pouse yon moun pou fè yon bagay, anmadwe, amadwe

tiraye [tiraje] ti-ra-ye v.tr. to squabble, to pester

tire [tire] ti-re v.tr. to shoot (weapon / zam). Sispann ***tire*** sou pèp la, li pa zwazo! (kre). 2. to throw (rock / wòch, etc). s: voye. ***Tire*** l jete! : throw it away! 3. to milk (cow / vaybèf). 4. to draw (lottery / lotri). Yo kòmanse ***tire*** lotri a : they start drawing the lottery. ***tire*** foto (pran foto) : to take picture. ***tire*** kont : to tell riddles, stories. ***tire*** pye : to kick. ***tire*** pye (diskite, joure) : to argue; to fight. 5. to pull (rale). to stretch (detire)

tire-jete [tireßete] ti-re-je-te v.tr. to throw away. s: jete, voye-jete. pa ***tire*** l jete! : don't throw it away!

titile [titile] ti-ti-le v.tr. to make ends meet, to struggle. Lap ***titile*** pou l viv. (kre). 2. to goof off. Feblès fè li ***titile*** nan travay la. (kre)

tiye [tije] ti-ye v.tr. to kill, to assassinate. s: touye, tye, asasine, asasinen, ansasinen, sasinen. 2. to turn off (light / limyè). || limen, pase. Pa bliye ***tiye*** limyè yo anvan ou al kouche : don't forget to turn the lights off before going to bed.

tòchonnen [t ʃ n] tò-chon-nen v.tr. to dirty (clothes / rad.) s: sal. Se atè ou kouche ki fè ou ***tòchonnen*** rad ou konsa? tòchon n. : rag; dishcloth

tòde [t de] tò-de v.tr/int. to twist. Pa ***tòde*** ponyèt pitit la! : don't twist the kid's arm! 2. squeeze. 3. to squirm. Lap ***tòde*** ak yon vantfèmal. (kre)

tonbe [t be] ton-be v.int. to fall (down). Mwen manke ***tonbe*** nan eskalye a : I almost fall down in the stairs. Lapli ap ***tonbe*** : it is raining. 2. to start doing sth. (kòmanse fè yon bagay). Yo ***tonbe*** kouri : they start running. ***tonbe*** damou : to fall in love. ***tonbe*** pou yon moun : to have a crush on someone. Li ***tonbe*** pou misye : she has a crush on him.

tonn [t n] tonn v.tr. to clip. Mouton yo bèl lè yo fin ***tonn*** yo. (kre). tondèz n. : clipper; electric razor

topsi [topsi] top-si v.tr. to do an autopsy of. ***topsi*** yon kadav : to do an autopsy of a corpse. Doktè ***topsi*** kadav la pou wè sak lakoz li mouri. (kre)

tòtire [t tire] to-ti-re v.tr. to torture. s: maltrete, britalize. ***tòtire*** yon prizonye : to torture prisoner. tòti (rèvè, mati) n. : torture. tòti (animal) : turtle

touche [tuʃe] tou-che v.tr. to touch (to feel by touching / manyen). Pa ***touche***! : don't touch! Gen yon moun ki ***touche*** m. : somebody touches me. 2. to get paid, to be paid; to earn (salary). Yo ***touche*** yè : they got paid yesterday. Konbyen ou ***touche*** chak jou? : how much do earn every day?. 3. to touch (affect). s: afekte. Nouvèl la ***touche*** nou. : we are affected by the news.

toudi [tudi] tou-di v.tr. to daze, to stun. 2. **toudi** : scatterbrained

toufe [tufe] tou-fe tou-fe v.tr. to choke, to strangle; to suffocate. 2. to braise (manje)

toufounen [tufun] tou-fou-nen v.tr. to beat (s.o); to rough up. Yo ***toufounen*** li anba kou : they beat him to death.

toumante [tumãte] tou-man-te v.tr/int. to worry. s: trakase. Pa ***toumante*** kò ou (pa bay tèt ou pwoblèm)! : don't worry! 2. to disturb. Pa vin ***toumante*** m! Map fè dewva mwen! : don't disturb me! I am doing my homework! touman n. : worries; restlessness

tounen [tun] tou-nen v.int. to return, to come back. s: retounen. 2. to turn. s: vire. ***Tounen*** agoch : turn left. 3. to turn around. s: vire. ***Tounen***! : turn around! 4. to sour (milk / lèt). Lèt la ***tounen***. (kre). 5. to change into (vin-***tounen***)

toupizi [tupizi] tou-pi-zi v.tr. to beat (s.o / bat yon moun). 2. to exploit (s.o / eksplwate yon moun)

touse [tuse] tou-se v.tr/int. to roll (sleeves / manch rad). ***Touse*** manch chemiz la pou mwen souple : roll the shirt's sleeves for me please. 2. to cough. Li fè tout nuit lan ap ***touse*** : she spent the whole night coughing. 3. to have tuberculosis. s: pwatrinè, tebe, tibèkile, gen maladi ti kay. Li ***touse***; li etène Sanatoryòm. (kre)

touye [tuje] tou-ye v.tr. to kill, to assassinate s: tiye, asasine, asasinen, ansasinen, sasinen. 2. to turn off (light / limyè). s: etenn. | | limen, pase (limyè, switch). Touye ***limyè*** a : turn the light off.

tradui [trad i] tra-dui v.tr. to translate. Kijan ou ***tradui*** mo sa a? : how do you translate this word? tradiksyon n. : translation. tradiktè n. : translator

trakase [trakase] tra-ka-se v.int. to worry. s: bay kò traka, toumante. Ou pa bezwen ap ***trakase***! : don't worry! traka n. : worry. bay traka : to cause problem

tranble [trãble] tran-ble v.int. to shake, to tremble. tranblemanntè n. : earthquake

tranche [trãble] tran-che v.tr/n. to cut up, to slice . 2. to cut off (koupe, fann). tranch n. : slice. Ou vle yon tranch? : would you like a slice?. Pran yon kouto pou ***tranche*** melon an. (kre). Li ***tranche*** l ak manchèt la. (kre). 2. **tranche** (akouchman) n. : labor contractions

trangle [trãgle] tran-gle v.tr/int. to choke; to strangle. s: sifoke, toufe. Li mete men l anba kou misye pou l ***trangle*** l. (kre). Zo a ***trangle***. l (kre). Li ***trangle*** pandan lap manje. (kre). Bat do l! Li ***trangle***. (kre)

trankilize [trakilize] tran-ki-li-ze v.int. to calm down (of people). s: tanpere. Fò ou ***trankililize*** ou; se pa pou tout bagay pou ap pale anpil. (kre). trankil : quiet. trankilite n. : tranquility

tranpe [trãpe] tran-pe v.tr. to wet, to soak. s: mouye, mouye tranp, anbibe. 2. to marinate (meat / vyann). Mete mori a ***tranpe*** pou li ka desale. (kre). Mete rad yo ***tranpe***. (kre)

transfere [trãsfere] tran-fe-re v.tr. to transfer. s: fè yon transfè. transfè n. : transfer. Yo ***transfere*** militè sa yo nan pwovens. (kre)

transfòme [trãsf me] trans-fò-me v.tr/int. to transform, to change; to be changed. s: chanje transfòmasyon n.: transformation

transkri [trãskri] trans-kri v.tr. to transcribe. s: fè yon transkripsyon. transkripsyon n. : transcription, transcribing

transmèt [trãsmet] trans-mèt v.tr. to transmit (message / mesaj). 2. to pass on (disease / maladi)

transplante [trãsplãte] trans-plan-te v.tr. to transplant. s: fè yon transplantasyon. ***transplante*** yon ògàn : to transplant an organ. transplantasyon n. : transplant

transpòte [trasp te] trans-pò-te v.tr. to transport. s: chaye, charye, bwote, pote. transpò, transpòtasyon n. : transportation. Kisa kamyon sa a ap ***transpòte***? (kre). ***transpòte*** machandiz : to transport goods

trase [trase] tra-se v.tr. to draw, to sketch. *Trase* yon kat : draw a map. tras n. : trace. *trase* yon liy : to draw a line

travay [travaj] tra-vay v.tr/int/n. to work. Yap *travay* : they are working. *travay* di : to work hard. s: bourike, trimen. 2. **travay** n. : work, job. Yap pran moun nan *travay* la : they are hiring people. Ki lè ou kòmanse *travay*? : what time do you start working?. chapantye yo ap *travay* bwa a. (kre). 3. to function (work). s: mache, fonksyone. Radyo a pa *travay*. (kre)

travèse [trav se] tra-vè-se v.int. to cross, to go across. janbe. yap *travèse* lari a : they are crossing the street. travès n. : crossing

trayi [traji] tra-yi v.tr. to betray (s.o's confidence). s: vann sekrè yon moun; pa rete fidèl anvè yon moun. trayizon n. : treason; treachery. Jal la *trayi* prezidan an : the general betrayed the president.

trennen [tr n] tren-nen v.tr. to drag. Pa *trennen* li! : don't drag it! *trennen* pye : to shuffle one's feet. trenn n. : train (dress)

trepase [trepase] tre-pa-se v.int. to die. s: mouri. trepa n. : death

tresayi [tresaji] tre-sa-yi v.int. to shudder (with fear). Li *tresayi* lè li wè chen an ap vin sou li. upon seeing the dog, she shuddered with fear. (kre)

trese [trese] tre-se v.tr. to braid (hair / cheve). | | detrese. Li pran yon peny pou *trese* cheve l (kre). 2.to plait (straw / pay); to weave (basket / pànye). Asènyo ap *trese* yon gwo panye. (kre). très n. : plait (of hair)

trete [trete] tre-te v.tr. to treat. s: geri, jwenn tretman. Li *trete* l byen : he treats her well. 2. to cure (patient / malad). tretman n. : cure. jwenn tretman : to find a cure. *trete* kòm : to treat like. *trete* yon moun byen : to treat s.o well. maltrete yon moun : to mistreat s.o

tribiche [tribiʃe] tri-bi-che v.int. to die. s: mouri, trepase

trible [trible] tri-ble v.tr. to fake (sports / espò), to dodge. s: bay trib, kabre. Awòl *trible* l pou li fè gòl la. (kre)

triche [triʃe] tri-che v.tr. to cheat (copy from). s: kopye, pran poul. Si li pat *triche*, li pa ta fè bèl nòt nan ekzamen an. (kre)

trimen [trim] tri-men v.int. to slave away. s: bourike, travay di, pete fyèl travay. Lap *trimen* pou li ka viv. (kre)

triple [triple] tri-ple v.tr. to repeat (a grade twice). Li *triple* klas la epi li pa ka bay anyen. (kre)

tripote [tripote] tri-po-te v.tr. touch, to finger. Fanm nan flanke l yon sabò pandan lap *tripote* l. (kre)

triye [trije] tri-ye v.tr. to sort out; to screen (blood / san). Yo gen yon metòd pou *triye* san kounyeya (kre). Mete diri a nan laye a pou *triye* l. (kre). 2. to choose, to pick out (chwazi). Pa *triye* tout bèl mango yo. (kre). *Triye* sak bon yo : sort out the good ones. triyay n. : selection; sorting out; screening

triyonfe [triy fe] tri-yon-fe v.int. to triumph (over). Yap *triyonfe* apre viktwa a. (kre). triyonf n. : triumph

tuipe [t ipe] tui-pe v.int. to quip. Pa *tuipe* sou gran moun! (kre)

twaze [twaze] twa-ze v.tr. to stare disdainly. Li *twaze* ti fi a san rezon. (kre)

twoke [troke] two-ke v.tr. to swap. s: boukante, echanje. || deboukante. ***twoke*** kòn : to fight (of bull / an palan de towo). Towo yo ak ***twoke*** kòn yo nan savann nan. (kre)

twonpe [tr pe] twon-pe v.tr. to deceive. ***twonpe*** yon moun : to deceive someone. 2. to be mistaken. Eskize, mwen ***twonpe*** : sorry, I am mistaken. Mwen kwè ou ***twonpe*** wout ou (ou gen lè pèdi wòl ou) : I guess you are barking at the wrong tree. twonpri n. : deception, deceipt, fraud,

twonse [tr se] twon-se v.tr. to slice, to cut up, to chop. Li bezwen yon rach pou ***twonse*** bwa a. (kre). twons n. : slice

twote [trote] two-te v.int. to trot. Chwal sa a renmen ***twote***. (kre)

twouble [truble] twou-ble v.tr. to disturb; to be disturbed. Pa ***twouble*** m! : don't disturb me. Pafwa pwoblèm yo ka ***twouble*** ou ; di Bondye pa bliye ou. (kre). twoub n. : disturbance

twouve [truve] twou-ve v.tr. to find. s: jwenn. || pèdi. Ki jan ou ***twouve*** l? : how do you like it?

tyakannen [tjakãn] tya-kan-nen v.tr. to cut up, to chop. s: tyake, tyaktyak. Li ***tyakannen*** manje a (kre)

tyake [tjake] tya-ke v.tr. to cut up, to chop. s: tyakannen, tyaktyak

tyaktyak [tjaktjak] tyak-tyak v.tr. to cut up, to chop. s: tyakannen, tyake

tyanse [tjãse] tyan-se v.int. to speak idly; to delude oneself

tyedi [tjedi] tye-di v.tr. to make lukewarm (water / dlo). s: retire frèt (yon) dlo. Annik ***tyedi*** dlo a; pa kite l cho. (kre)

tyeke [tyeke] tye-ke v.tr. to verify, to check. s: verifye. 2. to check off (make). ***tyeke*** ak, bay yon tyèk : to get in touch with. Ma ***tyeke*** ak ou : I will get in touch with you. tyèk n. : check mark. tyèk n. : getting in touch

tyoka [tjoka] tyo-ka v.tr. to botch. s: rabache. Pran san ou pou fè travay la; pa ***tyoka*** l. (kre)

tyoule [tjule] tyou-le v.int. to back up (go back). s: fè bak, rekile. || avanse. ***Tyoule*** kò ou bay moun pase; ou bloke wout la : back up; you block the passage.

V

vag [vag] v.tr/n. to ignore. s: meprize, iyore. ***vag*** (sou) yon moun : to ignore someone, not to pay attention to someone. Dam nan tap fè yon dal enteresant, misye ***vag*** sou li (kre). ***vag*** (sou) yon bagay : not to give importance to sth. 2. **vag** (dlo) n. : wave. 3. ***Vag*** la ka bwote ou. (kre). 4. **vag** (san presizyon) : vague

vagabonde [vagab de] va-ga-bon-de v.int. to fool around, to loaf around. s: brigande. vagabon, vakabon n. : loafer. vagabon n. : scoundrel

vaksinen [vaksin] vak-si-nen (med.) v.tr. to vaccinate, to immunize (against a disease). var: vaksine. s: pran vaksen (kont yon maladi); bay vaksen (kont yon maladi). vaksen n. : shot

vale [vale] va-le v.tr. to swallow. Pwason an ***vale*** zen an : the fish swallowed the hook.

valkande [valkãde] val-kan-de v.int. to meaner, to loaf. s: flannen, monte-desann

valorize [volorize] va-lo-ri-ze v.tr. to valorize. s: bay (yon bagay) valè. valè n. : value. Ki vale? : how much?

vanje [vãße] van-je v.int. to avenge, to revenge. vanjans n. : revenge

vann [vān] v.tr. to sell. || achte. Konbyen wap ***vann*** li? : how much are you selling it?. Se pa pou ***vann*** : it is not for sale. Wap ***vann*** sa a? : are you selling this one?. ***vann*** sekrè yon moun : to betray someone

vannen [vān] van-nen v.tr. to winnow. s: laye. 2. to beat , to win (competition / konpetisyon, game / jwèt). s: bat, kale, genyen. Ekip woulokonpresè a ***vannen*** tout lòt yo anba gòl. (kre). 3. to excel. s: baleye. Se ***vannen*** li ***vannen*** yo nan ekzamen an. (kre)

vanse [vāse] van-se v.int/adv. to go forward. s: avanse, al devan. || rekile, fè bak. 2. to approach, to advance (avanse). 3. **vanse** (prèske) adv. : yo ***vanse*** rive : they almost get there.

vante [vāte] van-te v.tr/int. to blow (wind / van). s: soufle. Pa ***vante*** dife a ak chapo a. (kre). Van an ap ***vante*** : the wind is blowing. 2. to fart. s: pete, fè yon pete, fè (yon) van. Van (kap ***vante***) n. : wind. van (pete) n. : fart. 3. to fan (bay van; fè evantay). 4. to evaporate. s: vapore. Si ou ouvè alkòl la, lap ***vante***. (kre). 5. to praise (fè lwanj, fè dyòlè, mache pale). Lanmè pa janm ***vante*** di l sale. (kre)

vapore [vapore] va-po-re v.int. to evaporate. s: vante, evapore. vapè n. : steam

varye [varje] va-rye v.tr. to vary. varyasyon n. : variation

vegle [vegle] ve-gle v.tr. to blind. s: avegle. Limyè a ***vegle*** je m : the light blinds me. avèg n. : blind person. avèg (pa wè) : to be blind (att.). Li avèg : he is blind.

vekse [vekse] vek-se v.tr. to vex

venk [v k] v.tr. to vanquish (adversary / advèsè); to defeat (pote viktwa sou). viktwa n. : victory

verifye [verifje] ve-ri-fye v.tr. to verify, to check. s: tyeke, enspekte. verifikasyon n. : verification. Yo ***verifye*** machandiz yo anvan yo dedwane yo. (kre)

veye [veje] ve-ye v.tr/n. v.tr. to watch, to keep an eye on. s: siveye, gade, voye je sou. ***Veye*** sa a pou mwen souple : keep an eye on this for me please. 2. **veye** (vèy pou moun ki mouri). vèy n. : wake. Yo pral nan yon ***veye*** : they are going to a wake. lavèy : the eve of

vibre [vibre] vi-bre v.int. to vibrate. vibrasyon n. : vibration

vide [vide] vi-de v.tr/int. to empty. || plen, ranpli. vid : empty. Li vid : it is empty. ***vide*** fatra : to dump trash. 2. to pour. Lap ***vide*** dlo sou tèt li : she is pouring water over her head. 3. to cave in (anfondre). Planche a pa solid; li ka ***vide*** avè ou. (kre)

vini [vini] vi-ni v.int. to come. 2. to come back (from a trip / sot nan yon vwayaj), to return. sh.f: **vin**. s: retounen, antre, rantre. Kilè ou ***vini***? : when did you come back? ***Vin*** isi! : come here! Map ***vini***. : I am coming. ***Vini*** m pale ou : come here; I want to speak to you. 3. to become (devni, soti). Li ta renmen ***vin*** yon doktè : she would like to be a doctor. 4. to overflow (water / dlo). Larivyè a ***vini*** yèswa. : the river overflooded last night. 5. to reach orgasm, to come

vire [vire] vi-re v.tr/int/n. to turn; to turn around. Pa ***vire*** l! : don't turn it! ***Vire***! : turn around! . 2. to make a turn. s: devire. ***vire*** agoch : turn left. ***vire*** adwat : turn right. Poko ***vire*** : don't turn yet. Ma di ou ki lè pou ***vire***. : I will tell you when to turn. 3. **vire** (viray) n. : turn. 4. **vire** (deplase) n. : move. 5. to fool. vire yon moun : to fool someone. Se ***vire*** lap ***vire*** ou; li pap janm fè l : he is fooling you; he will never do it.

vise [vise] vi-se v.tr. to screw. || devise. vis n. : screw. tonnavis n. : screwdriver

vitre [vitre] vi-tre v.tr. to graze window. vit n. : glass

viv [viv] v.int/n. to live, to survive. ***viv*** yon bagay : to experience something. ***viv*** yon evennman : to see an event. Ki sa ou fè pou ***viv***? : what do you do for leaving? 2. **viv** (pou manje) : food, starchy food

viwonnen [vir n] vi-won-nen v.tr. to circle. Li ***viwonnen*** kòd la nan pyebwa a. (kre). viwonn, laviwonn n. : act of going around fè viwonn, fè laviwonn : to go in a circle, to go around

vize [vize] vi-ze v.tr. to aim (at), to take aim (at). Depi li ***vize*** yon bèt, pa gen rate. (kre). Chasè a ***vize*** pentad la anvan li tire. (kre)

vizite [vizite] vi-zi-te v.tr. to visit. s: fè yon vizit; rann (yon moun) yon vizit. ***vizite*** yon moun, rann yon moun vizit : to visit someone. Yo pral ***vizite*** Sitadèl : they are going to visit the *Citadelle.* vizit n. : visit. visitè n. visitor. vizitè (envite) : guest

vle [vle] v.tr. to want, to like. Ki sa ou ***vle***? : what do you want? Kilès ladan yo ou ***vle***? : which one do you like? Mwen pa ***vle*** sa a : I don't like this one. Ou ***vle*** l? : do you want it? 2. to desire. ***vle*** pa ***vle***... : like it or not... ***vle*** di : to mean. Kisa l ***vle*** di? : what does it mean? kisa ou ***vle*** di?: what do you mean?

vlope [vlope] vlo-pe v.tr. to wrap. || devlope. ***vlope*** kado : to wrap gifts. || devlope

vo [vo] v.tr. to be worth. 2. to cost (of price / an palan de pri). s: koute. Konbyen li ***vo***? : how much does it cost?

vole [vole] vo-le v.int. to fly, to take off. s: pran vòl. Avyon an pral ***vole*** : the plane is going to take off. Gade zwazo kap ***vole*** nan syèl la! : look at the birds flying in the sky! 2. to jump. s: voltije, sote. Chwal la ***vole*** bayè a : the horse jumps over the gate. vòl (avyon) n. : flight. vòl n. : robbery
bay yon ***vole*** baton : to give a beating

vòlè [v l] vò-lè v.tr. to steal. Yo ***vòlè*** kob la: they steal the money. vòlè n. : thief, robber. vòl n. : robbery. vòl (avyon) n. : flight

voltije [volti e] vol-ti-je v.int. to jump. s: vole, sote. Li ***voltije*** mi an : he jumps over the wall. voltij n. : jump

vonmi [v mi] von-mi v.int. to vomit. var: vonmi. s: rechte, rann. Li ***vonmi*** tout sa li te manje a. (kre). vomisman n. : vomiting

vote [vote] vo-te v.int. to vote. Se pa pou lajan pèp la te ***vote*** l. (kre). vot (vòt) n. : vote. ***vote*** yon kandida : to vote a candidate

voye [voje] vo-ye v.tr/int. to throw (rock / wòch, etc.). ***Voye*** boul la : throw the ball. 2. to send (letter / lèt). ***Voye*** l pa lapòs : send it by mail. 3. to ejaculate (ejakile, dechaje). ***voye*** je sou : to watch, to keep an eye on. s: gade, siveye. ***voye*** flè : to beat around the bush. ***voye***-jete : to throw away. ***voye*** men bay : to wave. ***voye*** pye (tire pye) : to kick. ***voye*** pwen (tire pwen) : to drop nasty hints

vwale [vwale] vwa-le v.tr. to veil; to cloud. 2. to wear a veil (pote yon vwal). vwal n. : veil

vwayaje [vwaja e] vwa-ya-je v.tr. to travel. vwajaj n. : travelling. ajans de vwayaj : travel agency

vyeyi [vjeji] vye-yi v.int. to grow old, to age. s: grizonnen, antre nan laj. || rajeni. vye. : old

vyole [vjole] vyo-le v.tr. to violate. ***vyole*** lalwa : to violate the law. 2. to rape (fè kadejak sou). vyòl n. : violation. vyòl (kadejak) n. : rape

W

watè [wate] wa-tè v.int/n. to shit, to defecate. s: poupou, tata, kaka, okabine. ale nan ***watè*** : to go to the bathroom. Chen an ***watè*** la a. (kre). ***Watè*** kenbe mwen : I need to go to the bathroom. 2. **watè** (poupou) n. : shit; stool. 3. **watè** (ijyenik) n. : toilet.

we [we] v.tr. to beat, to trash. s: kraze anba kou, bwa, baton. Yo sot ***we*** l anba baton. (kre)

wè [we] v.tr. to see. || avèg. Na ***wè*** demen : see you tomorrow. Nou pa gen anyen pou ***wè*** ak sa : we have nothing to do with that. Se pa tout bagay ou ka ***wè*** ak de grenn je ou : you can't see everything with your naked eyes. Sa je pa ***wè***, kè pa tounen. (prov.). 2. to notice. s: remake, apèsi, note, sispèk. je ***wè***, bouch pe : keep it a secret! (don't talk about it!)

wete [wete] we-te v.tr. to take out, to take off; to remove. s: retire. || mete

wode [rode] wo-de v.int. to prowl about, to hang around. s: alawonyay, an chat pent. Genyen yon vòlè kap ***wode*** nan zòn nan. (kre)

wonfle [r fle] won-fle v.tr/int. to beat (s.o), to trash. ***wonfle*** yon moun anba baton : to give s.o a beating. Yo sot ***wonfle*** li anba baton se sak fè lap rele konsa. (kre). 2. to snore. wonf n. : snoring

wonyen [r je] won-yen v.tr. to nibble, to gnaw. Sourit la ***wonyen*** nan kasav la. (kre)

wose [rose] wo-se v.tr. to stand up on tiptoe. s: ise, kanpe sou pwent zòtèy. Li ***wose*** pou l ka touche limyè a. (kre). 2. to make higher (raise)

wote [rote] wo-te v.int. to belch. s: degobye, rann gaz, fè rapò

wouji [rußi] wou-ji v.int. to blush. Li ***wouji*** lè li fin pran nouvèl la. (kre)

wouke [ruke] wou-ke v.int. to yell, to cry. Poukisa wap ***wouke*** konsa? : why are you yelling?

woule [rule] wou-le v.tr. to grind. s: moulen. ***woule*** mayi : to grind corn. 2. to fool, to deceive. s: blofe. 3. to roll (up). Lap ***woule*** yon siga : he is rolling a cigar. ***woule*** desann (deboulinen) : to roll down. fè woul : to play hookey

wouspete [ruspete] wous-pe-te v.int. to bellyache, to complain

wouze [ruze] wou-ze v.tr. to water. Ou te ***wouze*** flè yo? : did you water the flowers. 2. to whip. s: fwete, kale. Yo sot ***wouze*** l ak kèk kout fwèt. (kre)

Z

zongle [z gle] zon-gle v.tr. to pinch. s: bay kout zong, penche, penchenk, pichkannen, bichkannen. zong n. : nail

HAITIAN CREOLE VERBS USED WITH SOME PROVERBS

VEB KREYOL AYISYEN KI ITILIZE AK KEK PWOVEB

A

ale/al Chak kochon gen lè pou l ***ale*** labatwa.
Danmjann toutouni pa ***ale*** nan priyè wòch galèt.
Depi ou ***ale*** labatwa, fòk san vole sou ou.
Ale dousman pa rete kabwèt.
Kòk ki twò bòzò pa ***ale*** nan gagè.
Men ***ale***, men vini fè zanmi dire.
Sa ki vle konnen pri ti sale, se nan mache li ***ale***.
Se kiyè ki ***ale*** kay ganmèl.
Lajan ***ale*** kay lajan.
Chen pa janm ***al*** chache zo devan pòt tayè.
Fòk ou konn la pou ***al*** la.

Mennen koulèv *al* lekòl se youn, fè l chita se de.
Ti moun frekan *al* pouse bab nan simityè.

angrese
Ti bèf ou *angrese*, se li ki ba ou kout kòn.

ankouraje
Bat men *ankouraje* chen.
Zanmi ou *ankouraje* ou tann manje men li pa mache ak ou solèy kouche.

anpeche
Dlo sal pa *anpeche* larivyè kouri.
Je kreve pa *anpeche* kòk kalite goumen.
Katolik maten pa *anpeche* ou potestan a midi ni advantis aswè.
Krab zarenyen gen sis pat; sa pap *anpeche* l mache si l pèdi youn.
Maladi zanmi pa *anpeche* zanmi dòmi.

antere Kapon **antere** manman l.

antre Kabrit gade je mèt kay anvan li *antre*.
Ou pa pwason; ou pat sipoze *antre* nan nas.

anvi vyann pap fè m manje kalmanson.
Anvi wè pa monte kay lwen chimen.

B

bare Nan twòp piwèt, lougawou kite jou *bare* l.

bat chen tann mèt li.
Poul ki *bat* kò l twòp kraze ze nan vant li.
Bat men ankouraje chen.

bay chen pote kanson.
Bondye *bay* bèf bout ke ladrès pou l pouse mouch.
Bondye konnen poukisa li *bay* chen maling dèyè tèt.
Bondye pa janm *bay* de penn alafwa.
Bondye pa janm *bay* pitit li penn san sekou.
Dyab pa *bay* pou genmesi.
Bay fè komisyon se pye poze; tèt pa poze.
Sa fwomi genyen, se sa li *bay* pitit li.

begle Towo ki *begle* pa gra.

benyen Si ou vle gen rezon devan kras, se pou *benyen*.

bezwen Deyò pa *bezwen* konnen zafè dan ak lang.
Kabrit pa **bezwen** konnen; li pran manman l pou fanm.
Ou se papiyon, mwen se lanp; wap toujou *bezwen* m.
Ou se poul kay; m pa *bezwen* mayi pou m kenbe ou.

blese Si map fè ou labab, pa poze men ou; wa *blese*.

bliye Koupe bwa men pa *bliye* chouk la.

bo Poutèt bèl makòmè, ou *bo* fiyèl bouch pyan.

boule Dlo frèt ka *boule* tou.

Je wouj pa ***boule*** kay.
Si ou jwe ak dife, dife va ***boule*** ou.

brannen
Machwè ***brannen***, grangou tyoule.

bwote Sa Bondye sere pou ou, lavalas pa ka ***bwote*** l.

CH

chache Anvan ou pran wout, ***chache*** konn chimen.
Chen pa al ***chache*** zo devan pòt tayè.

chaje Bourik ***chaje*** pa kanpe.

chanje Fanm ***chanje*** menm jan ak tan.

chante Zwazo ki gen plim pa ***chante***.

chatre Yo pa janm ***chatre*** chen de fwa.

chita Kote jouda ***chita***, zèb pa leve.
koze mande ***chita***.
Mennen koulèv al lekòl se youn, fè l ***chita*** se de.

chode Chat ki ***chode*** nan dlo cho pè dlo frèt.

D

danse Lajan fè chen ***danse***.

dekwoke Verite ***dekwoke*** baton.

desann Chak larivyè ***desann*** ak sab pa yo.

di Bèf pa ***di*** savann mèsi.
Bèl dan pa vle ***di*** zanmi.
Bòkò ***di*** l wete moun nan bouch twou men se Bondye ki fè gerizon.
Chen vòlè men pa ***di*** l vòlè tabak.
Diri te ***di*** plis pase sa epoutan kalalou sal li.
Je ***di*** l pa wè; sousi di la kòmande.
Lawouze ***di*** l bwòde, men se toutan solèy pa leve.
Makak ***di*** je l se gad kòt.
Manje dan ou ***di*** priyè ou.
Mèt kabrit mande kabrit, pa ***di*** l li plenn.
Mwen pote ou sou do m epi ou ***di*** ou pile pwason.
Ougan bay pwen men li pa ***di*** dòmi nan kalfou.
Ouragan ap jete wòklò sou bannann, patat ***di*** jete l pito.
Pale franse pa ***di*** lespri.
Pan ***di*** l se yon bèl zwazo, se donmaj pye l lèd.
Rayi chen, ***di*** dan l blan.
Sa zòtolan ***di*** lè li sou bwa, se pa sa li di lè li pran nan pèlen.
Se moun pa ou ki ***di*** laverite.
Si reken ***di*** pwason avèg, se pou kwè l.

Vaz te ***di*** plis pase sa, pise pise ladan.
Zoranj ***di*** kokoye si.
Di m kilès ou frekante, ma ***di*** ou kilès ou ye.

dire Men ale, men vini fè zanmi ***dire.***

dòmi Gran dyòlè ***dòmi*** nan prizon.
Lajan se ti fi; li pa fèt pou ***dòmi*** deyò.
Lè ou fin manje pitit tig ou pa ***dòmi.***
Makak ki sou pa ***dòmi*** devan pòt chen.
Maladi zanmi pa anpeche zanmi ***dòmi.***
Ougan bay pwen men li pa di ***dòmi*** nan kalfou.
dòmi se ti frè lanmò.

donnen Joumou pa ***donnen*** kalbas.

dwe Fanm gaspiyè toujou ***dwe.***

E

enpoze Lavalas pase; li pa ***enpoze*** krapo kriye.

envite Lè ravèt ap fè dan, li pa ***envite*** poul ladan.

Evite malè pi bon pase kite vini.

Evite miyò pase mande padon.

F

fache Si ou ***fache*** ak granchimen, kote wap pase?

fè Men ale, men vini ***fè*** zanmi dire.
Anvi vyann pap ***fè*** m manje kalmanson.
Chen ou ***fè*** byen, se ou li mòde lè li anraje.
Gran banda zandolit ***fè*** l mouri inosan.
Je ***fè*** yon kriye davans.
Kou siprann ***fè*** chen kaka.
Kriye viv pou sa yo ki ***fè*** ou viv.
Lajan ***fè*** chen danse.
Lajan ***fè*** nèg monte maswife.
Lajan ***fè*** ti nèg fè tenten.
Lè poul mare, ravèt ***fè*** l esplikasyon.
Lè ravèt ap ***fè*** dan, li pa envite poul ladan.
Mizè ***fè*** chini manje tabak.
Pise gaye pa ***fè*** kim.
Rad pa ***fè*** moun.
Se rat ki kaka nan ogatwa m ki ***fè*** m deranje.
Si map ***fè*** ou labab, pa poze men ou; wa blese.
Twa fanm kont pou ***fè*** yon mache.

Twò bwòdè *fè* krab pèdi twou l.
Twòp lespri *fè* moun sòt.
krapo *fè* kòlè, li mouri san mouda.

fèt Lanmè a bèl, navige men *fèt* atansyon.

fikse Si ou pa tap *fikse* lesyèl, ou pa ta wè tan mare.

file Zegwi ka pike men li pa ka *file* fil.

fini/fin
Lè ou *fin* manje pitit tig ou pa dòmi.
Ou tann koulèv *fin* pase, wap rale baton.

fouye Fòk ou *fouye* sann pou jwenn dife.
Pa kontrarye danje si ou poko *fouye* twou malè.
Tanbou *fouye* nan bwa; li bat nan kay.

frape Krapo pa gen lapenn pou dèyè l kap *frape* atè, se pa mwen ki pou pran lapenn pou li.

frekante
Di m kilès ou *frekante*, ma di ou kilès ou ye.

fwote Kochon mawon konnen sou ki bwa pou l *fwote* kò l.

G

gade Kabrit *gade* je mèt kay anvan li antre.
Gade nan pa ou.

gaye Pise *gaye* pa fè kim.

genyen / gen
Ou ka di konbyen ou *genyen* men ou pa ka di konbyen ou rete.
Sa fwomi *genyen*, se sa li bay pitit li.
Wòch nan dlo *genyen* mizè pa yo.
Kreyon Bondye pa *gen* efaswa.
Chak kochon *gen* lè pou l ale labatwa.
Chak moun *gen* yon grenn zanno kay òfèv.
Chen ki *gen* zo nan bouch pa janm gen zanmi.
Dan pouri *gen* fòs sou bannann mi.
Fanm pa janm *gen* sekrè.
Gen mèsi chen se yon kout baton.
Je pa *gen* bòday.
Kote ki *gen* fanm, toujou gen pale anpil.
Kote ki *gen* sann, mal bourik se wa.
Krab zarenyen *gen* sis pat; sa pap anpeche l mache si l pèdi youn.
Krapo pa *gen* lapenn pou dèyè l kap frape atè, se pa mwen ki pou pran lapenn pou li.
Machandiz ofri pa *gen* valè.
Mal pa *gen* merit.
Mouch te viv anvan chwal te *gen* do maling.
Moun ki *gen* nen, se li ki santi.
Pitit mouri nan men manman; pa *gen* repwòch.

Pyebwa pa ***gen*** rasin.
Ravèt pa janm ***gen*** rezon devan poul.
Responsab pa ***gen*** gwo vant.
Si ou vle ***gen*** rezon devan kras, se pou benyen.
Tout chaplè ***gen*** yon kwa.
Tout mal ***gen*** byen.
Tout maladi ***gen*** remèd.
Vant plen di gouyav ***gen*** vè.
Zwazo ki ***gen*** plim pa chante.

geri Ougan pa janm ***geri*** maling li.

goumen Je kreve pa anpeche kòk kalite ***goumen***.

goute Zonbi ***goute*** sèl, li pa mande rete.

grandi Ti mapou pa ***grandi*** anba gwo mapou.

grate Mèt kò pa ***grate*** kò.

J

janbe Bèt ak ke pa ***janbe*** dife.
Kou Ayisyen ***janbe*** lanmè, li chanje koulè.

jape Chen ***jape*** devan kay mèt li.
Chen ki grangou pa ***jape***.
Tout chen konn ***jape***.

jete Ouragan ap ***jete*** wòklò sou bannann, patat di ***jete*** l pito.

jwe Lè pyebwa ***jwe*** ak van, li pèdi fèy.
Si ou ***jwe*** ak dife, dife va boule ou.

jwenn Fòk ou fouye sann pou ***jwenn*** dife.
Kou boutèy plen, bouchon ***jwenn***.
Moun ki mache nan nwit, se li ki ***jwenn*** ak dyab.
Si kalmanson te bon vyann, se pa nan mitan chimen yo ta ***jwenn*** li.

K

kapab / ka
Bayè ba, kabrit pa ***kapab*** pase.
De mòn pa ***ka*** kontre, men de moun ***ka*** kontre.
Dlo frèt ***ka*** boule tou.
Kay koule ***ka*** twonpe solèy men li pa ka twonpe lapli.
Lè zòrèy pèse, li ***ka*** pote nenpòt zanno.
Ou ***ka*** di konbyen ou genyen men ou pa ***ka*** di konbyen ou rete.
Sa Bondye sere pou ou lavalas pa ***ka*** bwote l.
Tout sak cho ***ka*** vin frèt.
Zegwi ***ka*** pike men li pa ***ka*** file fil.

kache Si ou konn kouri, fòk ou konn ***kache***.

kaka Kou siprann fè chen ***kaka***.

Se rat ki ***kaka*** nan ogatwa m ki fè m deranje.
kaka aran se vyann.

kanpe Bourik chaje pa ***kanpe***.

karese Makak ***karese*** pitit li jouk li touye l.

kenbe Bondye konn ***kenbe*** krab mete nan makout avèg.
Kenbe chen ou, ma kenbe baton m.
Jan chat mache se pa konsa li ***Kenbe*** rat.
Lanmè pa ***kenbe*** kras.
Lè wap manje kay dyab, ***kenbe*** kiyè ou long.
Moun ki ***kenbe*** kiyè bwa, se li ki konnen si l cho.
Ou se poul kay; m pa bezwen mayi pou m ***kenbe*** ou.
Vye kannari ***kenbe*** bon dlo.
Yap toujou ***kenbe*** vòlè.

kite Chen ki manjèd ze pa janm ***kite*** metye l.
Evite malè pi bon pase ***kite*** vini.
Fè tan ***kite*** tan.
Nan twòp piwèt, lougawou ***kite*** jou bare l.
Ou ***kite*** kabrit fin manje jaden ou epi wap rele fèmen bayè.
Si bèf te konn valè l, li pa ta ***kite*** yon kòd senk kòb touye l.
Si towo bèf te konnen fòs li, li pa ta ***kite*** yon kòd senk kòb rale l.

kòmande
Je di l pa wè sousi di la ***kòmande***.
Kòmande se bagay fasil, konsa li konn gen dan tou.

konble Pa voye wòch ***konble*** lanmè.

kondi Jako nan mòn pa ***kondi*** jako lavil.

konnen/konn
Bondye ***konnen*** poukisa li bay chen maling dèyè tèt.
Brav pa ***konnen*** nan nwit.
Chak chen niche afè l jan li ***konnen***.
Chwal ***konnen*** longè kòd li.
Fòk ou mache nan nwit, pou ***konnen*** si gen zonbi.
Kabrit pa bezwen ***konnen***; li pran manman l pou fanm.
Kochon mawon ***konnen*** sou ki bwa pou l fwote kò l.
Maladi pa ***konnen*** moun vanyan.
Manjèd ze pa ***konnen*** doulè manman poul.
Moun ki kenbe kiyè bwa, se li ki ***konnen*** si l cho.
Moun ou ***konnen*** lajounen, aswè ou pa bezwen chandèl pou wè l.
Ou se lanmò; ou pa ***konnen*** pri dra ak sèkèy.
Rat konnen, chat ***konnen***, barik mantèg la rete la.
Sa ki vle ***konnen*** pri ti sale, se nan mache li ale.
Sak nan kè yanm, se kouto ki ***konnen*** l.
Se lè koulèv mouri ou ***konnen*** longè l.
Si avèg di ou lap ba ou yon kout wòch ou mèt ***konnen*** wòch la anba pye l.

Si m te ***konnen*** toujou dèyè.
Si makak di lap ba ou yon kout wòch, ***konnen*** wòch la nan men l.
Si towo bèf te ***konnen*** fòs li, li pa ta kite yon kòd senk kòb rale l.
Sòt kou yon moun sòt, li ***konnen*** lè li grangou.
Vant plen pa ***konnen*** zafè vant vid.
Vant vid pa ***konnen*** patat ak po.
Veye kò ou pou pa pile si m te ***konnen***.
Fò de klòch sonnen pou ***konnen*** laverite.
Deyò pa bezwen ***konnen*** zafè dan ak lang
Anvan ou pran wout, chache ***konn*** chimen.
Bondye ***konn*** kenbe krab mete nan makout avèg.
Dan ***konn*** mòde lang.
Fòk ou **konn** la pou al la.
Lanmou pa ***konn*** dèyè pyese.
Se nan manje piti ou **konn** gouman.
Se pa gwo rat sèlman ki ***konn*** pèse kalbas.
Si bèf te ***konn*** valè l, li pa ta kite yon kòd senk kòb touye l.
Si ou ***konn*** kouri, fòk ou konn kache.
Tout chen ***konn*** jape.

konte Tout boulin pa vle di anyen, se mache byen ki ***konte***.

kontrarye
Pa ***kontrarye*** danje si ou poko fouye twou malè.

kontre De mòn pa ka ***kontre***, men de moun ka ***kontre***.

korije Sòsyè pa ***korije*** lougawou.

kouche Chen ki grangou pa ***kouche***.
Fèzè nat ***kouche*** atè.
Zanmi ou ankouraje ou tann manje men li pa mache ak ou solèy ***kouche***.

koule Kay ***koule*** ka twonpe solèy men li pa ka twonpe lapli.

koupe bwa, men pa bliye chouk la.
De grenn je pa ***koupe*** bwa kwochi.

kouri Dlo sal pa anpeche larivyè ***kouri***.
Mizè fè bourik ***kouri*** pase chwal anglè.
Si ou konn ***kouri***, fòk ou konn kache.

koute Si ou ***koute*** wonf ti mal, wa touye l anba chay.

Koze mande chita.

krache Krimolin ***krache*** grès men tranche mete l deyò

kraze Poul ki bat kò l ***kraze*** ze nan vant li.

kreve Je ***kreve*** pa anpeche kòk kalite goumen.

kriye Je fè yon ***kriye*** davans.
Lavalas pase; li pa enpoze krapo ***kriye***.
Kriye viv pou sa yo ki fè ou viv.

kwè Si reken di pwason avèg, se pou *kwè* l

L

lage Nèg sòt mare chwal li; nèg lespri pa ka ***lage*** l.
leve Lawouze di l bwòdè, men se toutan solèy pa ***leve***.
louvri Ti kòk ki ***louvri*** bonè, pèdi je l.

M

mache Chen kat pat ***mache*** nan yon sèl chimen.
Fòk ou ***mache*** nan nwit, pou konnen si gen zonbi.
Jan chat ***mache***, se pa konsa li kenbe rat.
Kou pikan pike kabrit, li ***mache*** bòzò.
Krab ***mache*** nan labou pou wòch pa tonbe sou li.
Krab zarenyen gen sis pat; sa pap anpeche l ***mache*** si l pèdi youn.
Moun ki ***mache*** nan nwit, se li ki jwenn ak dyab.
Sa fwomi genyen, se sa li pote nan ***mache***.
Si chen rakonte ou sa l wè, wap pè ***mache*** nan nwit.
Si ou te chen m, mwen ta ***mache*** san baton.
Tout boulin pa vle di anyen, se ***mache*** byen ki konte.
Twa fanm kont pou fè yon ***mache***.
Zanmi ou ankouraje ou tann manje men li pa ***mache*** ak ou solèy kouche.
mande Evite miyò pase ***mande*** padon.
Koze ***mande*** chita.
Lè ti moun ***mande*** kalalou cho, ou mete l nan plan men l.
Merite pa ***mande***.
Mèt kabrit ***mande*** kabrit, pa di l li plenn.
Zonbi goute sèl, li pa ***mande*** rete.
manje Anvi vyann pap fè m ***manje*** kalmanson.
Bouch ***manje*** tout ***manje*** men li pa pale tout pawòl.
Chen mezire machwèl anvan l ***manje*** zo.
Chen pa ***manje*** bannann men l pa renmen poul beke l.
Manje dan ou, di priyè ou.
Kochon ***manje*** santiman l nan po bannann.
Lè ou fin ***manje*** pitit tig, ou pa dòmi.
Lè wap ***manje*** kay dyab, kenbe kiyè ou long.
Mizè fè chini ***manje*** tabak.
Moulen ***manje*** sou dan l.
Ou kite kabrit fin ***manje*** jaden ou epi wap rele fèmen bayè.
Se nan ***manje*** piti ou konn gouman.
Se rat kay kap ***manje*** pay kay.
Si ou ***manje*** lajan chada, fòk ou peye.
Tout bèt nan lanmè ***manje*** moun men se reken ki pote move non.
Twòp sèl sale ***manje***.

Yon sèl dwèt pa ***manje*** kalalou.
Zanmi ou ankouraje ou tann ***manje*** men li pa mache ak ou solèy kouche.
Manje kwit pa gen mèt.

manke Malfini ***manke*** poul, li pran pay.
Ti moun ki te ***manke*** mouri dimanch, se yon dimanch lap mouri.

manti Twou ***manti*** pa fon.

mare Lè poul ***mare***, ravèt fè l esplikasyon.
Nèg sòt ***mare*** chwal li; nèg lespri pa ka lage l.
Pa ***mare*** bouch bèf lè lap rale kabwèt.

mele Timoun pa ***mele*** nan zafè gran moun.

menase Avèg pa janm ***menase*** ou kout wòch.

mennen
koulèv al lekòl se youn, fè l chita se de.
Lavi se kòd sapat, ou pa konnen jouk kibò lap ***mennen*** ou.

merite pa mande.

mete Bab kanmarad pran dife, ***mete*** pa ou alatranp.
Fòk ou ***mete*** dife nan pay pou konn bri krikèt.
Bondye konn kenbe krab ***mete*** nan makout avèg.
Lafimen pa janm ***mete*** mèt kay deyò
Lè ti moun mande kalalou cho, ou ***mete*** l nan plan men l
Zandolit pa ***mete*** pantalon mabouya.
Zwazo pa kapab sot nan bwa pou l ***mete*** pijon deyò sou nich li.

mezire Chen ***mezire*** machwè l anvan l manje zo.

mize Abitan pa ***mize*** lavil.

mòde Chen ou fè byen, se ou li ***mòde*** lè li anraje.
Dan konn ***mòde*** lang.
Lanmò ***mòde*** toupatou.

monte Anvi wè pa ***monte*** kay lwen chimen.
Dlo pa ***monte*** mòn.
Lajan fè nèg ***monte*** maswife.
Mizè fè chen ***monte*** kayimit.
Nèg sòt ***monte*** chwal li devan dèyè.
Wi pa ***monte*** mòn.

montre Bonjou ***montre*** chemen.
Se sourit ki ***montre*** twou li.

moulen manje sou dan l.

mouri Fwomi pa janm ***mouri*** anba sak sik.
Gran banda zandolit fè l ***mouri*** inosan.
Krapo fè kòlè, li ***mouri*** san mouda.
Mwen fin ***mouri***; mwen pa pè santi.
Pitit ***mouri*** nan men manman; pa gen repwòch.
Se lè koulèv ***mouri*** ou konnen longè l.
Ti moun ki te manke ***mouri*** dimanch, se yon dimanch lap ***mouri***.

N

navige Lanmè a bèl, ***navige*** men fèt atansyon.
neye Se dlo dousman ki ***neye*** moun.
niche Chak chen **niche** afè l jan li konnen.
nwaye Wap ***nwaye*** nan krache ou.
nwi Pa di lougawou ***nwi*** ou si l pa poze sou kay ou. Twòp byen ***nwi*** kò.

O

ofri Machandiz ***ofri*** pa gen valè.

P

pale Bouch manje tout manje men li pa ***pale*** tout pawòl.
Pale franse pa di lespri.
Kote ki gen fanm, toujou gen ***pale*** anpil.
Kras pa rete pre lanmè pou l ***pale*** mal.
Ou sou do bèf la epi wap ***pale*** l mal.
pare Se moun ki pran kou ki ***pare*** kou.
Tan ***pare*** pa vle di lapli.
pase Bayè ba, kabrit pa ka ***pase***.
Dlo ***pase*** farin.
Lavalas ***pase***; li pa enpoze krapo kriye.
Ou tann koulèv fin ***pase***, wap rale baton.
Si ou fache ak granchimen kote wap ***pase***?
pe Je wè, bouch ***pe***.
pè Chat ki chode nan dlo cho ***pè*** dlo frèt.
Mò pa ***pè*** sèkèy.
Mwen se kiyè bwa, m pa ***pè*** chalè.
pèdi Fanm se kajou; li pa janm ***pèdi*** bonè l.
Krab zarenyen gen sis pat; sa pap anpeche l mache si l ***pèdi*** youn.
Lè pyebwa jwe ak van, li ***pèdi*** fèy.
Pa pran chans, pa ***pèdi*** chans.
Ti kòk ki louvri bonè, ***pèdi*** je l.
Twò bwòdè fè krab ***pèdi*** twou l.

pèse Lè zòrèy ***pèse***, li ka pote nenpòt zanno.
Se pa gwo rat sèlman ki konn ***pèse*** kalbas.
peye Si ou manje lajan chada, fòk ou ***peye***.
pike Kou pikan ***pike*** kabrit, li mache bòzò.
Zegwi ka ***pike*** men li pa ka file fil.
pile Mwen pote ou sou do m epi ou di ou ***pile*** pwason.
Veye kò ou pou pa ***pile*** si m te konnen.

Pise gaye pa fè kim.
Vaz te di plis pase sa, pise ***pise*** ladan.

plen Kou boutèy ***plen*** bouchon jwenn.
Kou vant chat ***plen*** tèt rat anmè.
Vant ***plen*** di gouyav gen vè.
Vant ***plen*** pa konnen zafè vant vid.

plimen Kote yap ***plimen*** kòdenn, poul pa rete.

pote Bay chen ***pote*** kanson.
Mwen ***pote*** ou sou do m epi ou di ou pile pwason.
Sa fwomi genyen, se sa li ***pote*** nan mache.
Vòlè pa janm renmen vòlè ***pote*** gwo makout.

pouri Dan ***pouri*** gen fòs sou bannann mi.

pouse Bondye bay bèf bout ke ladrès pou l ***pouse*** mouch.
Dyondyon ***pouse*** nan tè li renmen.
Ti moun frekan al ***pouse*** bab nan simityè.

poze Bay fè komisyon se pye ***poze***; tèt pa poze.
Manman bourik fè pitit pou do l ***poze***.
Pa di lougajwou nwi ou si l pa ***poze*** sou kay ou.
Si map fè ou labab, pa ***poze*** men ou; wa blese.

pran Anvan ou ***pran*** wout, chache konn chimen.
Bab kanmarad ***pran*** dife, mete pa ou alatranp.
Chat ***pran*** lang li.
Kabrit pa bezwen konnen; li ***pran*** manman l pou fanm.
Krapo pa gen lapenn pou dèyè l kap frape atè, se pa mwen ki pou ***pran*** lapenn pou li.
Malfini manke poul li ***pran*** pay.
Pa ***pran*** chans, pa pèdi chans.
Pye kout ***pran*** devan.
Restavèk pa ***pran*** desizyon.
Se kan chen ***pran*** nan pèlen li rele onèlamezon.
Se moun ki ***pran*** kou ki pare kou.
Sa zòtolan di lè li sou bwa, se pa sa li di lè li ***pran*** nan pèlen.

pyese Lanmou pa konn dèyè ***pyese***.

R

rakonte
Si chen ***rakonte*** ou sa l wè, wap pè mache nan nwuit.

rale Ou tann koulèv fin pase, wap ***rale*** baton.
Si towo bèf te konnen fòs li, li pa ta kite yon kòd senk kòb ***rale*** l.

ranmase
Figi ki vann nan, se li ki ***ranmase*** lajan.

rayi chen, di dan l blan.

Toujou renmen moun ki *rayi* ou.

rele Chen papa pou zo.
Ou kite kabrit fin manje jaden ou epi wap *rele* fèmen bayè.
Se kan chen pran nan pèlen li *rele* onèlamezon.

renmen Chen pa manje bannann men l pa *renmen* poul beke l.
Dyondyon pouse nan tè li *renmen*.
Toujou *renmen* moun ki rayi ou.
vòlè pa janm *renmen* vòlè pote gwo makout.

rete Ale dousman pa *rete* kabwèt.
Bout kòd *rete* vwayaj.
De mal krab pa *rete* nan menm twou.
Kras pa *rete* pre lanmè pou l pale l mal.
Laverite se tankou lwil; li toujou *rete* sou dlo.
Ou ka di konbyen ou genyen men ou pa ka di konbyen ou *rete*.
Pi gran nèg se moun ki *rete* trankil.
Rat konnen chat konnen, barik mantèg la *rete* la.
Rèv chen *rete* nan kè l
Zonbi goute sèl, li pa mande *rete*.
Rete trankil se renmèd kò.

ri Dan *ri* kò.

rive Madichon ou bay bèlmè ou se manman ou li **rive**.
Twò vit pa *rive*.

S

sal Diri te di plis pase sa epoutan kalalou *sal* li.
Dlo *sal* pa anpeche larivyè kouri.
Kòk ki gen pye *sal* se sou poul li siye l.

sale Twòp sèl *sale* manje.

sanble Fèy mapou *sanble* ak fèy manyòk.

santi Bouch gran moun *santi* men pawòl li se laverite.
Moun ki gen nen, se li ki *santi*.
Mwen fin mouri; mwen pa pè *santi*.

savonnen
Bondye ap voye dlo pou ou, fò ou *savonnen*. se Abitid se vis.
Avantay kòk *se* nan zepon l.

se Bòkò di l wete moun nan bouch twou men *se* Bondye ki fè gerizon.
Chen ou fè byen, *se* ou li mòde lè li anraje.
Dèyè do *se* yon peyi.
Dòmi *se* ti frè lanmò.
Figi ki vann nan, *se* li ki ranmase lajan.
Jan rat mache, *se* pa konsa li kenbe rat.
Jeneral kapon ak jeneral pridan *se* de moun diferan.

Kaka aran *se* vyann.
Kòmande *se* bagay fasil, konsa li konn gen dan tou.
Kote ki gen sann, malbourik *se* wa.
Krapo pa gen lapenn pou dèyè l kap frape atè, *se* pa mwen ki pou pran lapenn pou li.
Laverite *se* tankou lwil; li toujou rete sou dlo.
Lawouze di l bwòdè, men *se* toutan solèy pa leve.
Lotri *se* baton avèg.
Makak di je l *se* gad kòt.
Moun ki kenbe kiyè bwa, *se* li ki konnen si l cho.
Moun ki mache nan nwit, *se* li ki jwenn ak dyab.
Moun ki pran kou *se* li ki pare kou.
Moun pa *se* dra.
Mwen *se* kiyè bwa, m pa pè chalè.
Ou *se* lanmò; ou pa konnen pri dra ak sèkèy.
Ou *se* papiyon, mwen se lanp; wap toujou bezwen m.
Ou *se* poul kay; m pa bezwen mayi pou m kenbe ou.
Se Pa tout vòlè ki mouri nan prizon.
Pan di l se yon bèl zwazo *se* donmaj pye l lèd.
Pi gran nèg *se* moun ki rete trankil.
Pitit tig *se* tig.
Sa fwomi genyen, *se* sa li pote nan mache.
Sa zòtolan di lè li sou bwa, *se* pa sa li di lè li pran nan pèlen.
Sak nan kè yanm, *se* kouto ki konnen l.
Se chat kay ki vann chat mawon.
Se dlo dousman ki neye moun.
Se rat kay kap manje pay kay.
Se rat ki kaka nan ogatwa m ki fè m deranje.
Se lang krapo ki touye l.
Se lè koulèv mouri ou konnen longè l.
Se nan manje piti ou konn gouman.
Se sourit ki montre twou li.
Si kalmanson te bon vyann, *se* pa nan mitan chimen yo ta jwenn li.
Si ou vle gen rezon devan kras, *se* pou benyen.
Tout bèt nan lanmè manje moun men *se* reken ki pote move non.
Tout boulin pa vle anyen, *se* mache byen ki konte.
Tout voum *se* do.

sere Sa Bondye *sere* pou ou, lavalas pa ka bwote l.
Zanmi lwen se lajan *sere*.

sipoze Ou pa pwason; ou pat *sipoze* antre nan nas.

siprann
Kou *siprann* fè chen kaka.

siye Kòk ki gen pye sal se sou poul li *siye* l.

sonje Wè jodi, *sonje* demen.

sonnen Fò de klòch ***sonnen*** pou konnen laverite.
sove Jou malè, wanga ***sove*** ou.
soupe Li pa janm twò ta pou chat ***soupe***.
swe Nèg sòt pa touye ou men li fè ou ***swe***.
Twòp krim, penitans ***swe***.

T

tann Bat chen ***tann*** mèt li.
Ou ***tann*** koulèv fin pase, wap rale baton.
Zanmi ou ankouraje ou ***tann*** manje men li pa mache ak ou solèy kouche.
tòde Si ou vle wè plezi vye tonton, ***tòde*** ke l.
tonbe Krab mache nan labou pou wòch pa ***tonbe*** sou li.
tounen Sa je pa wè, kè pa ***tounen***.
touye Chimen long pa janm ***touye*** mèt li.
Nèg sòt pa ***touye*** ou men li fè ou swe.
Makak karese pitit li jouk li ***touye*** l.
Si bèf te konn valè l, li pa ta kite yon kòd senk kòb ***touye*** l.
Si ou koute wonf ti mal, wa ***touye*** l anba chay.
tranche Krimolin krache grès men ***tranche*** mete l deyò.
travay **travay** pi bon pase banbòch.

trete Doktè pa janm ***trete*** tèt li.
twonpe Kay koule ka ***twonpe*** solèy men li pa janm ***twonpe*** lapli.
tyoule Machwè brannen, grangou ***tyoule***.

V

vann Figi ki ***vann*** nan, se li ki ranmase lajan..
veye kò ou pou pa pile si m te konnen.
vini / vin
Evite malè pi bon pase kite ***vini***.
Men ale men ***vini*** fè zanmi dire.
Tout sa ki cho ka ***vin*** frèt.
viv Kriye ***viv*** pou sa yo ki fè ou ***viv***.
Mouch te ***viv*** anvan chwal te gen do maling.
vle Sa ki ***vle*** konnen pri ti sale, se nan mache li ale.
Tout boulin pa ***vle*** di anyen, se mache byen ki konte.
Si ou ***vle*** wè plezi vye tonton, tòde ke l.
vole Depi ou ale labatwa fòk san ***vole*** sou ou.
vòlè Di chen ***vòlè*** men pa di l ***vòlè*** tabak.
Se pa tout ***vòlè*** ki mouri nan prizon.

Vòlè pa janm renmen ***vòlè*** pote gwo makout.

voye Bondye ap ***voye*** dlo pou ou, fò ou savonnen.
Pa ***voye*** wòch konble lanmè.

W

wè Anvi ***wè*** pa monte kay lwen chimen.
Bourik pa janm ***wè*** longè zòrèy li.
Je ***wè*** bouch pe.
Wè jodi, sonje demen.
Sa je pa ***wè***, kè pa tounen.
Si chen rakonte ou sa l ***wè***, wap pè mache nan nwit.
Si ou pa tap fikse lesyèl, ou pa ta ***wè*** tan mare.
Si ou vle ***wè*** plezi vye tonton, tòde ke l.

wete Bòkò di l ***wete*** moun nan bouch twou men se Bondye ki fè gerizon.

HAITIAN CREOLE VERBS THAT ARE ALSO NOUNS

VEB KREYOL AYISYEN KI NON TOU

alme	anplwaye			antre	anvi	
asosye	bale	batay		bave	bezwen	
blayi	bo	bouche		boula	chante	
charite	cheri	chatre		demele		dikte
dine	dire	douko		envite	eritye	
foul	fyanse	gwòs		jele	kabicha	
kaka	koupe	kraze		krache	kriye	
lapriyè		mache	monte-desann		mouche	moulen
pake	pale	pati	pipi	pise	plake	poupou
ranje		resi	retni	site	souri	tande
tete	tranche		travay	vag	veye	
viv		watè	vòlè			

HAITIAN CREOLE VERBS THAT CAN BE USED AS ATTRIBUTIVES IN SOME CASES

VEB KREYOL AYISYEN KI KA ITILIZE KOM ATRIBI NAN KEK KA

abandone	abitwe	afebli	aflije	
akoupi	akselere	ame	anbarase	
andose	anfle	anfonse	angaje	
angoudi	anile	anime	ankonbre	
ankouraje	anmidonnen	annwiye	anpàn	
anpile	anprizone	anpwazonnen		
anrichi	anrimen	ansèkle	ansent	
antòtye	antrave	anvayi	asfalte	
asire	asosye	asòti	bakle	
bande	bare	bere	blende	
bloke	bonbe	bòne	bosale	
boukannen	bouke	boule	boulvèse	
boure	bouyi	bwode	chache	
chatre	chifonnen	chire	chita	
chode	chofe	debarase	debòde	
deboutonnen	dechifonnen	dechire	defèt	
defòme	defonse	defouke	degaye	
degize	degochi	degonfle	degriji	
dejwe	dejwente	dekachte	dekale	
dekatiye	dekloke	dekole	dekonpoze	
dekontwole	dekore	dekoud	dekouraje	
dekwote	delache	delala	delibere	
demanche	depasyante	depaye	depenyen	
depwente	deraye	deregle	desantralize	
desi	desoude	delache	detaye	
detòtye	dezabiye	dezanfle	diminye	
diplome	disipline	diskalifye	dispèse	
divize	donmaje	donte	dore	
dyoke	edike	efase	efreye	
eklere	eksite	enfekte	enfòme	
enkyete	ennève	entèsekte	epize	espire
etenn	evolye	fatige	fele	fèmante
fèmen	fennen	fere	fikse	file
fini	fòme	fonde	fonn	fonse
foul	fware	gache	gaspiye	gate
geri	glase	gonfle	gonmen	griji

gripe	gwòs	gwosi	irite	jele
jwenn	kaba	kachte	kadre	kalma
kalme	kanni	kaponnen	kapote	kare
kase	kaye	klimatize	kochte	kokobe
kolboso	kole	konplimante	konsève	konstipe
kontamine	kontante	kontrarye	konvèti	kore
koule	koupe	krake	kraponnen	kraze
kreve	kwit	lokalize	louvri	mandate
mangonmen	masonnen	mawon	mele	minote
mitije	mobilize	modi	mouye	move
natiralize	neglije	netwaye	notarye	nwasi
oblije	okipe	ouvè	paralize	pèdi
pentire	peple	pèse	pibliye	plake
plati	plen	plenn	plise	pliye
ploge	plonbe	poli	poteke	pouri
prepare	prese	pwopaje	pyese	rabache
rabi	rache	rafine	rale	randui
ranpli	rapistole	ratresi	ravaje	rebat
redi	refè	refwadi	regle	rejwi
repase	reyini	rezève	reziyen	sable
sakre	sal	sale	sanble	santralize
sele	sènen	sentre		

"TWIN VERBS" IN HAITIAN CREOLE
«VEB MARASA» AN KREYOL AYISYEN

ale-chèche	ale-vini	antre-mele
antre-soti	bese-leve	bwote-vini
chita-pale	chita-tande	danse-kole
fofile-antre	glise-desann	grate-santi
kare-bare	koupe-kloure	lave-pase
leve-goumen	leve-kanpe	mache-bwete
mache-pale	mache-rale	mòde-soufle
monte-desann	penyen-lage	pete-goumen
peze-souse	pote-kole	pote-vini
pouse-desann	poze-sele	rale-desann
rale-monte	rete-gade	rete-kanpe
sote-ponpe	tire-jete	tonbe-kouri
tonbe-leve	tonbe-rele	vire-tounen
voye-chache	voye-monte	woule-desann

Twin Verbs in Haitian Creole are two different verbs that fuse together and become one. There are not many of them. The meaning of a twin verb may be related to the two verbs that form it, but some twin verbs are just used as expressions in Haitian Creole. Example: kare-bare, sote-ponpe (no matter what, come what may).

Vèb marasa an kreyòl ayisyen se de vèb diferan ki marye youn ak lòt epi ki vin tounen youn. Pa gen anpil an Kreyòl Ayisyen. Pafwa, siyifikasyon yon vèb marasa an rapò ak de vèb ki fòme l la. Kèk vèb marasa itilize senpleman kòm espresyon an kreyòl ayisyen. Ekzanp: kare-bare, sote-ponpe (san grate tèt, sa l fè l fè).

ale-chèche	to fetch
ale-vini	to go back and forth
antre-mele	(att. to be intertwined)
antre-soti	to go in and out
bese-leve	to bustle about; to lead a busy life
bwote-vini	to move in
chita-pale	to sit down and talk
chita-tande	to sit down and listen
danse-kole	to dance tightly intertwined. 2. to associate with s.o
fofile-antre	to snick in
glise-desann	to slide down
grate-santi	to hang around doing nothing

lave-pase	to wash and iron
leve-goumen	to pick a fight
leve-kanpe	to stand up
mache-bwete	to limp
mache-pale	to spread the word
mache-rale	(interchangeable with *mache-bwete*)
mòde-soufle	to act like like a hypocrite
monte-desann	to go back and forth, to walk up and down
penyen-lage	to comb flat (e.g. mediocre action)
pete-goumen	(interchangeable with *leve-goumen*)
peze-souse	to squeeze and such (e.g. eating a frozen popsicle)
pote-kole	to help with the work
pote-vini	to bring
pouse-desann	to push down
poze-sele	(business term meaning to seal off and close, e.g. for failure to pay rent)
rale-desann	to pull down
rale-monte	to pull up
rete-gade	to wait and see
rete-kanpe	to stand still
tire-jete	to throw away
tonbe-kouri	to start running
tonbe-leve	(may be used figuratively meaning on and off)
tonbe-rele	to start crying
vire-tounen	to go back and forth. 2. to turn around
voye-chache	to go and get. var: voye-chèche
voye-monte	to keep on doing sth.
woule-desann	to roll down

HAITIAN CREOLE GLOSSARY

LIS MO KREYOL AYISYEN

A

advantis : seventh day adventist
afè, zafè : business. *afè* l pa bon : he (she) is in a bad economical situation; he (she) is in bad shape.
ak : with. *ak* nou : with us
akoz : because of
aksidan : accident
aliman (mec.) : alignment. *aliman* (manje) : nutriment
anba : under
anglè : English
ankò : again
annwe! : help!
annik : just
anpil : many. *anpil* moun : many people
anraje : mad (of dog)
anvan (avan) : before
anyen : nothing; anything
aparèy : device
apre (aprè) : after
aswè : at night
ata : even
atè a : on the floor

B

bab : beard
bannann : plantain. *bannann* mi : banana
bat men : to clap one's hands, clapping one's hands, to applaud
bato : boat
baton : stick
bay moun pase : let people go by
bayè (baryè) : gate
bèf : cattle. vaybèf : cow. towo (bèf) : bull
bèfchenn : stevedore
bèk : beak
bèlmè : step-mother
bèt ak ke : animal with tail
beton : concrete; sidewalk (twotwa)
bisuit : bread
blesi : wound
blofè : liar
bobin (bobin fil) : spool
bòday : edge
bon : good
bon dlo : good water
Bondye : God
bonè : early; *bonè* (pou mete): skate hat
bonjou : good morning
bouch : mouth
bouchon : cap
boul la : the ball
bourik : donkey (animal); *bourik* : stupid
bout kòd : piece of rope
boutèy : bottle
bòzò : sharp; cocky
bra : arm
brav : brave
bri : noise
bwa : wood
Bwa Kayiman : a historical

place in Haiti
bwason, bweson : drink
bway : boy
bwodè : sharp; cocky
byen : well

CH

chadèk : grape fruit
chandèl : candle
chanm (pyès kay) : room; *chanm* (tib gonfle): inflated tub
chans : chance, luck
chany : shoeshiner
chapantye : carpenter
chaplè : rosary
chasè : hunter
chay : load
chemen (chimen) : road, way
chemiz : shirt
chen : dog
cheval (chwal) : horse
chini (cheni) : caterpillar
chodyè : pan

D

dal (yon dal) : a lot, a lot of
dan : tooth, teeth
danje : danger
dam yo : the ladies; their lady
danmjanm : keg
dantis : dentist
dat : date
davans : in advance
de fwa : twice. *de* grenn je : two eyes. *de* mal : two males
debou ; standing up
demann : request
demen : tomorrow
depi lontan : since a long time. ***depi*** maten an : since this morning
desizyon : decision
dèt : debt
devan deyè : inside out
devan pòt ou : in front of your house
deyò : out, outside
dife : fire
diferan : different
dimanch : Sunday
diri : rice
dizyèm depatman an : a term referred to Haitian communities abroad
dlo : water
dlo dousman (dlo kap dòmi) : still water
doktè : doctor
dous : sweet
dray : dry cleaning
dwat : right; straight
dwèt : finger
dyab : devil
dyòb : work
dyòl : mouth (of animal)
dyondyon : mushroom

E

ebenis : cabinet maker
efaswa : eraser
ekip : team
ekip woulokonpresè : the dangerous team; the best team
enfimyè : nurse
enteresant : showing off
epi : then; and then
epis : spice
eponj : sponge
eskandal : uproar, scandal
eskanp : crease
espekilatè : speculator

esplozif : explosive
espwa : hope
etwat : narrow
evennman : event

F

fago dife : fire, bonfire
fanm : woman
farin : flour
fasil : easy
fè : iron (metal); to do, to make. *fè* kwa sou dyòl gòch ou! : don't dare say it again! *fè* mal : to hurt. Li *fè* mal : it hurts.
feblès : weakness
fèk : just
fèy (bwa) : leaf. *fèy* (papye) sheet (of paper)
fezè : one who makes sth. *fezè* nat : mat maker
figi : face
fisèl : string (pou mare). *fisèl* (mètdam) : cunny, sly
fiyèl : godchild
fò (fòk) : must, have to, should. *fò* ou di padon : you have to apologize
fòs : force, strength
fredi : cold
frekan : fresh (stupid)
fwèt : whip
fwomi : ant
fyèv, lafyèv : fever

G

gad : guard
gad kòt : coast guard
gade kijan... : look how...
gagann : throat
galèt : stone, small stone
gèp : yellow jacket
glann : gland
glas (pou gade): mirror. *glas* (pou bwè): ice
gòj : throat
gòl : goal
gouvènman (**gouvèlman**) : government
gouyav, gwayav : guava
grangou : hunger; to be hungry
gra : to have meat; to be fat; to be greasy
gravman : seriously, very
grès : grease
grip : flue
gwo : big
gwo vant (ansent) : to be pregnant: ***gwo vant :*** big belly;

J

jal, jeneral : general
jaden : garden
janm (pa janm): never. *janm* (pye) : leg
je : eye, eyes
jès : gesture
ji : juice
jiman chwal : horse (female)
jodi, jodiya : today
jou : day
jounalis : journalist
jwè: player

K

kabwèt : cart, wagon
kadav : corpse
kafe : coffee
kajou : mahogany
kaka : shit, stool

kalalou : okra
kalbas : gourd, calabash
kabrit : goat
kalfou, kafou : corner
kalmanson : snail
kamyon : truck
kanaval : carnival
kannari (kanari) : jar (for water)
kannòt : canoe
kapon : coward
kasav : cassava
katolik : catholic
kat pat : four paws
katye : neighborhood
kawotchou : tire
kay : house
kaye (pou ekri) : notebook
kayiman : crocodile
kayimit : star apple
ke, tye : tail
kè : heart
kèlkeswa : whatever
kenbe la! : hold on there!
kenbe kontak : to keep in touch
kiyè : spoon. *kiyè* bwa : wooden spoon
klas : class; school grade
klou : nail
kò : body
kòb, lajan : money
kochon : pig
kòd : rope
kofray : framing (for construction, concrete)
kòk (zwazo) : rooster. *kòk* kalite : fighting cock. *kòk* (kokoye) coconut; pye kokoye : coconut tree. *kòk* (ògan seksyèl) : penis
kòm : as
komisyon :
kòn : horn
konkakaf feminen : international soccer tournament for women
konsa : like this
konsil : consulate; council
kont : against; *kont* (istwa) : riddle, story . *kont* (ase): enough ; *kont* (diskisyon) : argument
kontak : contact
kontantman : happiness
kostim : suit
kote : place; where, the place where
koton : cotton
kou : blow; neck (ògàn)
kouche atè : to sleep on the floor
koulèv : snake
kounyeya : now, right now, at this moment
koupab : guilty
kout : short
kouto : knife
kout wòch : throwing stone
krab : crab
krab zarenyen : spider
krapo : frog
kras (salte) : dirt. *kras* (kourèd) : stingy
kremas : Haitian liquor made up of milk, coconut, alcohol and sugar
krikèt : cricket
kriz ekonomik : economic crisis
kwa : cross
kwafè: barber
kwann : hard meat
kwochi : crooked

L

labab (bab) : beard
labouyi : porridge
ladan : in it, inside it
lafimen : smoking
lage de gidon nan kò yon moun : to harass someone
lajan chada : money given for a purpose in order to get sth. in return
lajounen : day time, during the day
lakay : at home. *lakay* li : over his, her house; at his, her house
lalwa (lwa) : law, the law
lam : surface of tool
lame : army, the army; a group of
lanati : nature
lang : language; tongue (ogan)
lanmè, lamè : sea
lanmò : death
lanmou : love
larivyè, rivyè : river
lasentjounen (tout lasentjounen) : all day long
lavalas : flood, flooding. Operasyon *Lavalas* : political movement led by president Jean-Bertrand Aristide during his presidential campaign in 1990. Politically speaking, the term *Lavalas* also refers *majority* and *hope* for the majority. vòt *lavalas* : majority vote. gouvènnman *lavalas* : the government of Jean-Bertrand Aristide, government of the people, popular government. "yon sèl nou fèb, ansanm nou fò, ansanm ansanm nou se *lavalas*" (phrase used by president Jean-Bertrand Aristide in closing a speech).
lavi : life
lavil : downtown
lawouze : dew
lay : garlic
legim : vegetable
lekòl : school
leson : lesson
lestomak : stomach
leta : the State
li : he, she, it. limenm : himself, herself, itself
liv : book
lobo (eskandal) : uproar; scandal
long : long
lontan : in the past; a long time ago
loray : thunder
losyon : perfume
lòt : other
lou : heavy
lougawou : werewolf
lwa : god, spirit. lwa, lalwa : law, the law
lwen chimen : far from the road
lwil, luil : oil

M

ma : swamp (dlo)
mabouya : lizard
machandiz : merchandise, goods
machin : car (oto) ; machine
machwè : jaw
madanm nan : the lady
madichon : curse
makak : monkey. fè *makak :* to make faces
makiyon : horse rider
makomè : step-mother : gason

makomè (de sis) : homosexual (male)
makout (tonton ***makout***) : secret police under the Duvalier's regime; supporters of the Duvalier. ***makout*** (sak an pay) : a type of basket
mal : male; evil
malad (moun): patient; to be sick
malad la : the patient, the sick person
maladi : disease, sickness
malè : danger
malerèz la : the poor lady
malfini : hawk
maling (maleng) : sore
mamit (kannistè) : can
manchèt : machete
manje : food
manjèd ze : one who likes eating eggs
manman li : his, her mother, its mother
manpzèl : this girl, she (fi sa a, li)
mapou : ceiba (tree)
maryaj : marriage
maswife : greased pole
mayi : corn
medikaman : drug (med.)
melon : water melon
men : hand. ***men*** (konjonksyon) : but
menmsi : even if, eventhough
merit : merit
mesye yo : the men
mèt kay : master of the house
metye : skill; profession. Yo nan ***metye*** : they are homosexuals
mezi : measure
mi (miray) : wall; ***mi*** an : the wall. ***mi*** (sak pa vèt) : ripe
militè : service man, military
miyò : better
mizè : misery
mori (lanmori) : cod (fish)
moun : people. ***moun*** andeyò : people from the country side. ***moun*** sa yo : these people
move non : bad name. ***move*** tan : bad weather
Mwamedali : Muhammad Ali
mwen, m : I; me.
mwenmenm : myself

N

nan : in. ***nan*** katran : in four years. ***nan*** ki mezi : how; to what extent
nan lari : in the streets. ***nan*** men : in the hand of, from.
nan nuit : at night
nas : fish trap
nat : mat
nèg : man; negro. ***nèg*** lespri : educated man. ***nèg*** sòt : uneducated man
nenpòt : any
nèt (tout ***nèt***) : the whole thing. ***nèt*** (pwòp) : clean
nòs : marriage
nòt : note
nou : we; us. noumenm : ourself; us
Nouyòk : New-York
nwasè : darkness

O

ofèv : goldsmith's
ogatwa : oratory

okenn (ankenn) : none, any
onè, lonnè : honor. ***onè***, (***onèla-mezon***)! ***Onè*** or ***onèlamezon*** : expression used when entering someone's house. It is mostly used in the country side. It is equivalent to the question : is there anyone in the house?. When there is someone in the house answering the guest, the expression used is ***respè***!).

ou : you. oumenm : yourself
ougan : voodoo priest
ouragan : hurricane

P

pa dekouraje! : don't be discouraged!
pa ka : can't, cannot, not able to
padon : forgiveness
pafwa : sometimes
paj : page
pake : package
pandan : while
pantalon : paint
pap : won't, will not ; ***pap*** (lepap) : pope
papa : father, dad
paragraf : paragraph
paran : parents; relatives
pat (bisuit) : dough. ***pat*** (pa te) : did not. ***pat*** (patdantifis) : tooth paste. ***pat*** (pye bèt) : paw
patat la : the potato; the potato field (jaden patat)
patwon an : the boss
pay : straw
peche : sin. ***peche*** (fè lapèch) : to fish
pèdi espwa : to lose hope.
pèdi tèt (+pro) : to become crazy
pèl : shovel (zouti). pearl
pen : bread
pentad : guinea fowl
peny : comb
pesonn (pèsonn) : nobody
peyi : country
peyman : payment
pi bon pase : better than
pi vit : faster
piga : do not, don't
pijon (zwazo): pigeon; ***pijon*** (ògàn seksyèl): male sex
pikan : thorn
pilon : mortar
pistach (pichtach) : peanut
pitimi : millet
pitit : child, kid; ***pitit*** la : the child, the kid
piwèt (mannèv) : action, move
planch : board
plenn (plèn) : plain
plim (pou ekri): pen . ***plim*** (zwazo): feather. ***plim*** (sou kò) : body hair
plis pase sa : more than that
po : skin; leather
powèt : poet
poko, panko : not yet. ***poko*** rakwoche! : don't hang up yet!
ponyèt : arm. bat ***laponyèt*** (fè dyesèlmevwa) : to masturbate
potestan : protestant
Pòtoprens : Port-au-prince (capital city of Haiti)
pou : for; so that, in order to. ***pou*** kòm : by myself. ***pou*** nou ka rive : in order to make it; in order to get there; in order to succeed. ***pou*** tèt mwen : for

myself
poud : powder
poukisa? : why?
poul : chicken
poutèt : because of
pòv : poor. povrete : poverty
pran san ou! : take your time!
pre (var: prè) : close to (pa lwen). *pre* (prè, pare) : ready
premye : first
prezidan : president
pridan : careful
priyè, lapriyè : prayer
pwa : pea
pwason : fish
pwoblèm : problem
pwogram nan : the program
pwojè de lwa : bill (law)
pyan : type of skin disease
pye : foot. de *pye* : two feet. *pye* yo pat nan soulye (yo pa te la legalman) : they were there illegally.
pyebwa : tree
pye sitwon : lemon tree

R

rad : cloth
radyo : radio
ran : rank; row
rasi (ti rasi): underdeveloped child
rasin : root
rat : rat
ravèt : roach
razwa : razor
rejim : diet (dyèt); hand of banana (bannann); regime : leadership
reken : shark
remèd : remedy, cure
rès pèp la : the rest of the people
responsab (reskonsab) : to be responsible
restavèk : made
rete anlè : to float
rèv chen : dog's dream
rezon : reason
ri sa a : this street
rich : rich; to be rich
ris : risk. pran yon *ris* : to take a risk
rivyè (larivyè) : river
rizèz (f.) : one who denies sth. that's true

S

sa ki pral rive : what will happen.
sa yo bezwen : what they need
sab : sand
sabò : slap
sak (pou mete bagay) : sack, bag
san : blood; *san* : one hundred (100). *san* (prep.) : without
san peye : without paying
sann : ash
sansiv : sensitive. *sansiv* (kourèd): stingy
savann : prairy
savon : soap
se domaj, domaj : too bad. *se* pa konsa : that's not how. *se* pye poze : it is stop walking; it's taking a break. *se* sak fè : this is why. *se* tankou : it is like

sèkèy : coffin
sèl (pou manje) : salt; *sèl* (pou bèt) : saddle
sèlman : only

sen : saint. ***sen*** (tete) : breast.
sendenden : a bad person
sena a : the senate
senk kòb : one penny
santiman : feeling
sentiwon, senti : belt
sèso : hanger
sèten : sure
Sèvis Imigrasyon : Immigration Service
sèvyèt : towel
si (sak pa dous) : sour. *si* (konjonksyon): if
siklòn : hurricane
sikonstans : circumstance
simityè : memorial park
sis pat : six paws
Sitadèl (Citadelle) : historical monument in northern Haiti
siy : sign
sòlda : soldier
solèy, sole : sun
sòsyè : werewolf
sou : on (| | anba). ***sou*** : to be drunk. ***sou*** dife : on the fire
souf : breath
sous (dlo): spring (water); ***sous*** (kote yon bagay soti) : source
sousi : eyebrow
swaf,swèf : thirst; to be thirsty
syèl, lesyèl : sky; heaven

T

tabak : tobacco
tafya (kleren) : raw rum
tanbou : drum
tayè : tailor
tè : land
tèlman : so
temwen : witness
tèt pa poze : the mind does not relax
ti bebe : baby. ***ti*** fi : little girl, girl; virgin (vyèy).***ti*** fi a : the girl. ***ti*** gason sa a : this boy. ***ti*** mal : young male. ***ti*** sale : type of salty fish
tòchon : rag, dirty piece of cloth
toujou : always
toupatou : everywhere
tout : all; ***tout*** bagay : everything. ***tout*** boulin : at full. speed. ***tout*** kote : everywhere. ***tout*** manje a : the whole food. ***tout*** moun : everybody. ***tout*** peyi a : the whole country. ***tout*** sa yo bezwen : everything that they need

toutan : always, all the time.
toutouni : naked.
towo : bull
tranche (doulè akouchman) : labor contractions
trankil : quiet
travay : work, job
twa : three. ***twa*** wòch dife : three pillars
twal : cloth
twò : too
twòp : too much
twou : hole
tye (ke) : tail
tyoule kò ou : back up, move back

V

van : wind
vant : belly
vay bèy : cow
vaz : vase

vis : screw; habit (abitid)
vizitè : visitor; guest (envite)
vodou : voodoo
vòlè : thief
vwayaj : travel
vyann : meat

W

wa : king. wayòm : kingdom.
rèn : queen. prens : prince.
prensès : princess
wikenn (fen semèn) :
week-end
wòb : dress
wòch : stone
wonf : snoring
wouj : red
woulèt : hem
wout : road
wouzi, ouzi : U.Z (weapon)
wozo : reed

Y

yeswa, yeswa : last night
yo : they, them. yomenm :
themselves
yon bann : a group of. yon
bann : a band (mizik)
yon lòt : another, another one
yon sèl chemen : one way

Z

zafè, afè : business
zam : weapon
zandolit : chameleon
zanmi : friend
zanno : earing
zegwi : needle
zepon : spur
zo : bone
zonbi : ghost, phantom
zoranj : orange
zòrèy : ear
zòt : others
zwazo : bird

abandone yon fanmi
abandone yon zanmi
abite nan yon katye
abite nan yon kay
abitwe ak chalè
abiye yon mannken
abize yon inosan
abize yon ti moun
abòde yon pwoblèm
aboli yon lwa
abòne jounal
abouti yon kote pa aksidan
absòbe dlo
absòbe grès
acheve yon pwojè
acheve yon travay
achte chat nan makout
achte chat nan sak
achte figi yon moun
achte yon aparèy televizyon
achte yon kay
adapte ak yon bagay
adapte nan kouran
adapte yon plòg
adisyone de bagay
admèt pou gen yon chanjman
administre yon biznis
admire yon moun
adonnen a yon bagay
adopte yon lwa
adopte yon ti moun
adore Bondye
adore idòl (zidòl)
adore imaj taye
adousi kafe
adrese a yon moun
adrese yon lèt
afekte pa yon nouvèl
afekte yon moun
afekte yon rezilta
afiche nòt elèv
afiche yon anons
afiche yon reklam

afime yon bagay
aflije pa yon mòtalite
agase yon chen
agase yon moun
agrandi yon chanm kay
agrandi yon foto
agrandi yon imaj
agrandi yon pyès kay
agrave yon maladi
agrave yon sitiyasyon
agrese yon moun
agreye yon bwa
ajenouye devan yon sen
ajenouye nan pye sen
ajenouye pou priye
aji ak sajès
aji kòm yon enbesil
aji san reflechi
aji tankou bèt
aji tankou yon filozòf
ajiste yon bagay ki mal ajiste
ajiste yon pyès
ajoute sèl nan manje
ajoute yon mo
ajoute yon nimewo
akize yon inosan
akize yon moun
akize yon moun pou yon bagay
akize yon premye minis
akize yon prezidan
akòde yon gita
akòde yon moun azil politik
akòde yon moun yon favè
akòde yon vyolon
akokiye bò dife
akomode dis moun nan yon otèl
akomode yon vizitè
akonpaye yon moun
akonpaye yon moun nan yon chan
akonpli yon bi
akonpli yon misyon

akonpli yon pwomès
akonpli yon tach
akoste yon batiman
akouche de bèt
akouche lopital
akouche yon fanm
akouche yon ti bebe
akoupi bò dife
aksantye sou yon mo
akselere yon machin
akselere yon vitès
aktive yon bagay
alawonyay nan yon katye
ale apye
ale bwachat
ale dousman
ale fè vakans
ale fè yon pwomnad
ale kay yon zanmi
ale legliz
ale lekòl
ale nan inivèsite
ale nan kan
ale nan lesiv
ale nan rekreyasyon
ale nan repetisyon
ale nan sinema
ale tou dwa
alfabetize yon moun
alfabetize yon pèp
alimante yon ti bebe
aliyen yon bagay sou yon lòt
aliyen yon pil bwa
alonje yon kòd
ame jouk nan dan
ame yon sòlda
amelyore yon kondisyon
amòse yon travay
amòti chòk
analize yon dokiman
analize yon ka
analize yon pwoblèm
analize yon sitiyasyon
anbake machandiz
anbale pit
anbale twal
anbarase ak yon bagay
anbarase devan moun
anbarase pou fè yon bagay
anbarase yon moun
anbeli yon bagay
anbete yon moun
anboche yon kongo
anboche yon moun nan yon travay
anbonmen yon kadav
anbonmen yon kay
anbrase yon moun
anbreye yon machin
anbreye yon machin sou yon vitès
anchaje yon moun pou fè yon bagay
anchene yon chen
anchene yon prizonye
ancheri yon moun
andòmi yon malad
andòmi yon moun
andose yon chèk
andoye yon ti sik nan yon kafe
andyoze yon fi
anfante yon ti fi
anfeje yon moun
anfèmen yon kay
anfèmen yon kay nan men yon moun
anfèmen yon tè
anfèmen yon tè nan men yon moun
anfle kou yon bal
anfonse yon bokit
anfonse yon pòt
anfoudraye yon bagay
anfoudraye yon moun
anfounen bisuit (pen)
angaje nan fè yon bagay

anglobe nan yon plan
angrese yon bèt
angrese yon kochon
angwosi yon fi
anile yon kontra
anile yon match
anile yon randevou
anime yon pwogram
ankadre yon foto
ankadre yon penti
ankese yon boul
ankonbre yon kote
ankouraje yon moun
ankouraje yon moun fè yon bagay
anlve yon kouvèti
anlve yon tach
anmède yon moun
anmidonnen yon rad
anmize yon odyans (piblik)
annwiye ak yon bagay
annwiye yon moun
anonse move tan
anonse yon bagay nan radyo
anonse yon bagay nan televizyon
anpàn chèf
anpàn gaz
anpàn lajan
anpare de yon bagay
anpaye machandiz
anpaye yon chèz
anpeche yon bagay rive
anpeche yon moun fè yon bagay
anpile fatra
anpile live
anpile yon kote
anpire yon sitiyasyon
anplwaye yon moun
anprizone yon kriminèl
anprizone yon moun
anpwazonnen manje
anpwazonnen yon moun
ansanse yon lotèl
ansasinen yon lidè
ansasinen yon moun
ansèkle yon kay
ansèkle yon mo
ansèkle yon teren
ansent yon fi
anseye nan yon lekòl
anseye ti moun
anseye yon kou
anseye yon matyè
antann ak yon moun
antere nan labou
antere nan simityè
antere san sèkèy
antere yon kadav
antere yon mò
antoure yon prezidan
antoure yon teren
antrave yon moun
antre lib
antre nan politik
antre nan yon bagay alagrandefouwo
antre nan yon biwo
antre nan yon ekip
antre nan yon kay
antre nan yon pòt
antre nan yon sendika
antre sou pwopriyete yon moun
antre sou yon moun
antrene jwè
antrene pou yon match
antrene yon ekip
antrene yon sòlda
antreprann yon travay
antreprann yon vwayay
antreteni yon bagay
anvayi ak dlo
anvayi yon peyi
anvayi yon vil
anvi fè yon bagay
anvi manje yon bagay

anviyi yon peyi
anvizaje gen yon bagay
anvlimen yon bay
anwole nan lame
apante lari
apante tè
apante yon tè
apateni a yon òganizasyon
apèsi yon bagay
apèsi yon moun
apeze swaf
apiye sou yon bagay
apiye sou yon mi
apiye sou yon poto
apiye yon kandida
aplani pwoblèm
aplike pou yon travay
aplike yon lwa
aplodi nan yon match
aplodi yon diskou
aplodi yon moun
aprann lavi
aprann li, ekri
aprann yon bagay
aprann yon bagay pa kè
aprann yon lang
aprann yon metye
apresye sa yon moun fè
apresye yon jès
apresye yon kado
apresye yon moun
apwouve yon demann
apwouve yon kontra
apwouve yon nominasyon
arete yon moun
arete yon vòlè
arete yon zenglendo
arimen chay
asayi yon moun
asepte fè yon bagay
asepte Kris kòm sovè pèsonèl
asepte Levanjil
asepte yon bagay
asepte yon desizyon
asepte yon kado
asepte yon pwopozisyon
asfalte wout
asfalte yon ri
asire kont aksidan
asire kont dife
asire yon kay
asire yon machin
asire yon moun
asiste yon moun nan yon travay
asiste yon reyinyon
asiyen yon moun
asizonnen salad
asizonnen vyann
asosye (yon moun) yon tè
asosye ak delenkan, zenglendo
asosye ak yon moun
asosye ak yon moun nan yon biznis
atake yon ennmi
atake yon moun
atake yon pwoblèm
atann sa kap rive
atenn yon bi
ateri sou dlo
ateri nan yon ayewopò
ateri yon avyon
atrap yon bagay
atrap yon boul
atrape yon grip
atrape yon maladi
avanse yon bagay
avèti yon moun yon bagay
avili yon moun
avize yon moun yon bagay
avòte pitit
awoze flè
awoze jaden
awoze vyann
azade ranse ak yon moun
babye san rezon
bade ak labou

bade ak salte
badijonnen ak labou
badnen ak yon bagay
badnen ak yon chat
badnen ak yon jwèt
bafle yon manje
bakle yon travay
balade tout kote
balanse nan yon balansin
balanse toulede bò
balanse yon pwa (chay)
bale ak yon bale
bale pye yon moun
bale yon kay
baleye nan yon klas
baleye nan yon matyè
balize yon jaden
balize yon kay
balote yon moun nan yon travay
banbile nan kanaval
banbile nan yon fèt
bande je yon moun
bande yon blesi
bande yon ponyèt
bare dlo
bare lòt bò dlo
bare yon bagay pou moun pa wè li
bare yon moun ap fè yon bagay
bare yon pòt
bare yon vòlè
bare yon wout
basinen ak lwil
basinen ak poud
baskile yon zam
bat chalbari dèyè yon moun
bat fè
bat lakanpay
bat nan van
bat pitimi
bat yon ekip
bat yon moun
batay ak yon ennmi
batay ak yon moun
batay nan yon lagè (gè)
batay pou yon bagay
bati yon kay
bati yon palè
batize nan yon rivyè
batize yon maryaj (nòs)
batize yon moun
batize yon ti moun
bavade nan yon klas
bave nan manje
bave sou yon bavèt
bay (yon kouvrefe)
bay (yon moun) bouden
bay (yon moun) pèlebren
bay (yon moun) poto
bay (yon moun) yon kout men
bay (yon moun) yon rakle baton
bay (yon) jòf
bay blag, fraz
bay cheve koulè
bay konsèy
bay limyè
bay limyè sou yon bagay
bay nouvèl (nan radyo, televizyon)
bay pèmisyon
bay pwason fil
bay pwoblèm
bay rad (fè kado rad kòm don)
bay ranseyman
bay rezon
bay san
bay sipò
bay tèt pwoblèm
bay traka
bay volim
bay yon bagay valè
bay yon bèt manje
bay yon ekla ri
bay yon elèv nòt
bay yon ennmi defi

bay yon envite ladesant
bay yon ilistrasyon
bay yon iltimatoun (iltimatòm)
bay yon kote blanch
bay yon moun ki mal estasyone kontravansyon
bay yon moun konsèy pou fè yon bagay
bay yon moun kouray (kouraj)
bay yon moun lajan anba
bay yon moun pèmisyon fè yon bagay
bay yon moun tep
bay yon moun yon bwa long kenbe
bay yon moun yon kote pou li refijye
bay yon moun yon kout bèk
bay yon moun yon kout fil
bay yon moun yon kout pwen
bay yon moun yon misyon pou akonpli
bay yon moun yon plas pou li chita
bay yon move rapò
bay yon opinyon
bay yon prezidan sekirite
bay yon rekonpans
bay yon sekrè
bay yon sijesyon
bay yon siyal
bay yon voum kòb
bay zoklo
baze sou
beke yon moun
benefisye de yon bagay
benefisye de yon esperyans
beni yon asanble
beni yon moun
benn yon bagay
benn yon moun anba baton
benyen chen
benyen nan nan rivyè
benyen yon ti moun
bere ak bè
bere ak manba
bere pen
bese devan yon moun
bese pri yon machandiz
bese tèt
bese yon bagay
bese-leve tout lajounen
betize ak bagay serye
betize ak yon moun
betonnen yon totwa
bezwen fè yon bagay
bezwen plis tan
bezwen wè yon moun
bezwen yon moun
bife yon bagay ki te ekri
bigoudi cheve
bimen yon moun ak kou
biske nan yon glas
bite sou yon bit
bite sou yon moun
blage ak yon moun
blage ak yon zanmi
blame yon moun
blanchi (yon moun) ak baton
blanchi dan
blanchi yon dra
blasfème yon non sakre
blayi atè
blayi de pye long
blayi sou kabann
blayi yon moun ak yon kout pwen
blende anba bal
blende yon moun ak bal
blese ak yon zouti file
blese nan ponyèt
blese yon moun
bliye non yon moun
bliye yon bagay
bliye yon dat
bliye yon evennman

bliye yon leson
bliye yon manti
bliye yon moun
bliye yon rèv
blofe yon moun
bloke yon pasaj
bloke yon pò
bloke yon sikilasyon
bloke yon wout
bo yon moun
bobinen yon fil nan yon bobin
bobinen yon kasèt
bòde yon rad
bokse ak yon moun
bokse yon advèsè
bonbade (yon moun) ak jouman
bonbade yon vil
bonbe yon bagay
bòne yon moun
bòne yon tè
bosale yon chwal
bouche yon boutèy
bouche yon kote
bouche yon wout
boude sou yon moun
boufe yon manje
bougonnen pou yon bagay
boukannen dlo
boukannen vyann
boukante plas ak yon moun
boukante yon bagay
boukante yon bagay ak yon moun
bouke ak
bouke fè yon bagay
bouke pale
boukle yon sentiwon
boula nan yon kòve
boule kalori
boule lwil
boule yon kay
boulinen nan yon ravin
boulonnen yon boulon
boulvèse lòlòy yon moun
boulvèse yon moun
bourade yon moun
boure ak rad
boure bouch
boure kousen
bourike nan yon travay
bouske yon bagay
bouske yon bagay ki pèdi
bouskile yon moun
boutonnen yon bouton
boutonnen yon chemiz
bouyi dlo
bouyi viv
bouyi yon bagay nan yon chodyè
bouziye yon kay
bòykote yon eleksyon
bòykote yon match
brade de moso bwa
brake yon kafe
brake yon zam sou yon moun
branche sou yon pòs (radyo)
brannen kò
brannen yon bagay
brase ren
brase yon chodyè
brase yon likid
bride yon chwal
bride yon moun
brigande pasipala
britalize yon moun
briye lekòl
briye nan yon klas
briye nan yon matyè
brize dan yon moun
bwè dlo
bwè kafe
bwè nan boutèy
bwè pwa
bwete sou yon pye
bwode yon rad

bwose dan
bwose soulye
bwose tèt
bwose yon chwal
bwote al rete yon lòt kote
bwote dlo
bwote yon bagay
bwote yon bagay sou bèt
chache konnen yon bagay
chache wout
chaje ak lajan
chaje kou legba
chaje yon batri
chaje yon kamyon
chaje yon kòf machin
chaje yon revòlvè
chame yon gason
chanje bèt
chanje dola an goud
chanje lajan
chanje lide
chanje pawòl
chanje pèsonalite
chanje rad
chanje rad ak yon moun
chanje vitès
chanje yon chèck
chanje yon machin (pou yon lòt)
chanje yon modèl
chanje yon plan
chankre tèt yon moun
chankre yon kote
chankre yon rad
chante lwanj Bondye
chante tankou yon wosiyòl
chante yon chan
chape nan men yon ennmi
chape poul
chape pye
chaplete yon moun
chaplete yon vòlè
chare yon moun
charite yon moun yon bagay
charye materyo
charye yon bagay nan yon kamyon
chase yon bèt
chase yon move espri
chata kò
chatre yon koure kochon
chatre yon mal chen
chavire (yon bagay) bouch anba
chavire yon gouvènman
chavire yon machin
chaye dlo
chaye dlo nan paswa
chaye materyo
chèche fè yon moun plezi
chèche laverite
chèche yon bagay ki pèdi
chèche yon kay pou lwe
chèche yon moun kont
chèche yon pi bon travay
chèche yon rekonpans
chèche yon renome
cheri yon fi
chevonnen yon kay
chifonnen yon rad
chike tabak
chikin yon bagay
chikin yon machin
chipote kò
chipote yon moun
chire pit ak yon moun
chire yon papye
chire yon rad
chita ap pèdi tan
chita bò tab
chita sou yon chèz
chode mango
chode nan dlo cho
chode yon vyann
chofe dife
choute yon boul
choute yon moun deyò

chwazi yon moun
chwazi yon moun pou fè yon bagay
chye atè
dage yon moun
dakò pou fè yon bagay
dakò sou yon chwa
damou pou yon moun
danmen nan yon konpetisyon
danmen yon tè
danse ak yon moun
danse nan yon fèt
date yon lèt
debaba nan kanaval
debagaje yon kay
debake machandiz
debake yon kote
debalize yon jaden
debalize yon kay
debande je yon moun
debande yon blesi
debarase ak yon bagay
debarase de yon moun
debare yon wout
debat yon kesyon
debite a dizè
debite ak yon diskou
debloke yon wout
debobinen yon bobin
debouche yon boutèy
debouche yon wout
deboukante yon bagay
deboukle yon sentiwon
deboulonnen yon boulon
deboure yon kabinèt
deboure yon kousen
deboure yon pip
dechouke yon makout
dedui nan yon bagay
dedui nan yon chèk
dedwane machandiz
dedye yon chan pou yon moun
dedye yon moniman a yon ewo
defalke yon moun ak baton
defann pou fè grèv
defann yon akize
defann yon moun fè yon bagay
defann yon moun nan tribinal
defèt yon ne
defèt yon valiz
defile nan parad
defile yon zegwi
defini yon mo
defòme fòm yon bagay
defonse yon bokit
defouke yon pantalon
defripe yon moun
degagannen yon kochon
degagannen yon moun
degaje pa peche
degaye cheve yon moun
degize an chaloska
degize an lamayòt
degize nan kanaval
degobye nan figi yon moun
degochi yon bwa
degòje yon kabrit
degonfle yon balon
degonfle yon chann
degouse pwa
degoute yon moun
degrade yon militè
degrade yon moun
degrape kenèp
degrape kokoye
degrape yon grap
degrennen dan yon moun
degrennen mayi
degrese yon vyann
degriji yon rad
degwosi yon bwa
degyole yon moun
dejele vyann
dejene ak yon moun
dejene bonè
dejene nan yon restoran

dejouke yon bèt
dejwe yon moun
dejwente bra yon moun
dekachte yon anvlòp
dekachte yon lèt
dekale yon blesi
dekanpe nan yon wout
dekanpe yon kote
dekape yon bèt
dekatya vyann
dekatye vyann
deklanche yon atak kont yon ennmi
deklare lagè
deklare yon bagay
dekloke ponyèt yon moun
dekloure klou
dekloure yon planch
dekochte yon pòt
dekòde yon kòd
dekole yon afich
dekolore yon desen
dekonekte yon plòg
dekonèt yon moun
dekonseye yon moun fè yon bagay
dekonstonbre yon moun
dekontwole yon kontè
dekore yon kay
dekore yon militè
dekoud yon rad
dekoupe yon moun
dekouraje yon moun fè yon bagay
dekouvri sen Pyè pou kouvri sen Pòl
dekouvri yon andwa
dekouvri yon kabann
dekouvri yon kay
dekrase yon bagay ki sal
dekreta yon kòk kalite
dekrete yon moun
dekri yon moun
dekwochi yon bwa
dekwoke yon bagay
dekwoke yon selina
dekwoke yon sèso
dekwote do yon moun
delache yon kravat
delage yon kòd
delage yon ne
delase yon soulye
deleze yon bwa
delibere yon prizonye
delivre ak yon pwoblèm
delivre yon moun
delye yon losyon
delye yon penti
demachwele yon moun
demake yon moun
demakiye figi
demakònen de bèt
demakònen yon makòn
demanbre yon moun
demanche yon kouto
demanti yon moun
demantibile yon kay
demare yon bèt
demare yon kòd
demare yon kravat
demaske apre kanaval
demaye yon chenn
demele cheve yon moun
demisyone nan yon pòs
demoli yon kay
demoli yon moun ak baton
demonte yon pyès
demonte yon revòlvè
demontre yon moun yon bagay
denigre yon moun
denonse yon moun bay lapolis
depale nan yon diskou
depann de yon moun
depannen yon machin
depanse lajan
depase bòn

depase limit vitès
depase yon limit
depate yon rejim bannann
depati ak yon zanmi
depaye pitimi
depaye yon chèz
depenn yon moun
depenyen cheve yon moun
deplancheye yon etaj
deplase yon bagay
deplase yon chèz
deplè yon moun
deplimen yon zwazo
deplise yon rad
depliye yon nap
deploge yon plòg
deplòtonnen yon bobin
deplwaye yon dra
depòte yon imigran
depòte yon refijye
depoze lajan labank
depoze plent pou yon moun
depoze yon bagay atè
depoze yon moun lakay li
depoze zam
depwente yon kreyon
deranje lespri yon moun
deranje lestomak
deranje yon bagay
derape yon machin
derasinen yon jaden
derasinen yon plant
deraye yon tren
derefize fè yon bagay
deregle yon motè
derespekte yon moun
desale yon vyann
desangle yon chwal
desann kay yon zanmi
desann nan yon avyon
desann nan yon otèl
desann retorik
desann sou yon mi
desann yon avyon
desann yon drapo
desann yon eskalye
desann yon kote
desann yon nè
desantralize yon peyi
desele yon chwal
desere yon brezo
desere yon sentiwon
desere yon vis
desèvi yon tab
desèvi yon vizitè
deside ale
deside fè yon bagay
deside rete
desine yon kay
desitire vòlè
desoude yon soudi
desounen yon moun
destabilize yon gouvènman
detache yon senti
detake yon pòt
detake yon takèt
detaye machandiz
detaye yon aksidan
detaye yon moun
detchoure yon bagay
detekte yon pàn
detenn sou yon moun
detere yon kadav
detere yon zo
deteste yon moun
detike yon chwal
detòtye yon bèt
detounen yon avyon
detounen yon moun
detripe yon moun
detwi yon jaden
detwi yon ras
detwone yon wa
detyedi yon dlo
devantre yon moun
devaste yon jaden

devilge yon moun
devine yon bagay
devire adwat
devire agoch
devire yon volan
devise yon bagay ak yon tonnavis
devise yon vis
devlope (yon) ilsè
devlope fim
devlope yon bandaj
devlope yon ide
devlope yon kado
devlope yon plan
devore manje
devore yon bèt
devore yon moun ak kout dan
devwale yon sekrè

dewoule fim
dezabitwe ak yon bagay
dezabiye yon moun
dezame yon sòlda
dezanpare de yon moun
dezanpetre yon chwal
dezapiye sou yon bagay
dezapiye sou yon bwa
dezapwouve yon bagay
dezasosye ak yon moun
dezenfekte yon kay
dezenvite fè yon bagay
dezète yon moun
dezipe yon pantalon
dezipe yon zip
dezire yon bagay
dezobeyi yon moun
dezonore yon moun
di laverite
di yon bagay
digonnen yon bèt
dijere manje
dikte yon moun sa pou l ekri
dikte yon moun sa pou l fè
diminye nan yon bagay
diminye puisans yon bagay
dine nan yon restoran
diplome nan inivèsite
diplome nan yon lekòl
dire lontan
dire pou toutan
dirije yon avèg
dirije yon koral
disipline yon ti moun
diskalifye yon jwè
diskite ak yon moun
diskite pou yon bagay
diskite sou politik
dispanse yon moun
disparèt nèt
dispèse yon foul
dispoze fè yon bagay
distenge de bagay
distribiye papye
divize yon ang
divize yon bagay an de
divòse ak yon moun
dodinen nan yon dodin
dole vyann
dolote yon ti moun
dòmi sou yon kabann
dòmi sou yon moun
domine yon aktyalite
dongoye pou fè yon bagay

donmaje nan pye
donmaje nan yon aksidan
donte yon chwal
dore yon gato
double yon klas
double yon machin
douko yon machin
doute yon bagay
dramatize yon evennman
drese manje
drese yon bagay ki kwochi
drivaye tout kote
dwe lajan
dwe yon moun lajan
dyage yon moun
dyagnostike yon malad
dyake yon machin
dyaloge ak yon moun
dyaye nan yon kòve
dyoke yon moun
echanje kado
echwe nan yon ekzamen
ede yon moun fè yon bagay
edike yon elèv
edike yon ti moun
efase ak gòm
efase yon mo
efreye yon bèt
egalize cheve
egzante yon danje
egzèse pou yon konsè
egzèse yon pwofesyon
egzeyate yon malad
egzije yon moun fè yon bagay
egzòte yon moun
eklate yon bonm
eklere yon moun
eklèsi yon bagay
ekonomize lajan
ekri ak kreyon
ekri ak plim
ekri annabreje
ekri yon lèt
eksite yon moun
eksplike yon aksidan
eksplike yon defisi
eksplike yon elèv yon devwa
eksplike yon moun yon bagay
eksplike yon pwoblèm
eksplike yon teori
eksplwate yon moun
eksplwate yon travayè
ekspòte machandiz
ekzalte non Bondye
ekzamine yon bagay
ekzamine yon moun
ekzekite yon lòd
ekzekite yon misyon
ekzekite yon moun
ekzile yon sitwayen
elaji yon chanm kay
elaji yon wout
eli prezidan
eli yon majistra
elimine yon elèv nan yon ekzamen
elimine yon moun
elve yon ti moun
endike yon moun yon bagay
enfekte pa yon maladi
enfiltre yon kote
enfliyanse pa
enfliyanse yon moun
enfòme yon moun
enfòme yon piblik
enkli nan yon bagay
enkriminen yon moun
ennève yon moun
enplike yon moun nan yon bagay
enplore sekou Bondye
enpòte machandiz
enpoze yon bagay rive
enpoze yon moun fè yon bagay
enpresyone yon moun
enprime yon maniskri

ensandye yon kay
ensilte yon moun
enskri nan yon lekòl
enskri nan yon rejis
enspekte machandiz
enspekte yon kay
enspire pa
enstale limyè
enstale yon tiyo
enstwi yon ti moun
entegre yon konpayi
entène lopital
entène yon malad
entèpele yon espri
entèprete Labib (Bib la)
entèprete pou yon moun
enterese fè yon bagay
entèsede pou yon moun
entèsekte yon ri
entèveni nan yon koze
entèvyoure yon jwè
entèvyoure yon kandida
entèvyoure yon moun
entèwoje yon akize
entewonp yon emisyon
entewonp yon moun
entimide pa menas
entimide yon moun
entwodui yon moun
entwodui yon zanmi
envante yon bagay
envante yon blag
envante yon istwa
envante yon non
envesti nan yon bisnis
envestige yon zak
envite yon moun legliz
envite yon moun nan yon fèt
envite yon moun vin pale
envite zanmi
envoke non Bondye
envoke non yon moun
envoke yon espri
epaye yon moun nan danje
eple non yon moun
eple yon mo
epole yon kandida
epwouve difikilte
eritye byen
eritye yon tè
eseye fè yon bagay
eseye yon rad
eskanmòte lajan yon moun
eskanpe yon pantalon
eskive yon kout pwen
eskive yon moun
eskominyen yon wa
espante yon moun
espedye yon lèt
espere yon bagay kap rive
esperyanse yon bagay
espesyalize nan yon branch
esplore yon andwa
espoze penti
espoze yon kadav
estasyone nan lari
estasyone nan yon garaj
estat yon machin
estime yon pèt
estwopye nan pye
etabli yon kote
etale machandiz
etenn yon dife
etenn yon limyè
etidye yon lesyon
evakye yon kay
evakye yon kote
evalye yon domaj
evapore nan solèy
evite responsablite
evite tèt chaje
fabrike pyès machin
fabrike yon bagay
familyarize ak yon bagay
fann an de
fann de bò

fasilite yon chanjman
favorize yon chanjman
fawouche yon bèt
fè aksidan
fè ale-vini
fè alizyon a yon moun
fè antre-soti
fè avan
fè bagay
fè bak
fè bezwen
fè byen
fè cheve
fè cho
fè dappiyanp sou
fè de bagay alafwa
fè devwa
fè diferans ant de bagay
fè eleksyon
fè eleksyon dèyè yon fi
fè enteresant
fè eskandal
fè espre
fè espyon
fè etensèl
fè fas ak
fè fas ak yon moun
fè fas ak yon pwoblèm
fè fayit
fè fontyè ak
fè frekan
fè frèt
fè gaz
fè gran chire
fè gran dizè
fè gran fanm
fè gran nèg
fè jakopyevèt dèyè yon fi
fè jakorepèt
fè je chèch
fè ka yon moun
fè kadejak sou
fè kado
fè kè yon moun kase
fè kè yon moun kontan
fè kim
fè koleksyon tenm
fè kolizyon ak
fè kòmsi
fè konnen
fè konpetisyon
fè konplo
fè konplo pou ranvèse yon prezidan
fè kontak
fè koupe cheve
fè kwè
fè lachas
fè lachas pou plezi
fè lakoubèt devan yon moun
fè lapli
fè lasisin ak manje
fè lasoudorèy
fè lavant (benefis)
fè lesiv
fè makak
fè mal
fè mikalaw
fè moun ri
fè move efè sou
fè move san
fè mye
fè nèj
fè nwa
fè pa
fè pat kana
fè patwouy
fè peye
fè peye pou yon sèvis
fè plan
fè plas
fè premye pa a
fè pwen nan yon ekzamen
fè pwen nan yon konpetisyon
fè pwojè
fè reklam

fè reklam nan televizyon
fè respekte lalwa
fè reta
fè rezèv
fè sak pa bon
fè sans
fè silans
fè tenten
fè tèt
fè tèt yon moun
fè tripotay sou do yon moun
fè vakans
fè van
fè vayevyen
fè vit
fè wè
fè yon bagay an sekrè
fè yon bagay byen
fè yon bagay de fwa
fè yon bagay mal
fè yon bagay pou yon moun
fè yon bon vwayaj
fè yon chalè debòde
fè yon chape pye
fè yon chemen koupe
fè yon dedikas
fè yon dètou
fè yon dine
fè yon emisyon
fè yon entèvyou
fè yon erè
fè yon estimasyon
fè yon flann nan machin
fè yon gaz
fè yon jwè entèvyou
fè yon konsiltasyon medikal
fè yon mizopwen ak yon kodak
fè yon moun abi
fè yon moun ennève
fè yon moun entèvyou pou yon travay
fè yon moun konfyans
fè yon moun konnen yon bagay
fè yon moun mal
fè yon moun plezi
fè yon moun repwòch
fè yon moun sipriz
fè yon moun siy
fè yon moun sonje yon bagay
fè yon moun yon òf
fè yon operasyon
fè yon pete
fè yon radyografi
fè yon repetisyon
fè yon repoze
fè yon reyinyon
fè yon rezèvasyon
fè yon testaman
fè yon vire
fè zanmi ak yon moun
fè zong ak yon lim
fele yon boutèy
felisite yon moun
fèmante yon bwason
fèmen yon liv
fèmen yon pòt
fèmen yon rad
fennen yon fèy sou dife
fente yon moun
feraye nan yon travay
fere pye yon chwal
fete anivèsè yon moun
fèyte yon liv
fikse yon radyo
filange pwason
filange yon moun ak yon fwèt
file koton
file move koton
file yon fi
file yon vòlè
file yon zegwi
file yon zouti
filme yon maryaj
filtre yon kote
fimen yon sigarèt
finanse yon gè

fini ak yon bagay
fini bonè
fizye yon moun
flanbe pay
flanbe vyann
flanke yon moun deyò
flanke yon moun yon sabò
flannen nan lari
flate yon moun
flechi pou ti krik ti krak
flite cheve
flite yon kay
flote an lè
flote sou dlo
fofile yon pantalon
fòje pou fè yon bagay
fòme yon anplwaye
fòme yon gwoup
fòme yon òganizyon
fonde yon lekòl
fonn nan dlo
fonn plon
fonse sou
fonse sou yon moun
fòse yon moun fè yon bagay
fòtifye yon moun ak bèl pawòl
fotografye yon moun
fotokopye yon dokiman
foubi yon chodyè
fouke yon zengendo
foul yon tank
foule nan pye
foule yon tè
founi ransèyman
foure bouch nan zafè moun
fouye patat
fouye vè nan kalalou
fouye yon twou
franchi yon kote
frape nan yon pòt
frape sou yon bagay
frape yon kostim
frape yon moun
fredone yon chan
frekante yon kote
frekante yon moun
frennen yon machin
frennen yon moun
fri nan yon ekzamen
fri vyann
frikase legim
frikase vyann
friksyonnen ak lwil
friksyonnen yon moun
frite toupatou
fware yon vis
fwennen ak yon fwenn
fwennen yon machin
fwennen yon moun
fwete yon kamyon
fwete yon otobis
fwete yon ti moun
fwote do yon moun
fwote rad
fwote sou yon bagay
fyanse ak yon moun
fye yon moun
gache lavi yon moun
gade bèt
gade yon bagay pou yon moun
gade yon moun
gagari yon likid
galonnen yon militè
galope yon chwal
gare nan lari
gare nan yon remiz
gare yon machin
gaspiye dlo
gaspiye lajan
gaspiye yon bagay
gate yon ti moun
gaye nan lari
gaye yon pil fatra
genyen nan lotri
genyen nan yon jwèt
geri yon malad

gete yon bagay
gide yon avèg
gide yon moun
giyonnen yon moun
glase yon kola
glise kou kalalou
glorifye Bondye
gondole sou yon pye
gonfle yon blad
gonfle yon chanm
gonmen ak lakòl
gonmen yon bagay
goudwonnen yon bokit
goudwonnen yon kalbas
goumen ak yon moun
goumen nan lagè
goumen pou yon bagay
goute yon manje
gouvène yon peyi
gouye nan kanaval
grade yon militè
grafouyen yon moun
graje manyòk
graje miska
graje sou yon chèz
graje yon graj
grandi sou
grandi vit
grasye yon moun
grate do yon moun
grate tèt
grave yon sitiyasyon
grennen dan yon moun
grennen mayi
grenpe yon pye kokoye
grenpe yon pyebwa
grese pat yon moun
grese yon pyès
grife yon moun
grifonnen yon moun
griji yon rad
griye vyann
griyen dan
griyen dan sou yon moun
griyen yon pòt
gwòs yon fi
gwoupe yon kote
idantifye yon moun
imajine yon bagay
imilye yon moun
imite yon moun
inisye yon moun nan yon bagay
inogire yon legliz
inogire yon moniman
irite yon blesi
itilize yon bagay
iwonize yon moun
iyore yon moun
izole yon kouran
izole yon peyi
janbe lari
janbe nan yon lòt klas
janbe nan yon relijyon
janbe yon rivyè
jaze ak yon moun
jele yon krèm
jeneralize tout moun
jennen devan moun
jennen yon bèt
jennen yon moun
jere yon biznis
jete fatra
jete pitit
jete yon bagay
jete yon gouvènman
jifle yon moun
jigote ak yon doulè
jigote atè
jije yon moun
jije yon prizonye
jouke yon bèt
joure yon moun
jwe ak yon boul
jwe ak yon jwèt
jwe ak yon moun
jwe boul

jwe lotri
jwenn yon bagay
jwi lavi
kaba yon manje
kabicha sou yon chèz
kabre yon jwè
kache laverite
kache yon bagay
kache yon kote
kachte yon anvlòp
kage sou yon bagay
kage yon chèz
kaka atè
kaka nan latrin
kale yon ekip
kale yon ti moun
kale yon zoranj
kalkile pri machandiz
kalkile yon bagay
kalonnen yon chen
kalote yon moun
kanalize dlo
kanpe dyanm
kanpe sou yon chèz
kanpe yon chèz
kaponnen moun
kaponnen yon moun
kapote yon bagay
kapte yon pòs
kare yon bwa
kare yon chèz
karese yon chat
karese yon chen
karese yon fi
karyonnen yon klòch
kase mayi
kase pye
kase tèt tounen
kase tèt yon moun
kase yon moun nan yon travay
kase yon volan
kata sou yon mamit
kawote yon tè
kaya nan yon rivyè
kenbe pwomès
kenbe yon bagay
kenbe yon bèt
kenbe yon moun ap fè yon bagay
kente nan yon ekzamen
kesyone yon moun
kesyone yon temwen
keyi mango
keyi pitimi
kidnape yon moun
kiltive yon danre
kimen anpil
kite ale
kite fimen
kite yon andwa
klake dwèt
klaksonnen yon machin
klase an òd alfabetik
klase yon dokiman
klase yon moun
klere ak yon flach
klere yon pè soulye
klete yon pòt
klimatize yon chanm
klipse yon papye
klise dan
klise yon kay
klise yon panno
klotire yon kay
kloure yon klou
kloure yon planch
kòche yon kabrit
kochte yon pòt
kòde yon kòd
kofre anba yon chay
kofre lestomak yon moun
kofre yon kay
kolabore ak yon moun
kolboso yon bokit
kole ak lakòl
kole nan labou

kole yon afich
kole yon moun ak yon kesyon
kolekte tenm
kolonize yon teritwa
kolore yon desen
kòltare yon plan mayi
kòlte yon chemiz
kòmande manje
kòmande yon twoup
kòmanse fè yon bagay
kòmanse travay
kòmante sou yon bagay
komèt adiltè
komèt yon krim
komèt yon peche
kominike ak yon moun
kominyen devan pè
kominyen yon ti moun
konbat yon maladi
konble fatra
konble yon pil wòch
kondane yon prizonye
kondi yon avèg
kondi yon machin
kondi yon moun
konekte nan kouran
konekte yon plòg
kònen yon batiman
konèt yon moun
konfese peche
konfime yon rezèvasyon
konfòme a lalwa
konfwonte pwoblèm
konfye nan Bondye
konfye nan yon moun
konjige yon vèb
konkretize yon ide
konn al yon kote
konn kijan pou fè yon bagay
konn yon moun
konnen kijan
konnen kijan pou fè yon bagay
konnen yon moun
konpare ak
konpare de bagay
konpare de moun
konparèt nan tribinal
konplete yon pwojè
konplike yon sitiyasyon
konplimante yon moun
konplote pou fè yon krim
konpòte byen
konpoze nan yon lekòl
konpoze yon chan
konpoze yon medikaman
konpoze yon mòso (mizik)
konpoze yon remèd
konprann yon leson
konprann yon moun
konsève yon manje
konseye yon moun
konsidere yon moun
konsilte yon avoka
konsilte yon doktè
konsole yon moun
konstate yon asasina
konstate yon dega
konstwi yon kay
kontakte yon maladi
kontakte yon moun
kontamine dlo
kontanple grandè Bondye
kontanple lanati
kontante ak yon bagay
konte de dis a san
konte lajan
konte sou dwèt
konte sou yon moun
kontinye fè yon bagay
kontinye tou dwa
kontrarye yon moun
kontre (ak) yon moun
kontredi yon moun
kontrekare yon moun
kontwole lajan
kontwole machandiz

kontwole yon moun
konvèti nan yon relijyon
konvèti yon moun
konvoke yon premye minis
konvwate afè moun
koopere ak yon moun
kopye sou yon moun
kopye yon nòt
kore yon machin
kore yon moun
koresponn ak yon bagay
koresponn ak yon moun
korije yon devwa
korije yon erè
korije yon moun
koube devan
koube devan yon moun
koube pou priye
koubi yon fwèt
kouche ak yon moun
kouche atè
kouche sou kabann
koud yon rad
koule beton
koule nan paswa
koule nan yon basen
koule nan yon ekzamen
koule tèt yon moun
koule yon bato
koule yon elèv
koule yon ji
koupe ak yon kouto
koupe bwa
koupe pawòl nan bouch yon moun
koupe vyann
koupe yon losyon
koupi bò dife
kouri al ede yon moun
kouri nan yon kous
kouri vit
koute chè
koute yon moun
kouvri yon kabann
kouvri yon liv
kouvri yon twou
kouwapre yon moun
kowonpi yon ti moun
koze ak yon fi
krabinen yon moun
krache atè
krache nan figi yon moun
krake yon chèz
kraponnen yon moun
kraze ak baton
kraze yon boutèy
kraze yon zo
krenn yon moun
krepi yon mi
kreve yon boul
kreve yon kawotchou
kreye pwoblèm
krible ak bal
kritike yon moun
kriye pou yon rezon
kwapre yon moun
kwaze ak yon moun
kwaze de bra
kwaze yon mo
kwè nan Bondye
kwè nan Tontonnwèl
kwè yon moun
kwense nan yon kwen
kwense yon moun
kwit manje
kwòche yon kabrit
kwoke yon makòn mayi
kwoke yon rad
lage bonm
lage chen dèyè yon moun
lage de gidon
lage de gidon dèyè yon moun
lage lekòl
lage yon kòd
lage yon ne
laji yon chanm kay

laji yon rad
laji yon wout
lakoz yon bagay rive
lanbe yon asyèt
lanse yon bèt
lanse yon moun
lapide yon moun
lapriyè nan yon legliz
lapriyè pou yon moun
lase yon soulye
lave vesèl
lave yon moun ak jouman
lave-pase pou lajan
laye ak yon bichèt
laye pitimi
layite yon machandiz
legalize yon dokiman
lemante fè
lese yon moun trankil
leve bonè
leve yon chay
li ak linèt
li men yon moun
li yon liv
libere yon prizonye
likide yon machandiz
limen dife
limen limyè dèyè yon moun
limen yon flach
limen yon limyè
liminen nan pye yon sen
limite yon moun
lise cheve
lise yon rad
listre soulye
lite ak yon moun
lite kont yon bagay
lite pou yon bagay
livre yon moun
liyen yon moun
liyen yon vòlè
lobe nan yon rivyè
lokalize yon andwa
lolo yon moun
lonje yon kòd
lonmen non yon moun
lonnen yon twal
lote chabon
lote mango
louvri yon chemen
louvri yon pòt
lwe yon bagay nan men yon moun
lwe yon kay
lwe yon machin
machande yon bagay
machande yon machandiz
mache anpil
mache chiklèt
mache-rakonte yon sekrè
machinen chiklèt
madichonnen yon moun
makakre yon moun
make yon kaye
make yon nimewo
make yon sak
makònen ak yon moun
makònen mayi
makònen sosis
malediksyonnen yon moun
malentèprete yon bagay
maljije yon moun
malkonprann yon bagay
malkontwole yon lajan
malmennen yon ti moun
malpeye yon anplwaye
malpwononse yon mo
malpwononse yon non
maltrete yon moun
malvize yon bèt
mamonnen nan yon diskou
manche yon kouto
mandate yon prezidan
mande Bondye limyè
mande dekiprevyen
mande eskiz

mande esplikasyon
mande padon
mande plis
mande poukisa
mande wout
mande yon moun konsèy
mande yon moun maryaj
mande yon ogmantasyon
mangonmen yon pwoblèm
maniganse yon koudeta
manipile yon moun
manje a midi
manje aswè
manje mo
manje nan yon restoran
manje vant deboutonnen
manje vant plen
manje zonj
manke konpetans
manke lajan
manke yon fèy
manke yon moun dega
mansyone non yon moun
mansyone non yon moun nan yon testaman
mansyone yon bagay nan yon jounal
manyen yon bagay
manyen yon moun
mare yon bagay ak yon kòd
mare yon bagay sere
mare yon bèt
mare yon moun
marinen ak yon moun
marye ak yon moun
marye ak yon vyewo
marye de may
marye devan pè
masakre anpil moun alafwa
masakre yon moun ak baton
mase ak lwil
mase yon kote
maske ak yon mas
masonnen ak labou
masonnen yon kay
maspinen yon moun
matirize yon moun
matrake yon moun
matye de bagay
matye koulè
mawon nan bwa
mawonnen ak yon kòd
mawonnen ak yon moun
medaye yon chanpyon
medite sou pawòl Bonbye
medite sou yon bagay
mefye yon moun
megri anpil
melanje de bagay
melanje yon likid ak yon lòt
mele ak yon moun
mele nan yon koze
mele yon fil
mele yon kòd
menase yon moun
mennen ankèt sou yon krim
mennen yon avèg
mennen yon machin
mennen yon mouvman
mennen yon vi an woz
mentni yon moun nan prizon
meprize yon moun
merite respè
merite yon kado
mete ajenou
mete ajenou nan pye yon sen
mete apse sou klou
mete bouch nan yon koze
mete chapo
mete de moun an kontak
mete deyò
mete dife nan yon bagay
mete ji glase
mete kanson pou bèl twal
mete kouvè
mete lanmidon nan rad

mete losyon nan nen chen
mete ola nan yon bagay
mete ola nan yon lagè
mete pen devan kochon
mete presyon sou yon moun
mete pye nan dlo
mete rad
mete verite sou tanbou
mete vi yon moun an danje
mete yon bagay an pratik
mete yon bagay de kote
mete yon bagay nan plas li
mete yon bèt sovay nan kaj
mete yon boksè k.o
mete yon machin an mouvman
mete yon malad kouche
mete yon moun alabri de yon danje
mete yon moun an retrèt
mete yon moun anba kòd
mete yon moun nan yon konplo
mete yon sekrè deyò
mete yon ti moun dèyè chèz
mete yon ti moun kouche
mete yon vòlè nan prizon
mete yon vyann nan frizè
mezire nan yon mamit
mezire yon rad
milite ak yon pèp
milite kont yon diktatè
miltipliye de nimewo
minen yon tè
minimize yon moun
minote yon kriminèl
minote yon moun
mitije yon travay
mitraye yon moun
mitraye yon kay
miyonnen yon ti moun
mize nan yon jwèt
mobilize yon pèp
mobilize yon twoup
mòde yon moun
modènize yon zòn
modi yon moun
modifye yon plan
moke yon moun
moleste yon moun
monopolize yon komès
monte cheval
monte cheval malentespri
monte grad yon moun
monte kap
monte kolè yon moun
monte nan grad
monte nan planèt
monte nan yon asansè
monte nan yon nechèl
monte pri yon machandiz
monte sou do yon moun
monte sou pouvwa
monte sou yon bisiklèt
monte sou yon chwal
monte sou yon move pant
monte yon bèt
monte yon bouton
monte yon drapo
monte yon eskalye
monte yon grandou
monte yon koudeta
monte yon machin
monte yon otobis
monte-desann nan yon katye
montre yon moun li ak ekri
montre yon moun yon bagay
montre yon talan
montwaze yon bwa
motive yon moun
mouche nan yon mouchwa
mouche nen
moulen anba dan
moulen chiklèt
moulen mayi
mouri ak grangou
mouri ak swaf
mouri bon mò

mouri kòm ewo
mouri nan yon aksidan
mouri nwaye
mouri pwatrinè
mouvmante yon dlo
mouye yon rad
move kou yon kong
naje nan lanmè
naje nan yon pisin
nasyonalize yon endistri
natiralize Ayisyen
neglije fè yon bagay
negosye ak yon komèsan
negosye ak yon moun
netralize yon peyi
netwaye pwason
netwaye yon kay
neye nan yon basen
niche dwèt
niche lang
niche pye yon moun
nimewote paj yon liv
nonmen non yon moun
nonmen yon jij
notarye yon dokiman
note yon nòt
nouri yon ti moun
nwasi cheve
nwaye nan yon rivyè
nwi yon moun
nye yon bagay ki vre
nye yon moun
obeyi yon moun
oblije fè yon bagay
obsève lalwa
obsève Saba
obsève yon bagay
obsève yon kòmandman
obsève yon moun kap fè yon bagay
ofri an sakrifis
ofri yon pri
ofri yon rekonpans
òganize yon fèt
ogmante pri yon bagay
ogmante salè yon anplwaye
okabine atè
okabine nan latrin
òkestre yon bagay
okipe yon moun
okipe yon ti moun
òne yon abdenwèl
onore Bondye
opere yon malad
oryante yon moun
ospitalize yon malad
otorize yon moun fè yon bagay
ouvè yon pòt
ouvè yon rad
ouvè yon wout
oze fè yon bagay
padone yon moun
pafime yon rad
pake nan lari
pake yon machin
pakin nan yon garaj
pakin yon machin
pakouri dis kilomèt
pale ak yon moun
pale anpil
pale de yon bagay
pale nan zòrèy
pale pouryen
pale sou do yon moun
pale yon lang
palpe yon tete
panche tèt
pandye anlè
pandye yon rad
pann yon bagay
pann yon moun
panse a yon bagay
panse a yon moun
panse anpil
pantan nan dòmi
pantan nan yon rèv

paralize nan yon aksidan
pare lapli
pare yon kou
pare yon so
parye sou
parye sou yon boksè
parye sou yon kòk
pase farin
pase mati
pase nan paswa
pase nan yon ekzamen
pase nan yon pòt
pase tèt
pase yon kote
pasyone de yon bagay
pati al yon kote
patinen nan labou
patinen sou glas
patisipe nan yon konkou
patisipe nan yon konplo
patwone yon nouvèl
pave yon ri
pè di yon bagay
pèdi yon bagay
pè fè yon bagay
penche yon moun
penpenyen pou viv
pentire yon kay
penyen tèt
peple anpil
peri nan dlo
pèse nen
pèse yon sak
pèse zòrèy
pèsekite yon kretyen
pèsekite yon moun
pèsiste ak yon moun
pete koken
pete sou yon moun
peye pou yon sèvis
peye yon moun
peze kafe
peze yon bagay nan yon balans
peze yon fi
pibliye yon anons
pibliye yon liv
pichkannen yon moun
pike nan yon basen
pike nan yon pisin
pike yon bèt
pike yon moun
pile pitimi
pile yon moun
pilonnen yon moun
pilote yon avyon
pilote yon kamyon
pini yon elèv
pini yon ti moun
pire yon zoranj
pirifye san
piye lajan
piye yon kay
plafonnen yon kay
plake nan panno
plane sou dlo
plane yon mont
planifye yon vwayaj
plante yon kwa
plante yon plan
plase ak yon fi
plati yon boul
plè yon moun
plede ak yon moun
plede pou yon moun
plede yon koz
plen yon kalbas
plen yon tank
pliche yon ti moun
plimen yon poul
plise yon rad
pliye yon dra
ploge ak yon fi
ploge yon plòg
plonbe dan
plonbe fè tiyo
plonje nan yon pisin

plonje sou moun
plonje yon moun
plòtonnen fil
poli zong
ponktye yon paragraf
ponn ze
ponyade yon moun
ponyen yon bagay
posede yon bagay
poste yon lèt
pote yon fado
pote yon moun
poteke yon tè
poudre ak poud
poupou nan latrin
pouri yon ti moun
pouse yon kri
pouse yon machin
pouse yon moun
pousuiv yon moun
poze kesyon
poze yon bagay yon kote
pran (yon moun) ak de bra
pran avantay de yon moun
pran nan yon bagay
pran nouvèl
pran responsablite
pratike pou yon match
pratike yon metye
preche Levanjil
preche nan dezè
preche yon moun
prefere fè yon bagay
prepare manje
prese yon rad
presize yon deklarasyon
preskri yon medikaman
preskri yon remèd
prete lajan
prete lajan nan men yon moun
prevwa move tan
prezante nan yon reyinyon
prezante yon tèz
prezante yon zanmi
prezève yon bagay enpòtan
prezide yon konferans
prije yon chadèk
priye Bondye
priye legliz
priye nan pye yon sen
pwente yon zam sou yon moun
pwodui yon bagay
pwofetize sa kap rive
pwofite yon okazyon
pwograme yon konpitè
pwogrese nan yon klas
pwojte yon randevou
pwojte yon vwayaj
pwokire yon bagay
pwolonje yon dat
pwomèt pou fè yon bagay
pwomèt yon moun yon kado
pwomèt yon rekonpans
pwonmennen toupatou
pwononse yon mo
pwononse yon non
pwopaje yon nouvèl
pwopoze yon kandida
pwopoze yon sijesyon
pwòpte yon kay
pwòstène devan Bondye
pwoteje yon moun
pwoteste kont yon bagay
pwoteste kont yon zak malonnèt
pwouve ke yon moun an tò
pwouve pwodui yon miltiplikasyon
pwouve yon bagay ki vre
pwovoke yon moun
pyafe nan kanaval
pyafe nan yon fèt
pyese yon chanm
pyese yon pantalon
rabache yon leson
rabache yon travay
rabat yon pye pantalon

rabi manje
rabi rad
raboure yon tè
rache ak yon rach
rache dan
rache manyòk
rache vyann
rache yon paj liv
rache yon plant
rachte yon moun nan yon danje
radada nan yon diskou
radote nan yon konferans
rafine lwil
rafine sik
rafle yon radyo
rafrechi memwa
rakle sou yon kabann
rakonte yon istwa
rakwoche yon telefòn
ralanti yon machin
rale ak lwil
rale pat (bisuit)
rale ponyèt yon moun
rale yon kòd
rale yon pòt
rame ak yon ram
rame yon kannòt
ranbouse yon moun yon lajan
randui yon panno
ranfòse yon deklarasyon
ranje yon bagay
ranje yon machin
ranje yon manje
rankontre (ak) yon moun
ranmase ak pèl
ranmase yon bagay atè
rann gaz
rann kont
rann vè
rann yon moun vizit
ranplase yon bagay pa yon lòt
ranplase yon moun
ranpli yon espas
ranpli yon tank
ranpòteviktwa nan yon gè
ranpòteviktwa sou yon ennmi
ranse ak bagay serye
ranse ak yon moun
rantre sot nan yon vwayaj
rantre yon bagay ki deyò
ranvèse yon diktatè
ranvèse yon prezidan
ranvwaye lekòl
ranvwaye yon reyinyon
rape yon bagay nan men yon moun
raple yon bagay
raple yon moun yon bagay
rapòte yon aksidan lapolis
rapousuiv yon moun
rasanble yon bagay ki gaye
rasanble yon kote
rasazye ak yon bagay
rate lajan
rate yon okasyon
rate yon otobis
rate yon randevou
ratifye yon kontra
ratifye yon pwojè de lwa
ratresi kou yon brik savon
ravaje yon jaden
rayi yon moun
raze ak yon razwa
reachte yon kay
reachte yon tè
readapte a yon bagay
rebat kat
rebat yon moun
rebay yon nouvèl
rebele kont yon moun
rebite yon manje
rebwaze yon forè
rebwè yon bwason
rechofe dlo
rechouke yon anplwaye
rechouke yon makout

rechte vè
rechte yon demann
rechte yon manje
rechte yon pwojè de lwa
redi nan yon travay
redi yon kòd
redistribiye papye
redouble yon klas
redui nan yon bagay
redui nan yon likid
redui yon vitès
reentegre yon militè nan lame
refè apre yon maladi
refè yon bagay
refè yon travay
refere yon moun a yon lòt
refèt yon bagay
refijye yon kote
refize fè yon bagay
reflechi sou yon bagay
reflechi sou yon kesyon
refòme yon anplwaye
refwadi yon motè
regade afè moun
regle ak yon moun
regle lajan
regle yon koze
reklame dwa
reklame yon bagay
rekloure yon klou
rekloure yon planch
rekòlte mayi
rekòlte yon rekòt
rekòmande yon lèt
rekòmande yon moun bay yon lòt
rekòmanse yon travay
rekonèt yon moun
rekonèt yon tò
rekonfòte yon moun
rekonpanse yon moun
rekonpoze yon elèv
rekonsilye ak yon moun
rekonstwi yon kay
rekonte lajan
rekopye yon leson
rekoud yon rad
rekoupe cheve yon moun
rekoupe yon vyann
rekouvri yon kay
rekouvri yon liv
rekrite ansyen sòlda
rekwit manje
rele sou yon moun
rele yon moun
rele yon moun nan telefòn
reli yon leson
reli yon liv
relve maryaj
relye de wout
remake yon bagay
remake yon moun yon kote
remedye yon sitiyasyon
remèsye Bondye
remèsye yon moun
remèt lajan
remèt yon bagay ki te prete
remete yon bagay andedan
remize yon machin
remonte yon eskalye
remonte yon pyès
remye tè
renmen ak yon moun
renmen yon bagay
renmen yon moun
renonse a yon bagay
renouvle yon paspò
renouvle yon lisans
rense yon rad
reòganize yon klib
reouvè yon fwontyè
reouvè yon pòt
repanti nan yon legliz
repare yon machin
repase leson
repase pou yon ekzamen

repase yon kote
repèse yon twou
repèse zòrèy
repete apre yon moun
repete pou yon konsè
repete yon mo
replane yon mont
replante yon plan
replen yon kalbas
replen yon tank
replike ak yon moun
repliye yon dra
replonje nan yon basen
replonje yon moun
reponn yon kesyon
reponn yon moun
reponn yon telefòn
repouse yon moun
repran nan yon bagay
repran travay
reprann travay
reprezante yon òganizasyon
reprezante yon peyi
reprimande yon moun
repwoche yon moun
repwodui yon foto
repyese yon pantalon
resevwa kourye
resevwa nouvèl yon moun
resi fè yon bagay
resite yon leson
resite yon powèm
respekte lalwa
respekte moun
restore yon moniman
retande yon nouvèl
rete bouch fèmen
rete yon kote
rete yon machin
retire nan yon bagay
retire soulye nan pye
retounen sot nan yon vwayaj
retounen yon kote
retransmèt yon mesaj
retrase yon liy
revann yon machin
reve yon moun
reveye yon moun
revize yon dokiman
revize yon leson
revni apre yon maladi
revoke yon anplwaye
reyalize yon bagay
reye nan yon peyi
reyini moun
reyini yon kote
rezève yon plas
rezève yon tikè pou yon moun
rezone byen
ri kò pèdi
ri kòlèt debraye
ri vant deboutonnen
ri yon moun
rinen nan yon kivèt
riske fè yon bagay
ritme yon mizik
rive bonè
rive yon kote
sable yon mèb
sabote yon moun
saka ak yon bichèt
saka pitimi
sakaje yon kay
sakaje yon moun
sakre yon moun
sakrifye vi
sakrifye yon bèt
sal yon rad
sale manje
salope yon rad
sanble fatra
sanble kou de gout dlo ak yon moun
sanble tèt koupe ak yon moun
sangle yon chwal
santi bon

santi fò
santi move
santi yon bagay
santralize yon peyi
santre yon boul
satisfè dezi yon moun
satisfè yon moun
satouyèt yon moun
savonnen yon moun
savonnen yon rad
seche rad
seche vyann
sede yon moun yon bagay
sede yon moun yon plas
sedui yon fi
segonde yon pastè
sekle ak yon sèpèt (sòkò)
sekle tè
sekouri yon moun
sekwe yon chèz
sekwe yon likid
sele yon chwal
sele yon dokiman
selebre anivèsè yon moun
selebre yon maryaj
sèmante pou pa fè yon bagay
sèmante sou vi
sènen pwason
sènen yon bèt
sènen yon moun
senpatize ak yon moun
senplifye yon fraksyon
sentre ponyèt yon moun
sentre ren
sentre yon moun
senyen kou bèf
senyen yon kochon
separe apre yon maryaj
separe de moun kap goumen
separe manje
separe plizyè bagay
sere lajan
sere manje
sere yon bagay pou moun pa wè
l
sere yon kravat
sèvi ak

ENGLISH - HAITIAN CREOLE INDEX

ENDEKS ANGLE - KREYOL AYISYEN

to **abandon** : abandone, abandonnen, kite
to **abduct** : lanse, kidnape
to **abolish** : aboli
to **absorb** (liquid) : absòbe. to ***absorb*** (shock) : amòti
to **abstain** : asteni
to **abuse** (s.o) : abize, eksplwate; maspinen; souse
to **accelerate** (speed up) : akselere
to **accept** : asepte, aksepte
to **accommodate** : akomode
to **accompany** s.o (go with) : akonpaye, ale ak (yon moun). to ***accompany*** s.o (music) : akonpaye
to **accomplish** (achieve purpose) : akonpli. to ***accomplish*** a mission : akonpli yon misyon
to **account for** : rann kont
to **accuse** (s.o of doing sth.) : akize (yon moun pou yon bagay)
to acknowledge as on's child : rekonèt (kòm pitit)
to **accustom** (make familiar) : abitye, abitwe (ak)
to **achieve** (purpose, goal) : akonpli (yon bi)
to **acquire** a training (business) : fòme
to **act** : aji
to **adapt** : adapte. to ***adapt*** (plog in) : ploge
to **add** (up) : adisyone, ajoute, mete sou
to **address** : adrese. to ***address*** a letter : adrese yon lèt
to **address** an audience : adrese yon asanble, adrese yon piblik
to **adjust** : ajiste, fikse; to adjust (lens) : santre, fè mizopwen. to ***adjust*** oneself to new conditions : abitwe, abitye
to **administer** : administre, jere. to ***administer*** a law : aplike yon lwa
to **admire** : admire, apresye. to ***admire*** s.o : admire yon moun, apresye yon moun
to **admit** (permit) : admèt (pou)
to **adopt** : adokte, adopte
to **adore** : adore
to **advance** tentatively : tate, tatonnen
to **advise** : konseye, bay konsèy, avize, konseye. to ***advise*** s.o against sth. : dekonseye yon moun fè yon bagay
to **affect** : afekte; touche; frape
to afiliate : afilye
to **affirm** : afime, deklare, di
to **afflict** (with) : aflije
to **afforest** : rebwaze
to **age** : aje, grizonnen, antre nan laj, vyeyi
to **aggravate** : agrave. to ***aggravate*** an illness : agrave yon maladi
to **agitate** : ajite; mouvmante
to **agree** (be in agreement

with) : dakò. to ***agree*** to do sth.: antann, dakò pou fè yon bagay, pase kondisyon (pou fè yon bagay). to ***agree*** to sth. : konsanti; apwouve yon bagay

to **aim** (at) , to take ***aim***: pwente (sou), vize. to ***aim*** poorly : malvize

to **air-condition** : klimatize

to **align** : aliyen

to **alight** : poze (sou)

to **allow** (give permission to do sth.) : pèmèt, bay pèmisyon (pou fè yon bagay). otorize, bay otorizasyon fè yon bagay

to **analyze** : analize

to **animate** : anime

to **announce** : anonse

to **annoy** : agase, annwiye, anbete, anmède, anmègde, enmède

to **apologize** : eskize, mande eskiz

to **appear** : parèt; konparèt, parèt devan. to ***appear*** again : reparèt

to **appeal** (petition) : adrese

to **appease** (quench, thirst) : apeze (swaf)

to **applaud** (clap one's hands) : aplodi, bat men

to **apply** (sth. to sth.) : aplike

to **appreciate** : apresye, admire

to **approach** : abòde. to ***approach*** a problem : abòde yon pwoblèm. to ***approach*** someone : abòde yon moun, pwoche (sou, kote yon moun), apwoche yon moun

to **approve** : apwouve

to **argue** (with s.o) : diskite, plede (ak yon moun)

to **arm** : ame. to ***arm*** oneself with a stick : dragonnen, mache ak yon baton

to **arrange** (fix) : ranje. to ***arrange*** in group : gwoupe

to **arrest** : arete, fouke, poze lapat sou, mete anba kòd

to **arrive** : rive. to ***arrive*** (reach a destination) : rive, ateri, debake

to **auscultate** : sonde, konsilte

to **ask** : mande. to ***ask*** questions : poze kesyon, kesyone, entewoje

to **asphalt** (road) : asfalte

to **assassinate** : asasine, asasinen, ansasinen, sasinen, tiye touye, tye

to **assault** : asayi

to **assist** : asiste, ede, bay kout men

to **associate** (with) : asosye (ak), frekante, siye (ak), mele (ak)

to **assume** (responsibility) : anchaje, pran an chaj. let's ***assume*** that .. : sipozon ke, admeton ke..

to **assure** : asire. to ***assure*** (s.o of sth.., guarantee) : asire, garanti

to **attach** : tache; plake

to **attack** : atake; plonje sou. to ***attack*** s.o : atake yon moun, plonje sou yon moun

to **attend** (meeting) : asiste (reyinyon). to ***attend*** (patient) : swaye (malad)

to **attempt** : tante, seye, eseye

to **attract** : atire

to **authorize** : otorize, bay otorizasyon, bay pèmisyon
to **avoid** : evite, envite, dezenvite
to **award** a medal (to) : medaye

B

to **back up** (go back) : fè bak, rekile, tyoule. to ***back up*** (support s.o) : sipòte, apiye, epole (yon moun)
to **backslide** : chite
to **bake :** anfounen
to **bandage** : panse, bande
to **baptize** : batize
to **barely survive** : debat, dangoye
to **bargain** : machande
to **bark** : jape
to **barricade** : barikade, bare, bouche
to **base** (opinion) : baze (sou)
to **baste** (sewing) : fofile (rad)
to **bathe** : benyen, pran yon beny
to **batter** (s.o) : demanbre (yon moun). to ***batter*** (sth.) : kolboso, defonse
to **be** (see "se" and "ye". to ***be*** a member of : apateni (a). to ***be*** able : kapab, ka, kab. to ***be*** afraid of (s.o, sth.) : krenn, pè. to ***be*** assaulted : asayi. to ***be*** crippled : kokobe, paralize, enfim. to ***be*** disappointed : dekouraje. to ***be*** disrespectful (to s.o) : derespekte (yon moun), manke (yon moun) respè, manke (yon moun) dega. to be dying to do sth. anvi (fè yon bagay). to ***be*** equal to : egal (a). to be flustered : dekontwole. to ***be*** frightened : efreye, pè. to ***be*** frozen : glase, jele, fe glas, tounen glas. to ***be*** grieved : aflije. to ***be*** happy : kontan. to ***be*** happy with : kontante, satisfè, rasazye (ak). to ***be*** ignorant of (sth.) : iyore; iyoran de yon bagay. to ***be*** ill at ease : jennen. to ***be*** in a hurry : prese. to ***be*** in love (with) : damou (pou), renmen. to ***be*** in s.o's way : jennen yon moun. to ***be*** in the habit of : konn. to ***be*** interested (in sth.) : enterese (nan yon bagay). to ***be*** late : rive an reta, an reta, tade. to ***be*** mistaken : twouble; konfonn. to ***be*** named : rele. to ***be*** neglectful of : neglije. to ***be*** numb : angoudi. to ***be*** occupied (***be*** busy) : okipe. to ***be*** of benefit : rapòte. to ***be*** paid (earn salary) : touche; peye. to ***be*** possessed (by the devil) : posede. to ***be*** quiet : pe, pe bouch, kalma, teze, rete bouch fèmen. to ***be*** satisfied with : (to ***be*** satisfied with one's lot) : satisfè, kontante, rasazye (ak). to ***be*** seen in public : afiche. to ***be*** sharp (of tool) : file, koupe. to ***be*** sorry : eskize. to ***be*** thirsty : aswafe, swaf, swèf. to ***be*** tired : fatige, bouke. to ***be*** tired of doing sth. : bouke, fatige fè yon bagay. to ***be*** uncomfortable : jennen, malalèz. to ***be*** worried : enkyete. to ***be*** worth : vo.
to **bear** (put up with sth.) : soufri, sipòte
to **beat** (s.o) : bat, kale,

blanchi, toufounen (anba kou).
to ***beat*** "kata" rhythm : kata.
to ***beat*** up again : rebat. to **beat** (win in game, competition) : bat, kale, genyen
to **beautify** (sth.) : anbeli (yon bagay)
to **become** : devni, soti. to ***become*** familiar with sth. : familyarize ak yon bagay. to **become** frozen : jele, glase, fè glas. to ***become*** incapable of acting : fri, kole. to ***become*** less swellen : dezanfle. to ***become*** richer : anrichi, vin pi rich. to ***become*** tangled : antòtye. to ***become*** too familiar (with s.o) : antre (sou yon moun). to ***become*** week : afebli, vin fèb. to ***become*** worse : agrave, anvlimen
to **beg** (s.o to do sth.) : sipliye, priye yon moun (pou fè yon bagay), chyente. to **beg** for money : mande charite, mande kòb
to **begin** : kòmanse, tanmen, amòse. to ***begin*** with : kòmanse ak, debite ak. to ***begin*** again : rekòmanse
to **behave** : konpòte
to **behead** : koupe tèt, sote tèt
to **belch** : degobye, rann gaz, wote, fè rapò
to **believe** : kwè, konprann, panse
to **bellow** (moo) : begle
to **belong** (to), to be a member of : apateni (a). It ***belongs*** to me : se pou mwen.
to **bend** : koube, plwaye, pliye, ploye, benn, koubi. to ***bend*** (give away) : flechi
to **benefit** (from) : benefisye (de)
to **bet** : parye, fè pari, fè paryaj
to **betray** (s.o) : trayi (yon moun), vann (sekrè yon moun)
to **bewitch** : chame. to ***bewitch*** (evil spell) : dyoke, fè (yon moun) mal
to **bind up** (wound) : bande
to **bite** : mòde
to **blabber** : rablabla
to **blacken** : nwasi, nwèsi
to **blacktop** : asfalte, goudwonnen (wout)
to **blame** : blame, blanmen, repwoche, fè repwòch
to **blaspheme** : blasfème, blasfèmen
to **bleach** : blanchi
to **bleed** : senyen
to **blend** : mele, melanje
to **bless** : beni
to **blind** : avegle, vegle (je)
to **bloat** (of stomach) : gonfle
to **block** (off) : bare, barikade, bouche, fèmen
to **bloom** : fleri
to **blot up grease** : absòbe grès
to **blow** (wind) : vante, soufle. to ***blow*** one's nose : mouche (nen). to ***blow*** up (burst) : eklate, pete. to **blow up** (inflate) : gonfle, bay van)
to **bluff** : blofe, woule
to **blunder** : jebede
to **blunt** (the point of) : depwente
to **blush** : wouji
to **board** (vehicle) : monte
to **boil** : bouyi

to **bolt** : boulonnen
to **bombard** : bonbade
to **boost** : remonte
to **borrow** (from) : prete
to **botch** : rabache, tyoke, mitije. to botch (up) work : bakle
to **bother** (s.o) : chipote, annwiye, nwi (yon moun)
to **bounce** : mate; rebondi
to **bow** : bese, koube (devan); fè lakoubèt (devan), bese tèt; pwostène (devan)
to **box** : bokse
to **boycott** : bòykote
to **braid** (hair) : trese (cheve, tèt)
to **brake** : fwennen, frennen
to **brand** : tanpe
to **break** : kase, brize. to break (bill) : chanje, degrennen (biye lajan). to ***break*** (love relation) : kite, separe. to break down (car) : an pàn, pran pàn. to ***break*** in (horse) : bosale, donte. to ***break*** in a door : anfonse yon pòt. to ***break*** the will of : dejwe. to ***break*** up a croud : dispèse yon foul. to ***break*** up with (stop associating with) : dezasosye, depati (ak). to ***break*** (smash) : kraze
to **breathe** : respire
to **bridle** : bride
to **bring** : pote, vini ak,; mennen. to ***bring*** up to date : (modernize) : modènize. to ***bring*** bad luck : giyonnen, lage pichon sou. to ***bring*** under discipline : disipline. to ***bring*** up : elve, leve; edike
to **brood** (hatch eggs) : kouve
to **brown** (cooking) : dore (manje)
to **brush** : bwose
to **buckle** (up) : boukle, tache
to **bud** : boutonnen, boujonnen, pouse boujon
to **budge** : bouje, deplase, dekanpe, brannen
to **build** : bati, konstwi
to **bump** into (hit) : frape. to ***bump*** into (meet s.o) : rankontre, kontre (ak)
to **burn** : boule, brile. to *burn* incense to (idols) : ansanse
to **burp** (belch) : degobye, rann gaz, fè rapò
to **burst** (blow up) : pete, eklate. to ***burst*** (puncture) : kreve
to **bury** : antere. to ***bury*** in mud : antere nan labou, kouvri ak labou
to **butcher** : kwòche, kòche
to **bustle** (about) : bese-leve
to **butter** : bere
to **button** : boutonnen, tache; kòlte
to **buy** : achte. to ***buy*** a house : achte yon kay. to ***buy*** again : reachte; achte ankò
to **buzz** (ears) : kònen. to ***buzz*** (of insects) : boudonnen

C

to **cackle** : kadase, kakaye
to **call** : rele, telefone. to call on (s.o) : vizite, rann (yon moun) vizit. to ***call*** upon (s.o) : entèpele.
to **calm down** : kalma, kalme, tanpere, trankilize
to **canalize** : kanalize
to **cancel** (out), to void : anile;

siprime
to **cane** (chair) : anpaye (chèz)
to **caper** (frolic) : karakole
to **capture** : kaptire, kenbe, pran
to **caress** : karese, kajole, miyonnen
to **carouse** : banboche
to **carry** : pote. to ***carry*** (goods) : transpòte (machandiz). to ***carry*** away : bwote, pran, pote-ale, ale ak, anlve. to ***carry*** out (sth.) : reyalize (yon bagay)
to **cash** (check) : chanje (chèk)
to **carve** (animal) : dekape. to ***carve*** in : vide, anfondre
to **castrate** : chatre
to **catch** : atrap, atrape; ankese. to ***catch*** (water) : kapte (dlo). to catch a cold : anrimen, gripe. to ***catch*** a glimpse of (s.o, sth.) : apèsi (yon moun, yon bagay). to ***catch*** s.o in the act : siprann yon moun, kenbe yon moun ap fè yon bagay
to **cause** : koze, lakòz. to ***cause*** to lose patience : depasyante
to **celebrate** : selebre, fete. to ***celebrate*** s.o's birthday : selebre, fete anivèsè yon moun
to **cement** : simante
to **centralize** : santralize
to **center** (on) : santre (sou)
to **chain up** : anchennen, anchene
to **chair** : prezide
to **change** : chanje. to ***change*** (modify) : modifye. to change (transform) : chanje, transfòme. to ***change*** one's residence : bwote, demenaje. to ***change*** the place of sth. : deplase yon bagay, chanje yon bagay pozisyon. to ***change*** the shape of sth. : defòme yon bagay, chanje fòm yon bagay
to **channel** : kanalize
to **charm** : chame
to **charter** : fwete
to **chase** : chase
to **cheat** : kopye (sou), gade (sou), pran poul (sou), triche. to ***cheat*** (love relation) : bay zoklo
to **check** : tyeke, verifye. to ***check*** off (mark) : tyeke, make
to **cheer** : rejwi
to **cherish** : cheri
to **chew** : mache, machinen, moulen, kraze. to ***chew*** out : defripe, lave (ak jouman). to **chew** (tobacco) : chike (tabak)
to **chill** : glase
to **chime** : karyonnen
to **chip** off : dekale
to **chitchat** : jebede, chante, dyole
to **choke** : toufe, trangle, sifoke, sivoke
to **choose** : chwazi, fè yon chwa, seleksyone, fè yon seleksyon. to ***choose*** (sort out) : triye
to **chop** : koupe, tyake, tyakannen, tyaktyak
to **circulate** (blood, air) : sikile
to **circle** : ansèkle, antoure; viwonnen
to **claim** : reklame; mande
to **clamp** together : brade
to **clap** one's hands : aplodi, bat men

to **clarify** : eklèsi, bay limyè sou
to **claw** : grife, grifonnen
to **clean** : netwaye, pwòpte, netye
to **clear** (goods) : dedwane (machandiz). to clear (moon) : balize. to *clear* (by removing obstacles) : debarase (de), debare. to clear (table) : desèvi (tab). to clear up (weather) : demaske, fè klè
to **climb** : grenpe, moute, monte. to climb on : monte sou
to **clip** : tonn
to **close** : fèmen
to **clot** (curdle) : kaye
to **cloud** : vwale, kouvri ak nway
to **club** (beat) : chaplete
to **coach** : antrene
to **coat** : randui
to **coax** (cajole) : andyoze
to **cock** (a gun) : baskile (yon fizi, yon revòlvè)
to **coddle** : dolote, gate
to **coil** : bobinen, bobine
to **collapse** (building): anfale, vide, tonbe, anfondre. to *collapse* (one's chest) : kofre
to **collect** : kolekte, ranmase
to **collide** (cars) : frape, fè kolizyon (ak)
to **collaborate** (with) : kolabore (ak)
to **colonize** : kolonize
to **color** : kolore
to **comb** one' hair : penyen (cheve, tèt)
to **come**: vini. to *come* back : retounen, tounen. to *come* back from a trip : rantre, antre, retounen, vini. to *come* forward avanse, vin devan. to *come* out : soti, soti. to *come* upon s.o (surprise s.o) : siprann yon moun, kenbe yon moun (ap fè yon bagay). to come with (s.o) : vini ak, akonpaye (yon moun)
to **comfort** : konfòte, rekonfòte, konsole
to **comment** (on) : kòmante (sou)
to **commission** : anchaje; mandate
to **commit** : komèt. to *commit* crimes : fè krim, simen latèrè. to *commit* oneself : angaje (nan). to *commit* suicide : suicide, tiye tèt, touye tèt
to **communicate** : kominike, pale ak
to **compare** : konpare, fè yon konparezon an
to **compel** : oblije. to compel s.o to do sth. : fòse yon moun fè yon bagay
to **compensate** : dedonmaje
to **complain** : plenyen; babye
to **complete** : konplete; acheve, fini. to complete a project : acheve yon pwojè
to **complicate** : konplike, mangonmen
to **compliment** : konplimante, fè konpliman
to **conceal** : kache, bare
to **concern** : konsène, regade, gade. concerning : konsènan
to **concrete** : simante
to **condemn** : kondane
to **consent** : konsanti
to **consider** : konsidere
to **confess** : konfese
to **confirm** : konfime
to **conform** : konfòme

to **confront** : konfwonte, fè fas ak. to ***confront*** s.o : fè fas ak yon moun
to **confuse** (mix up) : twouble; to confuse (muddle ideas) : bwouye
to **congratulate** (on) : felisite, konplimante, fè konpliman
to **conjugate** : konjige
to **conjure** (sth. away) : eskanmote (yon bagay)
to **connect** : konekte. to connect (road) : rankontre
to **consent** : konsanti, dako
to **consider** : konsidere; anvizaje. to consider a problem : analize, etidye yon pwoblèm
to **console** : konsole, konfòte, rekonfòte
to **consolidate** : simante (abs.)
to **conspire** : konplote, fè konplo (pou)
to **construct** : konstwi, bati. to construct a ceiling : plafonnen, fè yon plafon
to **consume** (use up) : kaba
to **contact** : kontakte
to **contain** (have) : genyen. to contain (hold) : kenbe
to **contaminate** : kontamine
to **contemplate** : kontanple
to **continue** : kontinye
to **contradict** : dedi, demanti, kontredi. to contradict oneself (ramble in one's speech) : depale
to **control** : kontwole
to **convert** (change) : konvèti, chanje. to convert (religion) : konvèti (nan), repanti. to convert into ice : jele, glase, fè glas, tounen glas
to **convulse** (in a trance) : dyayi
to **cook** : kwit. to ***cook*** again : rekwit
to **cool** (off) : refwadi. to ***cool off*** (calm down) : kalma, kalme, al dousman
to **cooperate** : koopere, mete tèt ansanm, travay ansanm
to **cope** : debouye, degaje, debouye, debwouye. to ***cope*** (shield oneself against something) : defann, defann tèt
to **copy** : kopye. to ***copy*** (xerox) : fotokopye. to ***copy*** over : kopye; rekopye
to **corner** : jennen, bare; kwense, sentre. to ***corner*** s.o : jennen, anbarase yon moun
to **correct** : korije
to **correspond** (to) : koresponn (ak)
to **corrupt** (s.o) : kowonpi, pouri (yon moun)
to **cost** : koute; to cost (be worth) : vo
to **cough** : touse. to ***cough*** up (give back) : kare, remèt, renmèt, kale
to **count** : konte. to ***count*** again : rekonte. to ***count*** (money) : konte, regle (kòb, lajan)
to **couple** (mate animals) : akouple (bèt)
to **court** (a girl, a lady) : file (fi), kotize, koutize
to **cover** : kouvri. to ***cover*** (distance) : pakouri. to ***cover*** again : rekouvri. to ***cover*** up with straw : anpaye
to **crack** (fingers) : krake

(dwèt). to ***crack*** (glass, etc.) : krake, fele, pete. to ***crack*** down on s.o : vin pi sevè ak yon moun; pran plis prekosyon ak yon moun. to ***crack*** jokes : bay blag

to **crawl** : rale

to **crease** (put a crease in) : eskanpe

to **create** : kreye; envante; fè yon envansyon

to **cripple** : paralize, kokobe. to be ***crippled*** : paralize, kokobe, donmaje, enfim

to **criticize** : kritike

to **cross** : travèse, janbe; kwaze

to **crouch** (squat down) : akoupi, koupi, bese

to **crowd** : ankonbre

to **crucify** : krisifye, kloure sou lakwa

to **crush** : kraze, maspinen, pile

to **cry** : rele, kriye

to **cultivate** : kiltive

to **curdle** (clot) : kaye

to **cure** (patient) : trete, geri

to **curl up** (huddle up) : akokiye

to **curse** : madichonnen, bay madichon; modi

to **curve** (road) : chankre, fè zigzag

to **cut** : koupe, taye. to ***cut*** (dilute) : dekoupe, koupe, delye. to ***cut*** (injure) : blese, estwopye. to ***cut*** again : rekoupe; retaye. to ***cut*** off (interrupt) : entewonp, koupe pawòl nan bouch (yon) moun). to ***cut*** off (slice) : koupe, tranche, twonse, fann. to ***cut*** off the comb of a rooster : dekreta yon kòk (poul). to ***cut*** the throat of (animal) : degòje, degagannen, senyen (yon bèt). to cut up : koupe, dekatya, dekatya, dekatiye, tyake

D

to **dally** : ranse, mize, pèdi tan (nan fè yon bagay)

to **damage** : donmaje. to damage in an accident : aksidante

to **dance** : danse

to **dangle** (hang) : pandye

to **dare** (venture sth.) : oze, penmèt, pèmèt, azade

to **darken** : nwasi, nwèsi

to **dash** : fann, file, kouri

to **date** (sth.) : date. to ***date*** someone : renmen ak yon moun, soti ak yon moun

to **daub** (smear) : bade, badijonnen. to **daub** (with mud) : bouziye, masonnen ak labou

to **dawdle** on the way : mize, fè reta. to ***dawdle*** over work : mize, pèdi tan

to **daze** : toudi

to **deal** (playing cards) : file (kat)

to **debase** : avili

to **debauch** : deboche

to **decay** : dekonpoze. to ***decay*** (tooth) : pike

to **deceive** : twonpe; bafwe, woule (yon moun)

to **decentralize** : desantralize

to **decide** : deside; dispoze (pou). to ***decide*** to do sth. :

deside, dispoze fè yon bagay, pran yon desizyon (pou fè yon bagay)
to **decipher** : dechifre
to **declare** : deklare, afime
to **decline** : dekline. to ***decline*** (age) : grizonnen, vyeyi, antre nan laj
to **decorate** : dekore. to ***decorate*** (mil.) : dekore; galonnen
to **dedicate** : dedye
to **deduct** : dedui
to **defame** : detripe
to **defeat** : venk, bat
to **defecate** : chye, kaka, poupou, watè, okabine, tata
to **defend** (s.o) : defann (yon moun)
to **define** : defini
to **deflate** : degonfle
to **deflower** : kreve, pèdi, pran vijinite
to **deform** : defòme
to **degrade** (s.o from rank) : degrade. to ***degrade*** (debase) : avili
to **delay** : tade, fè reta, mize
to **deliver** (a punch) : bay, flanke (yon moun) yon kout pwen. to ***deliver*** (baby) : akouche. to ***deliver*** (hand over) : livre
to **delude** oneself : tyanse
to **dilute** : delye
to **demolish** : demoli, dekonstonbre, demantibile, kraze, dechalbore
to **demonstrate** : demontre
to **demote** (degrade) : degrade
to **denigrate** (disparage) : denigre
to **denounce** : denonse. to ***denounce*** someone : denonse yon moun
to **deny** : nye. to deny (sth. true) : plede
to **depart** : pati, vole, flay
to **depend** (on) : depan, depann (de)
to **depict** : depenn
to **deport** : depòte
to **deposit** : depoze
to **describe** : dekri
to **desert** : abandone, abandonnen, dezète, kite
to **deserve** : merite
to **desire** : dezire, vle, anvi. to ***desire*** (lust after sth.) : konvwate
to **desist** : deziste
to **despise** (scorn) : meprize
to **destroy** : detwi
to **detach** : detache
to **detect** : detekte
to **detest** (hate) : deteste, degoute, rayi, pa vle wè, pa gen yon san pou
to **dethrone** : detwone
to **devaluate** : devalye
to **devastate** : devaste; piye
to **develop** : devlope. to ***develop*** (evolve) : evolye
to **devote** (one's time to sth.) : konsakre, dedye (a yon bagay)
to **devour** (prey) : dechire, devore
to **diagnose** : dyagnostike (med.)
to **dictate** : dikte
to **die** : mouri, desede, al bwachat, ale nan peyi san chapo, fè vwal pou peyi san chapo; trepase
to **dig** (up) : fouye. to ***dig*** up (unearth) : detere

to **digest** : dijere
to **dine** : dine
to **dip** into a book : feyte yon liv
to **direct** : dirije
to **distribute** : distribiye, bay
to **dirty** (clothes) : sal, tòchonnen
to **disappear** : disparèt; fonn, pati
to **disarm** : dezame
to **disarrange** : deranje
to **discipline** : disipline; kabeste
to **disconnect** : dekonekte, deploge
to **discourage** : dekouraje
to **discover** : dekouvri; jwenn, tonbe sou
to **disembark** : debake
to **disembowel** : devantre
to **disentangle** : demakònen; detòtye
to **disguise** : degize
to **disgust** (s.o) : rayi, degoute, deteste (yon moun)
to **dishonor** : dezonore
to **dish out food** : separe, drese (manje)
to **disinfect** : dezenfekte
to **dislocate** : dekloke, dejwente
to **dismantle** (take apart) : demonte, demantibile
to **disobey** : dezobeyi
to **disorientate** : dezoryante
to **disparage** : dekrete, denigre
to **display** : etale, layite. to display (work of art) : espoze, fè yon espozisyon
to **displease** : deplè, deplezi
to **disprove** : dezapwouve
to **disqualify** : diskalifye
to **disrespect** : derespekte, manke (yon moun) respè, manke (yon moun) dega
to **dissolve** : fonn
to **distend** (stomach) : bonbe
to **distinguish** : distenge
to **distress** : aflije
to **distribute** : distribiye, bay
to **disturb** : deranje, toumante, twouble
to **divide** : divize; separe. to ***divide*** up, to parcel out : lote. to **divide** (share) : pataje, separe. to ***divide*** land in quadrants (for irrigation) : kawote. to ***divide*** up (hand of bananas) : depate (yon pat, yon rejim bannann)
to **divorce** : divòse
to **divulge** : devilge
to **do** : fè. to ***do*** sth. : refè yon bagay. to ***do*** a filling (tooth) : plonbe dan. to ***do*** a make up exam : refè yon ekzamen, repran yon ekzamen. to ***do*** an autopsy : topsi. to ***do*** one's best : debat; lite. to ***do*** repairs on broken down engine : depannen. to ***do*** s.o harm : fè yon moun mal. to ***do*** sth. out for charity : charite
to **dodge** (sports) : kabre, trible; eskive
to **doll up** : biske, fè kò bèl
to **dominate** : domine
to **doze off** : asoupi, kabicha
to **drag** : trennen
to **drain** : degoute
to **dramatize** : dramatize
to **draw** (sketch) : desine, trase
to **dread** (fear) : krenn. pè,

krenn
to **dream** : reve
to **dress** (oneself) : abiye, mete rad sou
to **drift** (wander aimlessly) : drive
to **drink** : bwè. to drink again : rebwè
to **drive** (car) : kondi (machin). to ***drive*** a truck : kondi yon kamyon, pilote yon kamyon. to ***drive*** in : fonse, anfonse. to ***drive*** s.o crazy : rann yon moun fou, fè yon moun fou, chaje tèt yon moun
to **drizzle** : farinen
to **drool** : bave
to **drop** (sth.) : lage
to **drown** : nwaye, neye
to **dry** : seche, cheche
to **dull** (knife) : defile, dekoupe
to **dupe** (trick) : fente
to **dwell** (live in) : abite, rete

E

to **earn** (salary) : touche, genyen
to **eat** : manje, boufe. to eat (twice) : double, manje de fwa. to ***eat*** copiously : dekoupe, manje san rete. to ***eat*** poorly : malmanje
to **economize** : ekonomize, fè ekonomi, sere kòb
to **educate** : edike, enstwi
to **ejaculate** : ejakile, voye, dechaje
to **elect** : eli
to **eliminate** : elimine
to **embark** (passengers, goods) : anbake (pasaje, machandiz)
to **embarrass** : anbarase, jennen
to **embellish** (beautify) : anbeli
to **embrace** (hug) : anbrase, kwoke, mawonnen
to **embroider** : bwode
to **emphasize** (on) : aksantye (sou), mete aksan sou
to **employ** (hire s.o) : anplwaye, anboche (yon moun), pran (yon moun nan yon travay). to ***employ*** (use) : itilize, sèvi ak
to **empty** : vide. to be ***empty*** : vid. to ***empty*** (house) : debagaje (kay)
to **encircle** : ansèkle; antoure
to **encounter** : rankontre, kontre, twouve, jwenn
to **encourage** : ankouraje, bay kouraj
to **encumber** : anbarase, jennen
to **end** (finish off), to end at : abouti. to ***end*** up (arrive at) rive, ateri
to **endorse** (check) : andose (chèk)
to **endow with magical power** : monte
to **endure** : soufri, kenbe
to **engrave** : grave
to **enjoy** (oneself) : divèti, banbile; jwi
to **enlarge** : laji. to enlarge (picture) : gwosi (foto)
to **enlighten** (educate) : eklere, edike
to **enlist** : anwole
to **enrich** : anrichi, vin pi rich
to **enroll** (register) : enskri; anwole

to **entangle** : antòtye, makònen
to **enter** : antre. to ***enter*** a house : ***antre*** nan yon kay
to **entertain** : anmize
to **envisage** : anvizaje
to **equalize** (even off, up) : egalize
to **erase** : efase
to **eruct** (belch) : degobye, rann gaz
to **escape** : sove, pati, pran lafuit, chape, chata, bwaze. to ***escape*** the vigilance of one's opponent : demake yon moun
to **esteem** (appreciate) : to estimate
to **evacuate** : evakye
to **evade** : mawon, pran lafuit
to **evangelize** : evanjelize
to **evaporate** : evapore; vante
to **even** (off, up) : egalize; aplani
to **evoke** (call upon, invoke) : envoke
to **evolve** : devlope; evolye
to **exaggerate** : ekzajere, egzajere
to **exalt** : ekzalte
to **examine** (patient) : sonde.
to **examine** (ponder) : ekzaminen, reflechi. to ***examine*** a document analize yon dokiman
to **exceed** (limit), to go beyond : depase
to **excel** (surpass) : baleye. to ***excel*** (in a subject) : briye
to **exchange** : echanje, boukante. to ***exchange*** (money) : chanje (lajan)
to **excite** (provoke) : eksite
to **excuse** : eskize
to **execute** : ekzekite, tiye, touye. to ***execute*** (carry out) : ekzekite; reyalize
to **exhaust** : kraze, epize, mouri
to **exhibit** : espoze
to **exhort** : ekzòte
to **exile** : ekzile
to **exist** : ekziste, egziste
to **exorcise** : espedye, fè yon espedisyon (dèyè yon moun)
to **expect** (wait for) : tann. to ***expect*** (happen) atann
to **experience** (sth.) : esperyanse, viv (yon bagay). to ***experience*** (go through) : sibi, pase
to **explain** : esplike, eksplike; eklèsi
to **explode** : pete, eklate; sote
to **exploit** (s.o) : eksplwate, esplwate, abize, toupizi (yon moun)
to **explore** : esplore
to **export** : ekspòte
to **express** (oneself) : esprime
to **extend** (date) : pwolonje (dat)
to **extinguish** : tiye, touye, etenn (dife)
to **extract juice** : pire, prije

F

to **face** (confront): fè fas ak
to **facilitate** (make easier) : fasilite, rann pi fasil
to **fade** : fennen
to **fail** : echwe. to ***fail*** an exam : echwe (nan) yon ekzamen
to **faint** (make nauseous) : endispoze; pèdi konesans,

dekonpoze
to **fake** (sports) : kabre, trible, bay trib
to **fall** (down) : tonbe. to ***fall*** drop by drop : degoute, tonbe gout pa gout. to ***fall*** in love with : damou, tonbe damou
to **farm** : kiltive
to **fart** : pete, vante, fè van
to **fasten** (belt) : boukle, tache (senti, sentiwon)
to **fatten** up, to fatten (animals) : angrese (bèt)
to **favor** : favorize; avantaje
to **fawn** : achte fi (yon moun), fè ti chen nan pye yon moun, chyente
to **fear** : pè, krenn
to **feed** : alimante, nouri
to **feel** : santi. to ***feel*** better (health) : retabli. to ***feel*** like : anvi. to **feel** sorry : regrèt, regrete, mòtifye
to **ferment** : fèmante
to **fetter** (hobble) : jouke
to **fidget** : chipote, graje (kò)
to **fight** : batay , goumen
to **file** (document) : klase (dokiman). to ***file*** (nail) : limen, fè zong
to **fill** (up) : plen, foul, ranpli. to ***fill*** up (whole) : konble, bouche (yon twou). to ***fill*** (tooth), to have a filling : plonbe dan. to ***fill*** up again : replen
to **film** : filme
to **filter** : filtre; koule
to **finance** : finanse
to **find** : jwenn, twouve. to ***find*** out (learn) : aprann, vin konnen
to **finger** (touch) : tripote
to **finish** : fini. to ***finish*** (use up) : kaba
to **fire** (weapon) : tire (zam).
to ***fire*** (s.o from work) : kase, revoke (yon moun); dechouke (yon moun nan travay li)
to **fish** : peche, fè lapèch
to **fit** closely (cloth) : sentre
to **fix** : ranje. to fix (repair) : ranje, repare
to **flank** (exam) : elimine, koule, echwe (nan yon ekzamen)
to **flap** : flote, bat (nan van)
to **flatten** : plati
to **flatter** : flate, achte figi (yon moun)
to **flee** : bwaze, sove, pati, pran lafuit
to **fling oneself** : antre (nan yon bagay alagrandefouwo)
to **flirt** : flète, fè jako pye vèt (dèyè)
to **float** : flote; rete sou dlo; navige
to **flourish** : fleri
to **flow** (air, blood) : sikile (le, san). to ***flow*** (leak) : koule. to ***flow*** (engine) : anvayi
to **fluster** : dekontwole. to flow (engine) : anvayi
to **fly** : vole, flay; pran vol. to ***fly*** off the handle : demanche
to **foam** : kimen, fè kim
to **fold** : pliye, ploye, plwaye
to **follow** : suiv, pousuiv, rapousuiv, rapousib. to ***follow*** closely (tail) : talonnen, mache pye kou pye dèyè (yon moun)
to **fool** (s.o) : woule, vire, pete, blofe (yon moun). to ***fool*** around (loaf around) :

vagabonde, brigande, fè briganday
to **force** (oneself) : fòse. to ***force*** someone (compel s.o to do sth.) : oblije, fòse yon moun (fè yon bagay)
to **foresee** : prevwa
to **forget** : blije
to **forgive** : padone, padonnen, grasye, fè gras, fè pa
to **form** : fòme
to **found** : fonde. to ***found*** (base opinion) : baze sou
to **fracture** (bone) : fraktire (zo)
to **frame** : ankadre
to **free** : delibere, libere, lage
to **freeze** (over, up) : jele, glase, tounen glas
to **frequent** : frekante
to **frighten** : fawouche, fè pè; efreye
to **froth** : kimen
to **frolic** : karakole, fè kalinda
to **frost** (cake) : dore (gato)
to **frown** : mare min, mare sèt min, fwonse
to **furnish** : founi

G

to **gain** (from) : benefisye (de)
to **gallop** : galope
to **gamble** : jwe aza
to **gargle** : gagari (nan gòj)
to **gather** : sanble; ranmase. to ***gather*** (people) : gwoupe, reyini, rasanble, fè yon rasanbleman
to **generalize** : jeneralize
to **germinate** : jèmen
to **get** ahead of (car) : double. to ***get*** alone : antann. to ***get*** down (tree) : desann (bwa). to ***get*** down from a wall : desann (sou) yon mi. to ***get*** dressed : abiye. to ***get*** even with : regle. to ***get*** in : antre. to ***get*** in touch with someone : antre an kontak ak yon moun. to ***get*** into troubles : tonbe nan akwochay. to ***get*** lost : pèdi. to ***get*** off a plane : desann yon avyon. to ***get*** on (vehicle) : monte. to ***get*** on s.o's nerves : ennève, agase yon moun. to ***get*** one's money back : ranbouse, peye. to ***get*** out : soti, sòti. to ***get*** out of a habit : kite yon abitid. to ***get*** out of a jam : depetre. to ***get*** paid : touche. to ***get*** rid of : dezanpare, balote; dechouke, retire. to ***get*** rid of problem : rezoud, solisyone yon pwoblèm; delivre ak yon pwoblèm, debarase ak yon pwoblèm, soti nan yon enpas. to get rid of something : debarase de yon bagay. to ***get*** s.o fired (from a job) : revoke, kase, dechouke yon moun nan yon travay. to get stale : rasi. to ***get*** together : reyini, rasanble, gwoupe. to ***get*** up : leve. to ***get*** used to sth. : abitwe ak yon bagay. to ***get*** vaccinated : vaksinen, pran vaksen. to ***get*** worse : anvlimen, mangonmen
to **girth** : sangle
to **give** : bay. to ***give*** birth to : akouche. to give s.o a punch : flanke yon moun yon kout pwen, bay yon moun yon kout pwen. to ***give*** a death rattle : rakle. to give a donation :

charite. to give sudden movement : pantan. to ***give*** a title (to sth.) : titre, bay yon tit. to ***give*** back : remèt, renmèt. to give evidence (about sth.) : temwaye. to ***give*** free rein : liyen. to ***give*** life to (sth.) : anime. to ***give*** notice of : anonse. to ***give*** oneself to : adonnen. to ***give*** order : òdone, pase lòd, bay lòd. to ***give s.o*** permission to do sth. : otorize yon moun fè yon bagay. to ***give*** s.o a slap : bay yon moun yon souflèt, souflete, kalote, sabote yon moun. to ***give*** away : fè kado. to ***give*** up : renonse, sede, kite

to **glitter** : klere, briye

to **glorify** : glorifye, bay glwa

to **glue** : kole

to **gnaw** : wonyen

to **go** : ale. to go down : desann. to ***go*** down again : redesann. to ***go*** with (s.o) : akonpaye yon moun, ale ak yon moun. to ***go*** across : janbe, travèse. to ***go*** after s.o : : pousib, pousuiv yon moun. to ***go*** back (go backward) : rekile, fè bak, tyoule. to ***go*** back (return : retounen, tounen. to ***go*** back and forth : monte-desann, fè ale-vini. to ***go*** beyond (exceed) : depase. to ***go*** forward : avanse, vanse. to ***go*** : ale. to ***go*** into politics : antre nan politik. to ***go*** on : kontinye. to ***go*** on a spree : banboche, debaba, pyafe. to ***go*** out : soti, sòti. to ***go*** out for recess : ale nan rekreyasyon. to ***go*** over (review) : repase, revize. to ***go*** through : pase. to go College, University : ale nan kolèj, invèsite. to ***go*** to bed : al kouche, al dòmi. to ***go*** to bed with : kouche ak. to ***go*** to church : ale legliz. to ***go*** to ruin (decline) : deklinen. to ***go*** to the movies : ale nan sinema. to ***go*** up : monte. to go up again : remonte

to **goad** : dige, digonnen, djige, pike

to **gobble** (food) : bafre, bafle

to **govern** : gouvène, gouvènen, dirije

to **grab** : kenbe, sezi, pran. to ***grab*** sth. from s.o : ponyen, rale yon bagay nan men yon moun

to **grasp** : sezi, rape, ponyen

to **grate** : graje

to **graze** : dekwenmen. to graze (window) : vitre

to **grease** (lubricate) : grese

to **greet** : akeyi, resevwa

to **grieve** : aflije

to **grind** : moulen, woule. to grind one's teeth : manje dan

to **grip** around the waist : sentre (ren)

to **group** : gwoupe

to **grouse** (about) : bougonnen, babye

to **grow** (develop) : grandi, devlope. to ***grow*** more beautiful : anbeli. to grow old : vyeyi, grizonnen, antre nan laj. to ***grow*** weak (er) : afebli, vin fèb

to **growl** : gwonde

to **grown** : plenn

to **grumble** : babye, bougonnen, wouspete

to **guarantee** : asire, garanti
to **guess** : devine
to **guide** (lead) : dige, kondi, dirije, mennen
to **gut** : detripe

H

to **haggle** (bargain) : machande
to **hamper** (s.o) : anbarase (yon moun)
to **hand** (sth. to s.o) : pase, lonje yon bagay bay yon moun
to **handcuff** : minote, mete (yon moun) anba kòd
to **hang** (s.o) : pann. to ***hang*** (sth.) : pann, kwoke, pandye. to ***hang*** oneself : pann tèt. to ***hang*** around : flannen. to hang out : flannen. to ***hang*** up (phone) : rakwoche
to **happen** : pase, fèt, rive
to **harm** : fè mal
to **harmonize** (colors) : asòti, ale ak
to **harass** : moleste, rann san souf, talonnen
to **harvest** : rekòlte, mwasone. to ***harvest*** (pick fruits) : keyi (fri), degrape
to **hatch** (eggs) : kale (ze)
to **hate** : rayi, degoute, deteste, pa vle wè, pa gen yon san pou
to **have** : genyen; posede, pwokire. to ***have*** difficulties (be in trouble) : gen pwoblèm (ak); angaje. to ***have*** a belly laugh : ri vant deboutonnen, ri kòlèt debraye, ri kò pèdi. to h***ave*** a conversation with s.o : dyaloge ak yon moun. to ***have*** a flue : gripe. to ***have*** a good time : divèti. to ***have*** a job : dyobe. to ***have*** a passion for : pasyone (de). to ***have*** a sequence of (five) cards : kente. to ***have*** an abortion : fè yon avòtman, fè yon kitay. to ***have*** an accident : aksidante, fè yon aksidan. to ***have*** an effect on (s.o, sth.) : afekte, enfliyanse, genyen yon efè sou. to ***have*** an erection : bande. to ***have*** breakfast : dejene, manje maten, pran yon ti kolasyon. to ***have*** confidence in : konfye (nan). to ***have*** dinner : dine. to ***have*** sexual relations (with) : koupe, kouche, plimen, fè bagay (ak), pran. to ***have*** supper : soupe. to ***have to*** (should): dwe, sipoze. to ***have*** tuberculosis : tibèkile, tebe, potrinè, pwatrinè, touse, gen maladi ti kay
to **heal** : geri
to **hear** : tande. to ***hear*** again : retande
to **heat** : chofe. to ***heat*** again : rechofe
to **help** : ede; asiste. to ***help*** (rescue) : sekouri, sove, pote sekou
to **hem** : sènen, kwense
to **hesitate** : ezite; tatonnen
to **hide** (sth.) : sere, kache (yon bagay). to ***hide*** oneself : kache
to **hijack** : detounen. to ***hijack*** an airplane : detounen yon avyon
to **hinder** (prevent) : anpeche
to **hire** (s.o to work) : anplwaye, anboche (yon moun), pran (yon moun nan

yon travay)
to **hit** : frape. to hit (marble) : teke (mab). to ***hit*** (collide) : frape, fè kolizyon ak
to **hobble** : rale. to hobble (fetter) : jouke
to **hoist** (up) : ise, wose
to **hold** : kenbe. to ***hold*** in place : kore. to ***hold*** up (support) : soutni, kenbe
to **honk** : klaksonnen, sonnen
to **honor** : onore
to **hook** : kwoke, pann. to ***hook*** (door) : kochte (pòt)
to **hope** : espere; swete
to **hospitalize** : entène, etène, ospitalize; kouche lopital
to **huddle up** (curl up) : akokiye
to **hug** : anbrase, kwoke
to **hum** (tune) : fredome. to ***hum*** (a tune) ***loudly*** : boula
to **hunt** : chase, fè lachas. to go hunting : ale lachas, fè lachas
to **hurl** : jete ak fòs, fese atè, frape atè
to **hurry** : depeche, prese, fè vit. to be in a ***hurry*** : prese
to **hurt** : frape
to **husk** : degouse

I

to **identify** : idantifye
to **ignore** : iyore, meprize. to ***ignore*** someone : iyore yon, meprize yon moun
to **imagine** : imajine, imajinen,, panse
to **imitate**: imite. to ***imitate*** (the way s.o speaks, acts) : chare (yon moun); imite fason yon moun pale, fason yon moun aji; suiv
to **immunize** (against a disease) : vaksinen, vaksine (kont yon maladi), pran vaksen (kont yon maladi)
to **impede** : anpeche
to **implicate** (involve) : enplike, mele (nan)
to **implore** : enplore
to **import** : enpòte, achte aletranje
to **impound** (water) : kapte (dlo)
to **imprison** : anprizone, fèmen yon moun (nan prizon), mete (yon moun) nan prizon
to **improve** : amelyore. to ***improve*** (health) : reprann (sante), retabli
to **inaugurate** : inogire
to **incense** (altar) : ansanse, boule lansan (sou lotèl)
to **include** : enkli; anglobe
to **increase** : ogmante
to **incriminate** : enkriminen
to **indemnify** (compensate) : dedonmaje
to **infect** : enfekte
to **infiltrate** : enfiltre
to **inflate** : gonfle, bay van
to **influence** : enfliyanse
to **inform** : enfòme, avize. to ***inform*** against (s.o) : denonse (yon moun)
to **inhabit** : abite, rete
to **inherit** : eritye
to **initiate** (s.o into sth.) : inisye (yon moun nan yon bagay)
to **injure** : estwopye, blese
to **insist** (on): ensiste (sou)
to **inspect** : enspekte, fè

enspeksyon; verifye
to **install** : enstale
to **insulate** : izole
to **insult** : ensilte, joure; sale
to **insure** : asire
to **integrate** : entegre
to **intercede** (with) : entèsede (pou)
to **interest** : enterese
to **interpret** : entèprete. to ***interpret*** (decipher) : dechifre
to **interrogate** : entewoje, kesyone
to **interrupt** : entewonp, dekoupe, koupe (pawòl nan bouch moun)
to **intersect** : entèsekte, koupe
to **intervene** : entèveni, antre nan, foure bouch nan
to **intimidate** : entimide, kaponnen
to **introduce** : entwodui; prezante
to **inundate** : inonde
to **invade** : anvayi. to ***invade*** a country : anvayi yon peyi
to **invent** : envante, fè yon envansyon; kreye
to **invest** : envesti
to **investigate** : envestige, fè yon envestigasyon. to ***investigate*** (search) : fouye
to **invite** : envite. to ***invite*** s.o to dinner : envite yon moun (al) dine
to **involve** : enplike; antrave, mele
to **iron** (clothes) : pase (rad). to ***iron*** out difficulties : aplani
to **irrigate** : awoze, wouze (tè)
to **isolate** (from) : izole

J

to **jack up** (car) : dyake (machin)
to **jail** : anprizone, fèmen yon moun (nan prizon), mete (yon moun) nan prizon
to **jiggle** : chikin
to **joggle** : chikin
to **join** : jwenn. to ***join*** (associate with) : asosye ak. to ***join*** (be a member of) : asosye ak. to ***join*** the union : antre nan sendika
to **joke** : betize, ranse, tentize
to **judge** : jije
to **jump** : sote, voltije, ponpe

K

to **keep** : kenbe, gade. to ***keep*** (in good order) : antreteni. to ***keep*** an eye on : siveye, voye je sou. to ***keep*** away (stand aside) : asteni. to ***keep*** away from (danger) : epaye, pwoteje (nan danje), egzante, ekzante. to ***keep*** quiet : teze, pe, pe bouch, fèmen bouch, rete bouch fèmen
to **kick** : choute
to **kill** : touye, tiye, tye; asasine, asasinen, ansasinen, sasinen
to **kiss** : bo, anbrase
to **knead** : petri
to **kneel** (down) : ajenouye, mete ajenou
to **knock** (on door) : frape (nan pòt)
to **know** (s.o, sth.) : konnen, konn. to ***know*** how : konnen, konn kijan

L

to **lace** : lase
to **lack** : manke. to ***lack money*** (run out of money) : manke lajan (kòb), an pàn lajan
to **land** : ateri, desann
to **last** : dire
to **latch** : take
to **laugh** : ri
to **launch an attack** : deklanche yon atak
to **lay** : depoze. to ***lay*** down one's arm : depoze zam. to ***lay*** egg (s) : ponn (ze). to ***lay*** hand on seize) : sezi, anpare, pran
to **lead** : kondi, mennen, dirije. to ***lead*** (s.o) astray : deboche; detounen (yon moun)
to **leak** : koule
to **lean** (against sth.) : apiye (sou yon bagay). to ***lean*** (slant) : devye, panche. to lean back : kage
to **learn** : aprann
to **lease** : poteke, anfème, anfèmen
to **leave** : ale, kite,; demake, derape, pati. to ***leave*** again : repati. to ***leave*** one's country : depeyize. to ***leave*** the roost : dejouke
to **legalize** : legalize
to **lend** : prete
to **lengthen** : alonje
to **let** : kite, lese. to ***let*** out (secret) : devwale (sekrè). to ***let*** the air out (deflate) : degonfle
to **liberate** (free) : delibere, libere, lage
to **lick** : lanbe, niche. to ***lick*** s.o's boots : niche pye yon moun, fè chen nan pye yon moun (pou yon bagay)
to **lie** : bay manti, manti. to ***lie*** down : alonje, kouche, kouche tou long, blayi, blayi atè
to **lift** (up) : leve, soulve
to **light** (up) : limen; klere. to ***light*** a candle and pray : liminen
to **like** : rennen. to ***like*** (want) : vle
to **limit** : limite
to **limp** : bwete. to ***limp*** severely : gondole, rale sou pye
to **line** (garment) : double. to ***line*** up : aliyen
to **liquidate** : likide
to **listen** (to) : koute, tande. to ***listen*** (to a radio broadcast) : kapte, branche sou
to **live** (reside) : abite, rete; viv. to ***live*** from hand to mouth : pyange, dangoye. to ***live*** together (as lovers) : plase, etabli
to **load** : chaje
to **loaf** : kalewès
to **localize** : lokalize, sitiye
to **locate** : lokalize, sitiye
to **lock** : take; klete
to **lodge** : desann
to **look** : gade. to ***look*** alike : sanble. to ***look*** down on s.o : meprize yon moun. to ***look*** younger : rajeni. to ***look for*** (sth., s.o) : chache, chèche, bouske
to **loosen** : delache, desere
to **loot** : debalize, balize, piye

to **lop off the branches from a tree** : debranche (yon pye bwa)
to **lose** : pèdi. to ***lose*** a habit : pèdi yon abitid, dezabitwe ak, kite yon abitid. to ***lose*** contact (with): pèdi kontak (ak). to ***lose*** hope : dezespere, pèdi espwa. to ***lose*** one's honor (honor) : dezonore. to ***lose*** weight : pèdi pwa, megri, desann, kase
to **love** : renmen. to ***love*** each other : renmen, damou
to **lower** : bese, desann
to **lubricate** : grese
to **lunch a front attack** : atake
to **lurk** (prowl) : alawonyay
to **lust after** (sth., s.o) konvwate

M

to **magnetize** : lemante
to **mail** (letter) : poste (lèt)
to **maintain** : mentni, antreteni
to **make** : fè. to ***make*** (a woman) pregnant : angwosi, ansent, gwòs (yon fanm). to ***make*** (sth.) worse : anpire, anvlimen (yon bagay). to ***make*** (sth.) larger : agrandi; gwosi. to ***make*** (sth.) round : awondi (yon bagay). to ***make*** (sth.) sweet : adousi (yon bagay). to ***make*** a curved cut (cloth) : chankre (rad). to ***make*** a slip of the tongue : depale. to ***make*** a turn : vire, tounen. to ***make*** common cause (show solidarity) : senpatize (ak). to ***make*** darker : nwasi, nwèsi. to ***make*** easier : fasilite, rann pi fasil. to ***make*** love (to) : kouche, koupe, kwoke, plimen, pran, raze, taye, fann fwa.
to ***make*** lukewarm : detyedi. to ***make*** nauseous : dekonpoze; endispoze. to ***make*** progress : pwogrese, fè pwogrè. to ***make*** s.o weary, tired : fatige yon moun. to ***make*** sticky : gonmen. to ***make*** sweeter : adousi, sikre. to ***make*** up (exam) : refè, repran (yon ekzamen). to ***make*** up one's mind : deside, pran yon desizyon. to ***make*** use of (sth.) : itilize (yon bagay), sèvi ak (yon bagay), anplwaye (yon bagay). to ***make*** wider : laji, elaji
to **manage** : administre. to ***manage*** (get along) : degaje. to ***manage*** (cope) : debouye, demele
to **maneuver** : maniganse
to **manipulate** : manipile
to **manufacture** : fabrike, fè
to **march past** (parade) : defile (nan parad)
to **mark** : make. to ***mark*** (check) : tyeke, make. to ***mark*** with boundary : bòne
to **marry** : marye
to **martyr** : matirize; tòtire
to **massacre** : masakre
to **massage** : mase, rale, friksyonnen, basinen
to **master** : metrize
to **match** : matye. to ***match*** (clothes) : asòti. to ***match*** (of people) : kadre
to **mean** : siyifi, vle di

to **measure** : mezire, pran mezi. to ***measure*** (in 45 inches) : lonnen. to ***measure*** land (survey) : apante (tè)
to **meditate** : medite
to **meet** : kontre, rankontre, jwenn (ak)
to **melt** : fonn
to **memorize** : retni, aprann pa kè, kenbe nan tèt
to **mention** : mansyone. to ***mention*** **s.o's name** : mansyone non yon moun, site non yon moun.
to **mess up** : deranje, degaye, gaye
to **mildew** : kanni, fè limon
to **militate** : milite (ak, nan)
to **mimic** : yenyen
to **mine** : minen, fouye min
to **minimize** : minimize
to **miscarry** (baby) : fè movèz kouch; avòte (animals)
to **misjudge** : maljije
to **mispronounce** : malpwononse
to **miss** : manke, rate
to **mistreat** : maltrete
to **mistrust** : mefye
to **mix** : melanje, mele
to **moan** : plenn
to **mobilize** : mobilize
to **mock** : moke, pase nan rizib
to **modernize** : modènize
to **modify** : modifye, chanje
to **mold** (mildew) : kanni, fè limon
to **moo** : begle
to **mortgage** : ipoteke; poteke
to **mortise** (board, wood) : montwaze (planch, bwa)
to **motivate** : motive
to **mount a handle** : manche, monte yon manch
to **move** (budge) : bouje, deplase. to ***move*** in : bwote-vini. to ***move*** out : bwote, demenaje. to ***move*** (transport) : bwote, chaye, charye, transpòte, pote. to ***move*** sth. from one place to another : deplase yon bagay
to **muddle** : gaga
to **mug** : dage
to **mumble** : mamonnen, manmòte
to **murder** : asine, asasinen, ansasinen, sasinen, tiye, touye, tye
to **muss** (hair) : deranje, depenyen (cheve)

N

to **nail** : kloure. to nail again : rekloure
to **nationalize** : nationalize
to **naturalize** : natiralize
to **necessitate** : bezwen
to **need** : bezwen
to **neglect** : neglije
to **negotiate** : negosye
to **neigh** : ranni
to **neutralize** : netralize
to **nibble** : fè lasisin (ak); wonyen
to **nominate** : nome, nonmen, lonmen
to **note** (notice) : remake, note, apèsi, wè
to **notice** : remake, note, apèsi, wè
to **notify** : avèti, fè konnen
to **nourish** : nouri
to **numb** (be numb) : angoudi

to **number** : nimewote
to **nurse** : nouri
to **obey** : obeyi
to **oblidge** : oblije
to **observe** : obsève
to **offer** : ofri
to **ooze** : swente
to **open** : ouvè, ouvri. to ***open*** a letter : dekachte yon lèt. to ***open*** (uncork) : debouche. to ***open*** wide : debraye. to ***open*** again : reouvè
to **oppose** (s.o) : kontrekare (yon moun)
to **orchestrate** : òkestre
to **ordain** (priest, pastor) : òdone, sakre (pè, pastè)
to **organize** : òganize
to **orientate** (direct) : oryante
to **ornament** : òne; dekore
to **overcast** (raw seam) : rabat
to **overcharge** : degagannen, fè peye twòp, fè peye anpil
to **overflow** : debòde, desann. to ***overflow*** (river) : debòde, desann (larivyè)
to **overrun** (invade) : anvayi
to **overthrow** : ranvèse, chavire, jete, dechouke
to **overturn** : chavire, kapote
to **overwork** : kofre (ak travay)
to **own** : posede, genyen

P

to **pack** (stock cargo) : arimen. to ***pack*** down : foule
to **paint** : pentire. to ***paint*** (metal surface) : douko
to **palpate** : palpe
to **pamper** (s.o) : bere, dolote, gate, miyonnen (yon moun)
to **panic** : panike
to **parade** : defile (nan yon parad)
to **parcel out** (divide) : lote
to **pardon** : padone, padonnen, grasye, fè gras, fè pa
to **park** : pake, pakin, estasyone, gare. to ***park*** in a garage: remize
to **participate** : patisipe (nan, ladan), pran pa nan
to **pass** : pase. to pass (an exam) : pase yon ekzamen, reyisi nan yon ekzamen. to ***pass*** again (car) : redouble. to ***pass*** by : pase. to ***pass*** on (disease) : transmèt (maladi). to ***pass*** out (distribute) : distribiye, bay. to ***pass*** through : pase (nan)
to **paste** : kole
to **patch** : pyse. to ***patch*** again : repyese
to **pave** : pave
to **pay** : peye. to ***pay*** attention to : koute, tande, okipe. to ***pay*** back : ranbouse, peye (yon moun)
to **peck** : beke
to **pedal** : pedale
to **peel** : kale, pliche. to ***peel*** off : dekale
to **perceive** : apèsi, wè
to **perch** : jouke
to **perfume** : pafime; anbonmen
to **perish** : peri
to **permit** : pèmèt; akòde
to **perplex** (hamper) : anbarase
to **persecute** : pèsekite
to **persist** : pèsiste
to **perspire** : swe, sue

to **persuade** (wheedle) : anmadwe; tigaye
to **pester** (squabble) : tiraye
to **photograph** : fotografye, pran foto, fè foto
to **pick** (choose) : chwazi. to ***pick*** (harvest) : keyi, degrape. to ***pick*** (fruits) : keyi (fri). to ***pick*** out (sort out) : triye. to ***pick*** up : ranmase
to **picture** (s.o) : depenn, dekri (yon moun)
to **pierce again** : repèse
to **pile** (up) : anpile, sanble
to **pilfer** : chike
to **pilot** : pilot
to **pinch** (sth.) : chike
to **plague** : astikote
to **plait** (straw) : trese
to **plan** : planifye
to **plant** : plante. to ***plant*** again : replante
to **play** : jwe; badnen. to ***play*** about (frolic) : karakole. to ***play*** with sth. : jwe ak yon bagay, badnen ak yon bagay. ***to play*** in water (with both hands) : lobe; kaya
to **plead** : plede
to **please** : plè, fè plezi
to **pleat** (clothes) : plise
to **pledge fidelity** : sèmante
to **plow** : raboure; dechouke
to **pluck** : deplimen, plimen
to **plug** : ploge
to **plunge** : plonje. to ***plunge*** again : replonje
to **point** (at) : pwente (sou). to ***point*** a weapon at s.o : brake yon zam sou yon moun. to ***point*** out : montre; lonje dwèt sou
to **poison** : anpwazonnen, pwezonnen
to **polish** : klere, listre, sire.
to ***polish*** (rub) : foubi
to **ponder** : ekzamine, ekzanminen
to **populate** : peple
to **post** (bill, notices) : afiche
to **pounce on** (attack) : fonse sou, plonje sou
to **pour** : vide
to **pout** : boude
to **powder** : poudre
to **practice** : pratike; egzèse, antrene
to **praise** : lwanje, vante
to **pray** : priye, lapriyè
to **preach** : preche. to ***preach*** the Gospel : preche Levanjil, anonse Levanjil
to **prefer** : prefere, pito
to **prepare** : prepare. to ***prepare*** for planting : balize
to **prescribe** : preskri
to **present** : prezante. to ***present*** (oneself in court) : konparèt, parèt (nan tribinal)
to **preserve** : prezève, konsève
to **preside over** : prezide
to **press** : prese; peze
to **pretend** : pretan, pretann
to **prevent** : anpeche, enpoze
to **prick** (stab) : pike, ponyade, fwennen
to **print** (letters) : ekri an majiskil; prente
to **procure abortion** : avòte, fè yon avòtman, fè yon kitay
to **produce** : pwodui. to ***produce*** (abundantly) : donnen. to produce fruits : donnen, pwodui fri, pote fri
to **program** : pwograme
to **progress** : pwogrese, fè

pwogrè
to **promise** : pwomèt
to **promote** (in rank) : grade; galonnen
to **pronounce** : pwononse
to **propose** : pwopoze
to **protect** : pwoteje. to ***protect*** with a magic potion : dwoge
to **protest** : pwoteste
to **prove** : pwouve
to **provoke** (eksite) : chofe, eksite
to **prowl** : alawonyay
to **prune** (top up the branches from a tree) : debranche. to ***prune*** (thin out trees) : dekatiye
to **publish** : pibliye
to **pull** : rale. to ***pull*** up : rache
to **pump** : ponpe
to **punctuate** (with) : ponktye
to **purchase** : achte
to **purge** : pase, debonde
to **pursue** : pousib, pousiv, pousuiv, rapousib, rapousuiv
to **push** : pouse. to ***push*** s.o : pouse, bourade yon moun, bay yon moun yon bourad
to **put** : mete. to ***put*** (question, idea) in concrete form : konkretize. to ***put*** (sth.) out of order.: deranje (yon bagay), mete yon bagay an pàn. to ***put*** (sth.) down : depoze yon bagay atè, mete yon bagay atè. to ***put*** (sth.) inside : antre yon bagay, mete yon bagay andedan. to ***put*** (sth.) up : monte (yon bagay). to ***put*** a border (clothes) : bòde. to ***put*** a crease in : eskanpe. to ***put*** a little bit (of sth.), a pinch of : andoye. to ***put*** a stamp on : tenbre. to ***put*** again : remete. to ***put*** cleats on shoes : fere (soulye). to ***put*** face to face : kare. to ***put in*** : mete, foure. to ***put*** in motion : aktive; mouvmante. to ***put*** into stupor : desounen. to ***put*** make up on one's face : makiye. to ***put*** on one's clothes : abiye. to ***put*** one's trust in s.o : konfye nan yon moun, mete konfyans nan yon moun, fè yon moun konfyans. to ***put*** out (fire) : etenn, tiye, touye (dife). to ***put*** s.o in jail : anprizone yon moun, fèmen yon moun nan prizon, mete yon moun nan prizon. to ***put*** to sleep (anesthetize) : andòmi. to ***put*** up rafters : chevonnen

Q

to **quarrel** with s.o : joure ak yon moun, diskite ak yon moun
to **quench** (thirst) : apeze (swaf)
to **question** : kesyone, entewoje, poze (yon moun) kesyon

R

to **rafle** : rafle
to **raise** : leve. to raise (child) : elve, fè edikasyon (ti moun). to raise (price) : monte (pri)
to **rally** : rasanble, fè yon rasanbleman, reyini, gwoupe
to **ramble** (in one's speech : depale. to ramble (stomach) : bouyi

to **rape** : vyole, fè kadejak sou
to **ratify** : ratifye
to **ravage** : ravaje
to **reach** (arrive at) : rive. to ***reach*** (touch) : touche. to ***reach*** orgasm : jwi
to **react** : reyaji
to **read** : li. to ***read*** again (reread) : reli. to ***read*** haltingly : eple
to **readapt** : readapte
to **realize** : reyalize, rann kont (de, ke)
to **reappear** : reparèt
to **reason** : rezone
to **rebel** : rebele (kont)
to **rebuff** (repel) : kwapre, kourapre
to **rebuild** : rebati, rekonstwi
to **recall** : sonje, chonje, raple
to **receive** : resevwa, jwenn. to ***receive s.o*** : akeyi yon moun, resevwa yon moun. to ***receive*** communion : kominyen
to **recite** : resite
to **recline** (lean back) : kage, kare (sou)
to **recognize** : rekonèt
to **recommend** : rekòmande
to **reconstruct** : rekonstwi, rebati
to **recopy** : rekopye
to **record** : anrejistre
to **recount** : rekonte
to **recover** (from illness) : refè. to ***recover*** (one's health) : refè, reprann, retabli
to **recruit** : rekrite; anwole
to **redo** : refè, refèt
to **reduce** : redui, diminye
to **refer** : refer (a), fè referans (a)
to **refill** : replen
to **refine** : rafine
to **reflect** : reflechi. to ***reflect*** on : reflechi sou; etidye
to **reforest** : rebwaze
to **reform** : refòme
to **refresh** : rafrechi
to **refund** : ranbouse, peye
to **refuse** : refize, derefize
to **regain** consciousness : revni
to **regard** (concern) : konsène; regade
to **register** : anrejistre, enskri; anwole
to **regroup** : regwoupe
to **rehearse** : repete, fè repetisyon, egzèse
to **reheat** : rechofe
to **rehire** (s.o who was fired) : repran, reanboche; rechouke (yon moun ki dechouke nan yon travay)
to **reimburse** : ranbouse, peye
to **reinforce** : ranfòse
to **rejoice** : rejwi
to **relax** : repoze
to **release** : lache, lage. to release (patient from hospital) : egzeyate, ekzeyate (malad ki te entène). to ***release*** (sustain) : soulaje. to ***release*** the clutch : debreye
to **remain** : rete
to **remedy** : remedye; pote yon solisyon (pou)
to **remember** : sonje, chonje, raple
to **remind** : raple, fè sonje
to **remove** : retire, wete. to ***remove*** (one's) makeup : demakiye. to ***remove*** (stuffing) : deboure. to ***remove*** (from the fire) : desann (sou dife). to ***remove*** a bandage : debande. to

remove fat : degrese. to ***remove*** nails : dekloure. to ***remove*** the floor boards : deplancheye. to ***remove*** the handle of : demanche
to **renew** : renouvle
to **renounce** : renonse
to **rent** : lwe
to **reopen** : reouvè, reouvri
to **reorganize** : reòganize
to **repair** : repare, ranje, fè reparasyon nan
to **repeat** : repete. to repeat a grade twice : triple yon klas.
to **repel** (rebuff) : kwape. to ***repel*** (food) : rebite (manje)
to **replace** : ranplase
to **replunge** : replonje
to **represent** : reprezante
to **reprimand** : reprimande, joure, savonnen
to **reproduce** : repwodui
to **require** : mande; egzije, ekzije
to **reread** : reli
to **rescue** : sove, sekouri, delivre
to **resell** : revann
to **resemble** : sanble (ak)
to **reserve** : rezève
to **resign** (oneself) : demisyone, bay demisyon
to **resolve** (problems) : solisyone, rezoud (pwoblèm)
to **respect** : respekte
to **restore** : restore
to **retail** : detaye, vann an detay
to **retain** : retni
to **retake** : repran
to **retell** : redi
to **retrace** (line) : retrase
to **retransmit** : retransmèt
to **return** : retounen. to ***return*** from a trip : rantre, antre, vini, retounen. to ***return*** sth. that was swaped : deboukante (yon bagay)
to **reveal** (secret) : devwale (sekrè), mete yon sekrè deyò, pale yon sekrè
to **review** : revize, repase
to **revolt** : revòlte
to **reward** : rekonpanse
to **riddle** (s.o with bullets) : krible (yon moun ak bal)
to **ring** : sonnen
to **rinse** : rense
to **rise** : leve
to **risk** : riske, pran yon ris
to **rival** (match) : koresponn
to **rivet s.o's attention** : kapte atansyon yon moun
to **roam about looking for food** : frite
to **roar** : gwonde
to **roast** : roti, griye
to **rock** (in a rocking chair) : dodinen (nan yon dodin, fotèy).
to rock (sway) : balanse
to **roll** (sleeves) : touse (manch)
to **roost** : jouke
to **rot** : pouri, gate
to **rough-hew** : deleze, degwosi. to ***rough*** up : toufounen
to **roughcast** (wall) : krepi (mi)
to **row** : rame
to **rub** : fwote. to ***rub*** lightly (massage) : basinen, mase. to ***rub*** off on : detenn. to ***rub out*** (erase) : efase. to ***rub*** vigorously : detchoure
to **ruin** (s.o) : anfoudraye
to **rumble** (stomach) : bouyi
to **rumple** : dechifonnen
to **run** : kouri. to ***run*** out of

gas : an pàn gaz, pran pàn gaz
to **rush** (down) : gengole, degengole, boulinen

S

to **sacrify** : sakrifye
to **saddle** (horse) : sele (chal)
to **sail** (ship) : navige
to **salt** (excessively) : sale
to **satisfy** : satisfè, rasazye, kontante (ak)
to **saute** : frikase
to **save** : sove. to ***save*** (money) : ekonomize, sere (lajan)
to **saw** : siye
to **say** : di
to **scandalize** : eskandalize, fè bri
to **scare** (s.o) ; efreye (yon moun)
to **scatter** (of weather) : anbouye
to **scold** : joure, reprimande
to **scorn** : meprize
to **scour** : dekwote
to **scrape** : grape
to **scratch** : grate, grafouyen, grafonyen
to **scrawl** : grifonnen
to **screw** (bolt) : vise (boulon)
to **scrub** : dekrase
to **scrutinize** : detaye
to **seal** (with lead) : planbe. to ***seal*** (document) : sele (dokiman). to ***seal*** (letter) : kachte (lèt)
to **seduce** : sedui
to **see** : wè; to ***see*** (notice) : apèsi, note, remake
to **seek** : chache, chèche
to **seem** : sanble
to **seep** : swente
to **seive** (sift) : pase (nan paswa)
to **seize** (take hold of) : anpare (de)
to **select** : seleksyone, chwazi
to **sell** : vann. to ***sell*** one's soul : dane
to **send** : voye. to ***send*** away : ranvwaye
to **separate** : separe, divize
to **serve** (food, drink) : sèvi (manje, bwason)
to **set** : mete; depoze. to ***set*** (trap) : tann pèlen. to ***set*** by the compass : soryante. to ***set*** on fire : boule, brile, mete dife (nan). All ***set***? : tout bagay anfòm? tout bagay oke?
to **settle** (liquid) : poze
to **sew** (seeds) : simen (grenn, plan). to ***sew*** (clothes) : koud (rad). to ***sew*** over (clothes) : rekoud
to **shake** : souke, sekwe; ebranle, mouvmante
to **shape** (wood) : agreye (bwa)
to **share** : pataje; separe, divize
to **shave** : raze, fè bab. to ***shave*** one's head : kale tèt
to **shell** : grennen, degrennen. to ***shell*** corn : grennen mayi, degrennen mayi. to ***shell*** peas : degouse pwa; kale pwa
to **shield oneself against sth**. : defann tèt, debouye
to **shift gear** : pase vitès, chanje vitès, anbreye
to **shine** : klere; briye
to **ship** (goods) : anbake (machandiz)
to **shit** : kaka, poupou, watè, okabine, tata
to **shoe** (horse) : fere (pye

chwal)
to **shoot** (gun) : tire. to ***shoot*** (scene) : filme
to **shove back** (shove away) : bourade, pouse (yon moun)
to **show** : montre. to ***show*** (film) : pase (fim). to ***show*** (gratitude) : temwaye. to ***show*** (s.o) how to read and write : alfabetize (yon moun), montre (yon moun) li ak ekri. to ***show*** solidarity : solidarize (ak)
to **shower with insults** : joure, lave (ak jouman, anba jouman)
to **shrink** : ratresi
to **shudder** (with fear) : fremi, tresayi
to **sift** : pase (nan paswa)
to **sign** : siyen
to **signal** : siyale, fè siy
to **simpatize** : senpatize (ak)
to **simplify** : senplifye
to **sing** : chante
to **singe** : flanbe
to **sit down** : chita. to ***sit*** idle : kalewès, rete san fè anyen, grate-santi
to **sketch** : desine; trase
to **skin** (animal) : kwòche
to **skin** (graze) : dekwennen
to **slant** : devye, panche
to **slap** (s.o in the face) : kalote, sabote, souflete
to **slaughter** : masakre (touye an gran kantite)
to **slave away** : trimen
to **sleep** : dòmi
to **slice** : tranche; flache. to ***slice*** thinly : dole
to **slid** : patinen
to **slim down** (lose weight) : kase
to **slip** : glise. to ***slip*** from s.o's hands : chape nan men yon moun
to **slobber** : bave
to **slow** down : ralanti
to **smash** : kraze. to ***smash*** (break) : kraze, brize, kase. to ***smash*** one's face : demachwele
to **smear** : badijonnen, bade
to **smell** : santi
to **smile** : souri
to **smoke** : fimen
to **smooth** : lise. to ***smooth*** out : degwochi
to **snap** at (s.o) : bay (yon moun) yon kout bèk
to **snatch** : rape
to **sneak away** : fonn, disparèt.
to ***snick*** in : folife, fofile-antre
to **snore** : wonfle
to **snort** (horse) : annafle
to **soak up** (liquid) : absòbe
to **solder** : soude
to **solve** : solisyone, rezoud
to **sort out** : triye, fè yon triyay
to **spank** : tape, flanke yon tap
to **speak** : pale. to ***speak*** idly : tyanse. to ***speak*** to s.o : pale ak yon moun., kominike ak yon moun, adrese a yon moun
to **specify** : presize
to **speed up** (accelerate) : akselere. to ***speed*** up (stimulate) : akselere
to **spell** : eple
to **spend** (money) : depanse; debouse. to ***spend*** (time) : pase, fè
to **split** (cleave, divide) : fann, divize
to **spoil** (child) : gate (ti moun)
to **sponsor** : patwone
to **spray** : flite
to **spread** (out) : gaye,

pwopaje. to ***spread*** (news) : gaye, simaye (nouvèl). to ***spread*** out (clothes) : tann, blayi (rad). to ***spread*** out sth. : etale yon bagay

to **sprinkle** (water) : wouze, awoze. to ***sprinkle*** (sugar) : soupoudre

to **spruce up** : degriji

to **squabble** (pester) : tiraye

to **square up** : kare

to **squat down** : akokiye

to **squeeze** : kwense; peze. to ***squeeze*** (extract juice) : pire, prije

to **squirm** : jigote, bat kò

to **stab** : ponyade, pike, dyage, fwennen

to **stack** : anpile. to ***stack*** books : anpile liv

to **stamp** : tenbre; sele

to **stand aside** (keep away) : asteni, kanpe lwen. to ***stand*** on one's hands : plake. to ***stand*** up : kanpe, leve-kanpe

to **staple** : klipse

to **starch** : anmidonnen, mete lanmidon nan (rad)

to **stare** (at) : gade (san rete), fikse je sou, kale je sou. to ***stare*** disdainly : twaze

to **start** : kòmanse, tanmen, amòse. to ***start*** with : kòmanse ak, debite ak. to ***start*** a car : estat yon machin. ***to start*** again, to ***start*** over : rekòmanse

to **startle** : sote, espante, pantan

to **state** : deklare, afime, di

to **stay** (at) : desann. to ***stay*** at a hotel : desann nan yon otèl. to ***stay*** over a friend's house : desann kay yon zanmi

to **steal** : vòlè

to **step on** : pile, pilonnen, mete pye sou

to **sterilize** : esterilize

to **stick** (glue) : kole. to ***stick*** in : foure, mete

to **stimulate** (speed) : akselere

to **sting** : bobo, mòde, pike

to **stir** : brase

to **stone** : kalonnen (ak wòch)

to **stop** : estope, rete. ***Stop*** it! (cut it out)! : rete! fè respè ou! rete nan wòl ou!. to ***stop*** going somewhere : koupe pye yon kote, sispann al yon kote. to ***stop*** (car) : frennen, fwennen (machin). to ***stop*** (doing sth.) : sispann (fè yon bagay), pa fè yon bagay ankò. to ***stop*** associating with : dezasosye, depati (ak). to ***stop*** by : pase, fè yon pase. to ***stop*** leaning (on sth.): dezapiye (sou yon bagay). to ***stop*** up : bouche

to **stow** (cargo) : arimen (chay, kago)

to **straighten** : dekwochi, drese

to **strain** (filter) : koule, pase

to **strangle** : trangle, toufe

to **stress** (on syllable, vowel, etc.) : aksantye sou, mete aksan sou

to **stretch out** : detire : to ***stretch*** oneself (lie down) : alonje, kouche tou long, blayi (kò); elaji, etale

to **strike** : frape; bat

to **strip** (threads of screw) : fware (vis)

to **stroll** : flannen, balade, pwonmennen

to **struggle** : lite, debat, goumen

to **study** : etidye
to **stuff** : boure; foure. to stuff (with food) : boure
to **stumble** : bite, kilbite
to **stun** : desounen, toudi
to **stunt** (one's growth) : siprime
to **stupefy** : gaga
to **stutter** : bege
to **submit** (sth. to s.o) : soumèt (yon bagay bay yon moun), pote-bay
to **subpoena** : asiyen
to **subscribe to** : abòne, pran yon abònman
to **subsidize** : sivansyone
to **substitute** : ranplase
to **succeed** : reyisi. to ***succed*** (work out) mache. to ***succeed*** brillantly (test, exam) : kente (nan ekzamen)
to **suck** : souse, tete
to **suffer** : soufri
to **suffocate** : sifoke, toufe
to **sugar** (sprinkle sugar) : soupoudre. to ***sugar*** cake : soupoudre gato
to **suggest** : sijere
to **summon to court** : asiyen; konvoke; rele (yon moun) nan tribinal
to **supervise** : sipèvize, kontwole
to **support** : sipòte. to ***support*** (back up) : sipòte, apiye, epole. to ***support*** (hold in place) : kore, kenbe. to ***support*** (financially) : soutni (finansyèman, ekonomikman)
to **suppose** : sipoze. ***suppose*** that; let's ***suppose***.. : sipozon (ke), admeton (ke)..
to **surpass** : depase. to ***surpass*** (excel) : baleye
to **surprise s.o** : siprann yon moun; kenbe yon moun ap fè yon bagay
to **surround** : antoure, ansèkle
to **survive** : viv. to ***survive*** after an illness : chape, viv (apre yon maladi)
to **suspect** : sispèk
to **swallow** : vale
to **swap** : boukante, twoke
to **sway** : balanse
to **swear** : sèmante, fè sèman, jire
to **sweat** : swe, sue
to **sweep** (out) : bale
to **sweeten** : adousi, sikre. to ***sweeten*** lightly : brake
to **swell** : anfle
to **swim** : naje
to **swing** : balanse
to **swoop** : pike

T

to **tail** : talonnen, mache pye kou pye dèyè (yon moun)
to **take** : pran. to ***take*** off one's shoes : dechose, retire soulye. to ***take*** a break : repoze, fè yon poze, fè yon kanpe, pran yon kanpo. to ***take*** photograph of : fotografye, pran foto, tire foto. to ***take*** a short cut : chankre, fè yon wout kout. to ***take*** a walk : pwonmennen, fè yon pwomnad, mache. to ***take*** advantage of : pwofite (de); abize; esplwate. to ***take*** after (s.o) : pran kote, eritye. to ***take*** again : repran. to ***take*** an exam : pran yon ekzamen. to ***take*** apart : demonte, demantibile, depatya.

to ***take*** away : anlve, retire, wete. to ***take*** back : repran. to ***take*** care (of) : pran swen, okipe; siveye. to ***take*** down (unhook) : dekwoke. to ***take*** down (demolish) : kraze, demantibile, depatya. to ***take*** hold of sth. (to seize) : anpare de yon bagay, pran yon bagay. to ***take*** note : pran nòt, note. to ***take*** off (leave) : kite, ale, derape, deplase, demake, pati, mete deyò, kraze rak, foukan chimen. to ***take*** off (fly) : vole, flay, pran vòl. to ***take*** off one's clothes : dezabiye, retire rad (sou). to ***take*** off one's mask : demaske, retire yon mas, anlve yon mas. to ***take*** out : wete, retire. to ***take*** out a subscription : abòne, pran yon abònman. to ***take*** out money from one's wallet, purse : debouse, pran lajan nan bous. to ***take*** sth. in hand : antreprann yon bagay. to ***take*** the color out of sth. : dekolore yon bagay. to ***take*** the pleats out of : deplise. to ***take*** the salt out of : desale

to **talk** : pale. to ***talk*** back : replike (ak), reponn. to ***talk*** loudly : eskandalize, fè eskandal, pale fò. to **talk** nonsense : radote, jebede, voye flè, di tenten, akouche. to ***talk*** things out : eksplike, esplike

to **tallow** : swife, suife

to **tame** (horse) : donte, basale (chwal)

to **tamp** : danmen

to **tangle** : makònen, mawonnen

to **tape** : tepe

to **tar** : goudwonnen

to **tarnish** (surface) : breche

to **taste** : goute

to **teach** : anseye. to ***teach*** s.o how to do sth. : montre yon moun (fè) yon bagay

to **tear** (up, out) : chire, dechire, rache. to ***tear*** the crouch : defouke

to **tease** : anbete, takinen, agase

to **telephone** : telefone, rele (nan telefòn), fè yon kout fil

to **televize** : televize

to **tell** : di. to ***tell*** again (retell) : redi

to **test** : teste

to **thank** : remèsye, di mèsi

to **thaw** : dejele

to **thirst** : aswafe, swaf, swèf

to **thin out** (tree) : dekatiye (bwè); degrennen

to **think** : panse, kalkile

to **thread** : file. to ***thread*** one's way : fofile, fofile-antre (yon kote)

to **threaten** : menase

to **thresh** (millet) : depaye, bat (pitimi)

to **throb** : lanse

to **throw** : voye. to ***throw*** away : jete, voye-jete. to ***throw*** s.o out : choute yon moun deyò, mete yon moun deyò, flanke yon moun deyò. to ***throw*** up : vomi, vonmi, rann, rechte

to **thwart** (s.o) : dejwe (yon moun)

to **tickle** : satiyèt, satouyèt

to **tie** : mare; sere. to ***tie*** together : mare; makònen

to **title** : titre

to **tolerate** : tolere, sitire

to **torture** : tòtire, matirize,

britalize
to **touch** : manyen, touche. to ***touch*** (affect) : afekte
to **toy** (trifle) : ranse
to **train** : antrene
to **transcribe** : transkri
to **transfer** : transfere
to **transform** : transfòme, chanje
to **translate** : tradui; dechifre
to **transmit** (message) : transmèt (mesaj)
to **transplant** : transplante. to ***transplant*** (seedlings) : pike (plan)
to **transport** : transpòte, charye, chaye, bwote, pote
to **trash** (beat) : dechalbore, bat (byen bat), bimen
to **travel** : vwayaje, pati. to ***travel*** (distance) : pakouri
to **tread on** : foule, pilonnen
to **treat** (like) : trete. to ***treat*** (s.o) brutally : britalize, matirize, maltrete, tòtire (yon moun)
to **trespass on s.o's property** : antre sou pwopriyete yon moun
to **trick** (s.o) : fente (yon moun). to ***trick*** (bluff) : blofe
to **trifle** (toy) : ranse
to **triumph** : triyonfe
to **trot** : twote
to **trouble** : deranje, twouble
to **trust s.o** : fè yon moun konfyans, konfye nan yon moun, mete konfyans nan yon moun
to **try** : eseye. to ***try*** on (clothes) : eseye, mezire.
to ***try*** one's luck : pran chans, tante chans. to ***try*** to pull s.o's leg : lolo yon moun, blofe yon moun, kraponnen yon moun, mouye yon moun pou vale l. to ***try*** to run away for s.o : eseye demake yon moun
to **tug** : redi, rale ak fòs
to **tumble** (stumble) : kilbite. to ***tumble*** down : deboulinen, gengole
to **turn** : tounen, vire, devire. to ***turn*** (s.o) away : repouse yon moun. to ***turn*** off (road) : chankre. to ***turn*** over the pages of a book : feyte yon liv
to **type** : tape (alamachin)

U

to **unblock** : debloke, debare. to ***unblock*** a passage : debloke yon pasaj
to **unbriddle** : debride
to **unbuckle** : deboukle
to **unbutton** : deboutonnen
to **unscrew** (bolt) : devise (vis)
to **undercook** : rabi (manje)
to **underline** : souliye
to **underpay** : malpeye
to **undertake** : antreprann; anchaje. to ***undertake*** a work : antreprann yon travay
to **undo** : defè, defèt. to ***undo*** (links of a chain) : demaye (yon chen). to ***undo*** a rope : dekòde yon kòd, defèt yon kòd
to **undress** : dezabiye
to **undulate** the hips : gouye
to **unearth** (dig up) : detere
to **unfasten** (belt) : detache, deboukle (senti, sentiwon)
to **unfold** : depliye, deploye, deplwaye
to **unhook** : dekwoke
to **unionize** : antre nan yon

sendika
to **unite** : ini, fè yon tèt kole, fè yon sèl
to **unlatch** : detake
to **unload** : dechaje
to **unmask** : demake
to **unnail** : dekloure
to **unroll** (film) : dewoule. to ***unroll*** (unfold) : depliye, deploye, deplwaye
to **unsaddle** : desele
to **unseal** : dekachte
to **unstick** : dekole
to **untangle** : demakònen
to **unthread** : defile
to **untie** : demare, delage, lage
to **unveil** : devwale
to **unwind** : debobine, debobinen; deplòtonnen
to **unwrap** : devlope. to ***unwrap*** a gift : devlope yon kado
to **unzip** : dezipe
to **uproot** : derasine, derasinen, dechouke, rache
to **upset** : boulvèse. to ***upset*** (vex) : kontrarye
to **urinate** : pipi, pise, fè pipi, rinen
to **use** : itilize, anplwaye. to ***use up*** (finish) : fini, kaba

V

to **vaccinate** : vaksine, vaksinen, bay vaksen. to get vaccinated : vaksine, vaksinen, pran vaksen
to **vanish** (disappear) : disparèt
to **vary** : varye
to **veil** : vwale
to **venture** (dare) : azade, pèmèt, penmèt. to venture (sth.) : vante, fè lwanj
to **verify** : verifye, tyeke. to verify (fact) : konstate
to **vex** : vekse. to ***vex*** (upset) : kontrarye
to **vibrate** : vibre
to **violate** : vyole
to **visit** : vizite
to **vomit** : vomi, vonmi, rann, rechte
to **vote** : vote
to **vow** (promise) : fè ve; sèmante

W

to **wager** : parye
to **wait** (for) : tann
to **walk** : mache. to ***walk*** with a limp : bwete, mache-bwete
to **wander** : mande
to **want** : vle. to want (like) : vle, renmen
to **warm** (up) : chofe
to **wash** : lave. to ***wash*** one's face : debabouye, lave figi
to **waste** : gaspiye. to ***waste*** one's life : gache lavi. to ***waste*** time (dally) : ranse, pèdi tan (nan fè yon bagay)
to **watch** : gade, siveye, veye. to ***watch*** closely (keep an eye on) : siveye. to ***watch over*** : gade, siveye
to **water** : awoze, wouze, irige
to **wattle** : klise
to **wax** : sire
to **weaken** : afebli
to **wear** : abiye, mete. to ***wear*** (for the first time) : batize. to ***wear*** a mask : maske, pote yon mas. to ***wear*** a suit : kostime. to ***wear*** makeup : makiye. to

wear stocking : bate, mete ba
to **weigh** : peze
to **welcome** (s.o) : akeyi, resevwa (yon moun)
to **weld** : soude
to **wet** : mouye. to ***wet*** one's paints : swente
to **whack** : koupe
to **wheedle** : anmadwe
to **whip** : fwete, kale
to **whistle** : soufle
to **whiten** : blanchi
to **widen** : agrandi, elaji, laji
to **win** : genyen; danmen
to **wind** : plotonnen. to ***wind*** around (road) : chankre
to **wink** : tenyen
to **winnow** : vannen, laye. to winnow (slowly) : saka
to **wipe** : siye, souye
to **wish** : swete, espere
to **wither** (fade) : fennen
to **work** : travay. to ***work*** (mec.) : mache, travay, fonksyone. to ***work*** hard : feraye, travay di, bourike. to ***work*** in vain : travay an ven, travay pou genmesi, betize. to ***work*** out (succeed) : mache. to ***work*** together : koopere, kolabore, travay ansanm
to **worry** : enkyete; toumante, trakaze
to **worsen** : agrese, anpire, anvlimen to **wound** : blese
to **wrap** (sth.) up : vlope (yon bagay). to ***wrap*** up (gifts) : vlope (kado). to ***wrap*** up goods : anbale machandiz
to **worship** : adore
to **wriggle** : jigote; mouvmante
to **wrinkle** (dress) : chifonnen
to **write** : ekri. to ***write*** down : ekri, make

1. *Ann Pale Kreyòl*. Albert Valdman. Indiana University. 1988
2. *A phrase and sentence dictionary of spoken SPANISH*. Dover Publications,
3. *BIB LA*. Societé Biblique Haitienne. Port-au-prince, Haiti. 1985
4. *BON NOUVEL POU TOUT MOUN* .American Bible Society. New York. 1975
5. *CASSEL'S NEW FRENCH-ENGLISH / ENGLISH-FRENCH DICTIONARY*. FUNK & WANALL . 1973
6. *Chant d' Esperance*. Presse Evangélique. Port-au-prince, Haiti.22ème édition. 1984
7. *Comment écrire le Créole d'haiti*. Ives Dejean. Collectif paroles. 1980
8. *DICTIONARY OF 501 FRENCH VERBS*. Christopher Kendris. BARRON'S EDUCATIONAL. 1970
9. *Dictionnaire de la médecine*. Larousse. Paris. 1985
10 *Dictionnaire de la pratique fu français (Le Robert Micro)*. Dico Robert INC. Montréal, Canada. 1989
11. *DICTIONNAIRE DES VERBES FRANÇAIS*. J et J - Caput. 1969 Librairie Larousse. 1969
12. *DIKSYONE KREYOL - CREOLE ENGLISH DICTIONARY* (deuxième edition). Edner Jeanty. Presse évangélique. PAP, Haiti. 1989.
13. *Dictionnaire Commercial et Financier*. J V. Servotte. Marabout. 1988.
14. *Dictionnaire Créole-Français*. Ralph Ludvig, Poulet, Telchid. Servedit / Editions Jasor. 1990
15. *Dictionnaire économique, commercial & financier*. - *Anglais -Français*. Presse Pocket. 1988
16. *Dictionnaire français - creole. Jules Faine*. Ed. Lemeac. Ottawa. *1974*
17 *Grammaire Créole, fondas*. Jean Bernabé. L' Harmattan, Paris. 1987
18. *Grammaire Creole*. Robert Germain. Editions l'Harmattan, paris. 1988
19. *Guide to French Idioms*. Passport Books. 1988
20. *HAITIAN CREOLE NEWS PAPER READER*. Howe K. Dunwoody Press. 1990
21. *HANDBOOK OF SPANISH VERBS*. M. Judith Noble - Jaime Lacassa. 1980
22. *Harrap's New Collegiate French and English Dictionary*. Harrap London. 1982
23. *HARRAP'S SLANG DICTIONARY English-French / French-English*. Georgette A. Mark. Harrap London. 1984
24. *Haitian Creole-English-French Dictionary Vol I and II*. Albert Valdman. Indiana University. 1981
25. *900 Haitian Proverbs*. Edner Jeanty. Presse Evangelique. Port-au-prince, Haiti. 1976
26 *Le Créole haitien: morphologie et syntaxe*. Sylvain C. Suzanne. Slatkin Reprint. Geneva. 1979
27. *«Lekòl An Ayiti, Yon Pwoblèm Total-kapital»*. Védrine Emmanuel W. Haiti Courier, Vol. 1, N°.6. Avril 1992
28. *LES MOTS ANGLAIS*. F. Novion. Librairie Hachette, 1940.
29. *NOUVEAU DICTIONNAIRE ETYMOLOGIQUE ET HISTORI-QUE*. Albert Dauza, Dubois
30. *NOUVO KONTRA (Paròl Bondye)*. United Bible Societies. 1985

31. *PETIT LAROUSSE*. Paul Robert. Societé du NOUVEAU LITTRE. 1978
32. *Pou m ka pi renmen ou*. Jean-Jacques Tony. Imprimerie du Messie. Montréal, Canada. 1992
33. *1000 Proverbes de la Caraibe*. Editions Caribbéennes. Paris, 1987
34. *Robert & Collins Dictionnaire Francais-Anglais / English -French Dictionary*. Collins Publishers. 1984
35. *2001 SPANISH AND ENGLISH IDIOMS*. Eugene Savaino and Winget. Barron's Educational Series, Inc. 1976
36. *Ser Y Estar*. Navas R. Ruis. Ed. Almar. Salamanca, Spain
37. *Syntaxe de l'haitien*. Ann Arbor. Karoma Publishers. 1982
38. *TECHNIQUES D' ECRITURE DU CREOLE HAITIEN*. Pierre Vernet
39. *THE UNABRIDGED DICTIONARY* Webster's.
40. *TRANSFORMATIONAL SYNTAX*. a student's guide to Chomsky's Extended Standar. Cambridge University Press. 1981
41. *Ti diksyonè kreyòl-Franse*. Alain Bentolila. Editions Caraibes. 1976
42. *The little, brown handbook*. Ramsey Fowler. Little Brown. 1983
43. *Travaux de recherche sur le Créole Haitien*. Université du Quebec, Montréal. 1988
44. *WEBSTER'S II NEW RIVERSIDE DICTIONARY*. BERKLEY BOOKS, NEW YORK. 1984